Histoires et Idées

Histoires et Idées

Maresa Fanelli

Lafayette College

D. C. HEATH AND COMPANY

Lexington, Massachusetts   Toronto

ACKNOWLEDGMENTS

The following extracts and articles are reproduced by permission.

«Le Corps est à la mode» (original title «Seins nus—Les Français sont pour»), Jean-Claude Loiseau, L'Express, Aug. 4–10, 1975. Copyright © Georges Borchardt, Inc.

Histoire culturelle de la France (extract), Maurice Crubellier. Copyright © Librairie Armand Colin.

«Aimez-vous rire?», Patrick Thévenon, L'Express, Aug. 18–24, 1975. Copyright © Georges Borchardt, Inc.

Les Carnets du Major Thompson (extract), Pierre Daninos. Copyright Librairie Hachette, Editeur.

Le Matin des magiciens (extract), Louis Pauwels and Jacques Bergier. Copyright © Editions Gallimard.

«L'Ours», from Diable, Dieu et autres contes de menterie, Pierre Gripari. Copyright © Editions de La Table Ronde, 1965.

«Les Nouveaux Magiciens de l'énergie PSI», Philippe Lefèvre, Réalités, Jan., 1975. Copyright © Agence Top.

«Courrier du coeur de Marcelle Ségal», Elle. Copyright © France Editions et Publications.

L'Amour et l'Occident (extract), Denis de Rougemont. Copyright © Librairie Plon.

«Pourquoi se marier?», Albert du Roy and Jacqueline Rémy, L'Express. Copyright © Georges Borchardt, Inc.

Les Structures élémentaires de la parenté (extract), Claude Lévi-Strauss. Copyright © Presses Universitaires de France.

«Le Jugement», from Les Contes d'Amadou Koumba, Birago Diop. Copyright © Présence Africaine, Edition Librairie.

Illustration credits appear on p. 223.

FOR MY FAMILY

Preface

Histoires et Idées provides students of intermediate French
with a lively and vivid selection of readings reflecting the
French viewpoint on topics organized under the headings of
Les Mœurs, L'Humour, Le Surnaturel, L'Amour, and Le
Mariage. As the title suggests, the readings have been chosen
to represent both narrative literature and nonfiction essays and
articles. Accompanying the readings are exercises, as well as
presentations of vocabulary and syntactic structures.

A literary selection from a well-known author, an article
from a French magazine, and an essay by an important French
philosopher appear under each of the principal headings. (In
L'Humour, the essay is replaced by representative French car-
toons.) Because the main theme is approached at several levels
and from various points of view, students will be eager to dis-
cuss their own points of view. Moreover, this approach avoids
monotony while exposing students to a variety of genres.

Many of the readings represent an initiation to French life
and culture. The chapter from Pierre Daninos' *Carnets du
Major Thompson* and the short stories of Prosper Mérimée and
Marcel Aymé are among these. At the same time, relevant
issues of universal interest are raised, for example, the chapter
on the enigma of the Great Pyramids from *Le Matin des
magiciens,* and de Rougemont's analysis of love from *L'Amour
et l'Occident.* Each reading is preceded by a headnote provid-
ing the student with a brief sketch of the author or the key
points presented in the selection.

Unlike most readers, *Histoires et Idées* makes a deliberate
effort to expand the student's active vocabulary. A certain
number of high-frequency words and locutions are examined
in sentence context in the sections *Mots à apprendre* and
Tournures à répéter. These sections precede each reading so

that the student may master the material before reading the text. As a result, the student acquires the vocabulary and locutions through patterns and practice. The reinforcement exercises, labeled *Pratique,* are based on the context of the reading and thus introduce the student to the key ideas or events of the following text.

The exercises that follow the readings provide mature, stimulating material for the student. In the *Contrôle,* questions are based on the facts of the reading; in the *Conversation,* questions are wider in scope. The final section after each reading is the *Activité,* an interesting and imaginative suggestion for an individual or group project.

Each reading is extensively glossed to ensure thorough understanding. In general, selections in the early units tend to be briefer and less difficult than those in later units. At the same time, earlier selections are more heavily glossed. *Histoires et Idées* may be introduced, therefore, as early as the third semester, but the book is appropriate for any level beyond that.

The author wishes to express her gratitude to the staff of D. C. Heath and Company for their splendid efficiency and assistance in the realization of this project. Thanks, too, to Diola Bagayoko who patiently explained the cultural references in the Birago Diop short story.

Table des Matières

1. Les Mœurs

Guy de Maupassant

Le Signe

GUY DE MAUPASSANT

Guy de Maupassant, né en 1850, était destiné à une carrière littéraire brillante. Sa mère était l'amie intime du grand maître du réalisme, Gustave Flaubert, dont Maupassant devint le disciple. Il fréquenta l'école naturaliste d'Emile Zola et contribua une nouvelle au recueil, *Les Soirées de Médan,* publié par ce groupe en 1880. Cette nouvelle, *Boule de suif,* fut son premier grand succès littéraire.

De 1880 à 1891 Maupassant publie environ trois cents contes et six romans. Il jouit d'une grosse fortune et de la gloire littéraire, surtout à l'étranger, où il reste, aujourd'hui encore, plus reconnu qu'en France. Sur son yacht, *Le Bel-Ami,* il se livre à une vie de plaisir et de travail effrénés. Mais dès 1884, il commence à souffrir d'un mal qui s'aggrave progressivement: des hallucinations visuelles, la douleur, et la hantise de la mort le traquent. Eventuellement, il succombe à la folie. Deux ans après un suicide manqué, Guy de Maupassant meurt dans une maison de santé à Paris en 1893.

L'œuvre de Maupassant est marquée par un réalisme féroce et un pessimisme profond. La sottise, la mesquinerie, l'avarice et les préjugés bourgeois, sont parmi ses thèmes de prédilection. Dans *Le Signe,* le ton vif et enjoué du récit couvre le cynisme foncier du narrateur envers les femmes.

MOTS A APPRENDRE

balbutier *to mumble, stammer*
Elle était si nerveuse qu'elle ne pouvait que balbutier des paroles confuses.

chic *skill, knack* (substantif); *smart, stylish* (adjectif invariable)
Cette dame avait le chic pour se faire remarquer.
Ces robes du soir sont très chic.

le coup d'œil *glimpse, glance*
La marquise jeta un coup d'œil sur sa montre pour voir s'il était tard.

se débarrasser de *to get rid of*
Ne pouvant pas se débarrasser de l'intrus, la baronne s'est décidée à faire ce qu'il voulait.

empêcher de *to keep from, hinder*
Quelquefois la beauté d'une femme empêche les hommes de connaître son vrai caractère.

une envie *wish, desire*
La baronne était prise d'une envie irrésistible d'imiter sa voisine.

gêner *to bother, embarrass*
La conscience de cette femme la gênait quand elle se rappelait son infidélité.

se mettre à *to begin to*
Après avoir entendu toute l'histoire, la marquise s'est mise à rire.

nier *to deny*
On ne peut guère nier l'évidence.

oser *to dare*
Elle n'ose pas révéler à son mari ce qui s'est passé.

rentrer *to return home*
Tous les soirs son mari rentrait vers la même heure.

songer à *to think over, imagine, consider*
Il faut songer aux conséquences de ses actions.

supplier *to beg*
Ne sachant que faire, elle a supplié le monsieur de ne pas entrer.

se tromper *to make a mistake*
Le monsieur ne s'est pas trompé; il avait bien compris le geste de la marquise.

PRATIQUE

Complétez par la forme correcte d'un mot tiré de la liste des Mots à apprendre:

1. «Je... je... je ne savais... je ne savais que faire», _____ la marquise.
2. Le monsieur voulait entrer; la baronne ne le voulait pas, mais il était grand et fort et elle ne pouvait pas l'en _____.
3. Chaque fois qu'un homme passait, la prostituée lui jetait _____.
4. «Allez-vous-en, Monsieur, allez-vous-en! Je vous en _____.»
5. Le monsieur avait pris la baronne pour une prostituée, mais il _____, car c'était une honnête femme.
6. «Quoi! Vous avez fait cela! Mais c'est dangereux. Comment avez-vous _____ faire cela?»
7. Comme cette jeune fille est un peu timide, le regard insistent du monsieur la _____.
8. La baronne _____ à parler, mais elle n'a pas pu continuer parce que la marquise l'a interrompue.
9. Cette femme n'a absolument pas de _____ pour s'habiller.
10. Quand Madame Lemaire était enceinte, elle avait une _____ folle de manger des cornichons.
11. Elle n'avait pas le temps de rester chez son amie, car il lui fallait _____ pour préparer le dîner.
12. La petite baronne ne _____ pas aux choses qu'elle pourrait acheter avec son argent.
13. Une fois l'étranger monté chez elle, elle ne pouvait plus _____ de lui.
14. Elle prétend ne pas avoir parlé à cet homme; elle _____ même l'avoir jamais rencontré.

TOURNURES A REPETER

A. Notez l'emploi du présent du verbe avec **depuis** pour indiquer une action commencée dans le passé mais qui continue toujours:

> «Tu diras au commissaire qu'**un monsieur te suit depuis trois mois.**»
> «*You will tell the police chief that a man has been following you for three months.*»

Répétez et traduisez:

1. Il pleut depuis un mois.
2. J'étudie le français depuis deux ans.

3. La dame habite en face depuis quelques semaines.
4. La marquise est divorcée depuis quatre ans.
5. La baronne ne connaît pas le monsieur depuis longtemps.

B. Notez l'emploi de l'article défini au lieu de l'adjectif possessif avec les parties du corps:

Madame de Grangerie pleurait **sans s'essuyer les yeux.**
Madame de Grangerie was crying without wiping her eyes.

Répétez et traduisez:

1. Elle s'est essuyé la bouche.
2. Il s'est cassé la jambe.
3. Nous nous lavons les mains.
4. L'enfant se brossera les dents.
5. Je me suis brûlé le doigt.

Traduisez:

1. She is washing her face.
2. You broke your arm.
3. He wiped his hands.
4. We brush our teeth.
5. He will burn his finger.

C. Notez l'emploi de la préposition **à** devant le complément de certains verbes:

«Je vous ai pris pour un de mes amis **à qui vous ressemblez** beaucoup.»
«I mistook you for one of my friends whom you resemble very much.»

«J'étais prise d'une envie **à laquelle je ne pouvais pas résister.»**
«I was overcome by a desire that I could not resist.»

«A quoi penses-tu?»
«What are you thinking about?»

Traduisez:

1. She does not resist the temptation.
2. The marquise resembles her mother.
3. She's thinking about her husband.

Le Signe

GUY DE MAUPASSANT

La petite marquise de Rennedon dormait encore, dans sa chambre close et parfumée, dans son grand lit doux et bas, dans ses draps° de batiste° légère, fine comme une dentelle,° caressants comme un baiser; elle dormait seule, tranquille, de l'heureux et profond sommeil des divorcées.

Des voix la réveillèrent qui parlaient vivement dans le petit salon bleu. Elle reconnut son amie chère, la petite baronne de Grangerie, se disputant pour entrer avec la femme de chambre qui défendait la porte de sa maîtresse.

Alors la petite marquise se leva, tira les verrous,° tourna la serrure,° souleva la portière° et montra sa tête, rien que sa tête blonde, cachée sous un nuage° de cheveux.

— Qu'est-ce que tu as,° dit-elle, à venir si tôt? Il n'est pas encore neuf heures.

La petite baronne, très pâle, nerveuse, fiévreuse,° répondit:

— Il faut que je te parle. Il m'arrive une chose horrible.

— Entre ma chérie.

Elle entra, elles s'embrassèrent; et la petite marquise se recoucha pendant que la femme de chambre ouvrait les fenêtres, donnait de l'air et du jour. Puis, quand la domestique fut partie, Mme de Rennedon reprit:° «Allons, raconte».

Mme de Grangerie se mit à pleurer, versant ces larmes° claires qui rendent plus charmantes les femmes, et elle balbutiait sans s'essuyer° les yeux, pour ne point les rougir.

«Oh, ma chère, c'est abominable, abominable, ce qui m'arrive. Je n'ai pas dormi de la nuit, mais pas une minute; tu entends, pas une minute. Tiens, tâte° mon cœur, comme il bat».

Et, prenant la main de son amie, elle la posa° sur sa poitrine, sur cette ronde et ferme enveloppe du cœur des femmes, qui suffit souvent aux hommes et les empêche de rien chercher dessous. Son cœur battait fort, en effet.

Elle continua:

«Ça m'est arrivé hier dans la journée... vers quatre heures... ou quatre heures et demie. Je ne sais pas au juste. Tu connais bien mon appartement; tu sais que mon petit salon, celui où je me tiens toujours, donne sur la rue Saint-Lazare, au premier;° et que j'ai la manie de° me mettre à la fenêtre pour regarder passer les gens. C'est si gai, ce quartier° de

---

le drap sheet

la batiste a fine linen / **la dentelle** lace

tirer... to draw the bolt / **tourner...** to open the lock
soulever... to raise the door-curtain / **le nuage** cloud

Qu'est-ce...? What's the matter with you?

fiévreux feverish, excited

reprendre to take up again
verser... to shed tears
essuyer to wipe

tâter to feel
poser to place

au... on the second floor / **avoir la manie de** to have a habit of
le quartier neighborhood

remuant lively
une embrasure window recess

la toilette outfit
le/la locataire tenant
s'apercevoir to notice
une vilaine... bad girl

accoudé leaning on the elbow /
guetter to be on the lookout
for
prévenu informed, warned
flairer to scent, detect / **le gibier**
game (animal)
le franc-maçon freemason (member of a secret society)

drôle funny
le manège little game, ploy

le pêcheur... fisherman / **un
goujon** a kind of small fish

une araignée spider

Comment... How does she manage to make herself understood
so well / **ajouter** to add
la lunette... opera glass
le procédé technique

hardi bold

la glace mirror

la gare, si remuant,° si vivant... Enfin, j'aime ça! Donc hier, j'étais assise sur la chaise basse que je me suis fait installer dans l'embrasure° de ma fenêtre; elle était ouverte, cette fenêtre, et je ne pensais à rien: je respirais l'air bleu. Tu te rappelles comme il faisait beau, hier!

«Tout à coup je remarque que, de l'autre côté de la rue, il y a aussi une femme à la fenêtre, une femme en rouge; moi j'étais en mauve, tu sais, ma jolie toilette° mauve. Je ne la connaissais pas cette femme, une nouvelle locataire,° installée depuis un mois; et comme il pleut depuis un mois, je ne l'avais point vue encore. Mais je m'aperçus° tout de suite que c'était une vilaine fille.° D'abord je fus très dégoûtée et très choquée qu'elle fût à la fenêtre comme moi; et puis, peu à peu, ça m'amusa de l'examiner. Elle était accoudée,° et elle guettait° les hommes et les hommes aussi la regardaient, tous ou presque tous. On aurait dit qu'ils étaient prévenus° par quelque chose en approchant de la maison, qu'ils la flairaient° comme des chiens flairent le gibier,° car ils levaient soudain la tête et échangeaient bien vite un regard avec elle, un regard de franc-maçon.° Le sien disait: «Voulez-vous?»

«Le leur répondait: «Pas le temps», ou bien: «Une autre fois», ou bien: «Pas le sou», ou bien: «Veux-tu te cacher, misérable!» C'étaient les yeux des pères de famille qui disaient cette dernière phrase.

«Tu ne te figures pas comme c'était drôle° de la voir faire son manège° ou plutôt son métier.

«Quelquefois elle fermait brusquement la fenêtre et je voyais un monsieur tourner sous la porte. Elle l'avait pris, celui-là, comme un pêcheur à la ligne° prend un goujon.° Alors je commençais à regarder ma montre. Ils restaient de douze à vingt minutes, jamais plus. Vraiment, elle me passionnait, à la fin, cette araignée.° Et puis elle n'était pas laide, cette fille.

«Je me demandais: Comment fait-elle pour se faire comprendre si bien,° si vite, complètement? Ajoute-t-elle° à son regard un signe de tête ou un mouvement de main?»

«Et je pris ma lunette de théâtre° pour me rendre compte de son procédé.° Oh! il était bien simple: un coup d'œil d'abord, puis un sourire, puis un tout petit geste de tête qui voulait dire: «Montez-vous?» Mais si léger, si vague, si discret, qu'il fallait vraiment beaucoup de chic pour le réussir comme elle.

«Et je me demandais: Est-ce que je pourrais le faire aussi bien, ce petit coup de bas en haut, hardi° et gentil; car il était très gentil, son geste.

«Et j'allais l'essayer devant la glace.° Ma chère, je le faisais mieux qu'elle, beaucoup mieux! J'étais enchantée; et je revins me mettre à la fenêtre.

Vue du pont Alexandre, Paris, 1900

«Elle ne prenait plus personne à présent, la pauvre fille, plus personne. Vraiment elle n'avait pas de chance.° Comme ça doit être terrible tout de même de gagner son pain de cette façon-là,° terrible et amusant quelquefois, car enfin il y en a qui ne sont pas mal, de ces hommes qu'on rencontre dans la rue.

«Maintenant, ils passaient tous sur mon trottoir° et plus un seul sur le sien. Le soleil avait tourné. Ils arrivaient les uns derrière les autres, des jeunes, des vieux, des noirs, des blonds, des gris, des blancs.

«J'en voyais de très gentils, mais très gentils, ma chère, bien mieux que mon mari, et que le tien, ton ancien° mari, puisque tu es divorcée. Maintenant tu peux choisir.

«Je me disais: Si je leur faisais signe, est-ce qu'ils me comprendraient, moi, moi qui suis une honnête femme? Et voilà que je suis prise d'une envie folle de le leur faire ce signe, mais d'une envie de femme grosse...° d'une envie épouvantable,° tu sais, de ces envies... auxquelles on ne peut pas résister! J'en ai quelquefois comme ça, moi. Est-ce bête,° dis, ces choses-là! Je crois que nous avons des âmes° de singes,° nous autres femmes. On m'a affirmé du reste (c'est un médecin qui m'a dit ça) que le cerveau° du singe ressemblait beaucoup au nôtre. Il faut toujours que nous imitions quelqu'un. Nous imitons nos maris, quand nous les aimons, dans le premier mois des noces,° et puis nos amants ensuite, nos amies, nos confesseurs quand ils sont bien. Nous prenons

avoir de la chance   to be lucky

de cette...   in that way

le trottoir   sidewalk

ancien   former

la femme...   pregnant woman /
épouvantable   frightful

bête   stupid / une âme   soul / le
singe   monkey

le cerveau   brain

les noces (f.)   wedding

leur manière de penser, leurs manières de dire, leurs mots, leurs gestes, tout. C'est stupide.

«Enfin, moi, quand je suis trop tentée° de faire une chose, je la fais toujours.

tenté tempted

«Je me dis donc: Voyons, je vais essayer sur un, sur un seul, pour voir. Qu'est-ce qui peut m'arriver? Rien! Nous échangerons un sourire, et voilà tout, et je ne le verrai jamais; et si je le vois, il ne me reconnaîtra pas; et s'il me reconnaît je nierai, parbleu.°

parbleu of course!

«Je commence donc à choisir. J'en voulais un qui fût bien, très bien. Tout à coup je vois venir un grand blond, très joli garçon. J'aime les blonds, tu sais.

«Je le regarde. Il me regarde. Je souris; il sourit; je fais le geste; oh! à peine,° à peine; il répond «oui» de la tête et le voilà qui entre, ma chérie! Il entre par la grande porte de la maison.

à peine hardly, just barely

«Tu ne te figures° pas ce qui s'est passé en moi à ce moment-là! J'ai cru que j'allais devenir folle. Oh! quelle peur! Songe, il allait parler aux domestiques! A Joseph qui est tout dévoué à mon mari! Joseph aurait cru certainement que je connaissais ce monsieur depuis longtemps.

se figurer to imagine

«Que faire? dis? Que faire? Et il allait sonner,° tout à l'heure,° dans une seconde. Que faire, dis? J'ai pensé que le mieux était de courir à sa rencontre, de lui dire qu'il se trompait, de le supplier de s'en aller. Il aurait pitié d'une femme, d'une pauvre femme! Je me précipite° donc à la porte et je l'ouvre au moment où il posait la main sur le timbre.°

sonner to ring the bell / **tout...** in a moment

se précipiter to rush

le timbre bell

«Je balbutiai, tout à fait folle: «Allez-vous-en, Monsieur, allez-vous-en, vous vous trompez, je suis une honnête femme, une femme mariée. C'est une erreur, une affreuse° erreur; je vous ai pris pour un de mes amis à qui vous ressemblez beaucoup. Ayez pitié de moi, Monsieur».

affreux awful

«Et voilà qu'il se met à rire, ma chère, et il répond: «Bonjour, ma chatte.° Tu sais, je la connais, ton histoire. Tu es mariée, c'est deux louis[1] au lieu° d'un. Tu les auras. Allons, montre-moi la route.»

la chatte kitten / **ma chatte** my darling
au lieu de instead of

«Et il me pousse;° il referme la porte, et comme je demeurais° épouvantée,° en face de lui, il m'embrasse, me prend par la taille° et me fait rentrer dans le salon qui était resté ouvert.

pousser to push / **demeurer** to stay, remain
épouvanté terror-stricken / **la taille** waist

«Et puis il se met à regarder tout comme un commissaire-priseur;° et il reprend: «Bigre,° c'est gentil chez toi, c'est très chic. Faut que tu sois rudement dans la dèche° en ce moment-ci pour faire la fenêtre!»

le commissaire... appraiser

bigre by Jove!

être dans la dèche to be hard-up, broke

«Alors, moi, je recommence à le supplier: «Oh! Monsieur! allez-vous-en! allez-vous-en! Mon mari va rentrer! Il va rentrer dans un instant, c'est son heure! Je vous jure° que vous vous trompez!»

jurer to swear

---

[1] **le louis,** pièce d'or de vingt francs.

«Et il me répond tranquillement: «Allons, ma belle, assez de manières comme ça. Si ton mari rentre, je lui donnerai cent sous pour aller prendre quelque chose en face».

«Comme il aperçoit sur la cheminée la photographie de Raoul, il me demande:

«— C'est ça, ton... ton mari?

«— Oui, c'est lui.

«— Il a l'air d'un joli mufle.° Et ça, qu'est-ce que c'est? Une de tes amies?

Il a... He looks like a low cad

«C'est ta photographie, ma chère, tu sais celle en toilette de bal. Je ne savais plus ce que je disais, je balbutiai:

«— Oui, c'est une de mes amies.

«Et voilà la pendule° qui se met à sonner cinq heures; et Raoul rentre tous les jours à cinq heures et demie! S'il revenait avant que l'autre fût parti, songe donc! Alors... alors... j'ai perdu la tête... tout à fait... j'ai pensé... j'ai pensé... que... que le mieux... était de... de... de... me débarrasser de cet homme... le plus vite possible... Plus tôt ce serait fini... tu comprends... et... et voilà... voilà... puisqu'il le fallait... et il le fallait, ma chère... il ne serait pas parti sans ça... Donc, j'ai... j'ai... j'ai mis le verrou à la porte du salon... Voilà.

la pendule clock

La petite marquise de Rennedon s'était mise à rire, mais à rire follement, la tête dans l'oreiller,° secouant° son lit tout entier.

Quand elle se fut un peu calmée, elle demanda:

— Et... et... il était joli garçon?...

— Mais oui.

— Et tu te plains?°

un oreiller pillow / **secouer** to shake

se plaindre to complain

— Mais... mais... vois-tu, ma chère, c'est que... il a dit... qu'il reviendrait demain à la même heure... et j'ai... j'ai une peur atroce... Tu n'as pas idée comme il est tenace...° et volontaire...° Que faire... dis... que faire?

tenace stubborn, obstinate / **volontaire** willful

La petite marquise s'assit dans son lit pour réfléchir; puis elle déclara brusquement:

— Fais-le arrêter.

La petite baronne fut stupéfaite. Elle balbutia:

— Comment? tu dis? A quoi penses-tu? Le faire arrêter? Sous quel prétexte?

— Oh! c'est bien simple. Tu vas aller chez le commissaire;° tu lui diras qu'un monsieur te suit depuis trois mois; qu'il a eu l'insolence de monter chez toi hier; qu'il t'a menacée° d'une nouvelle visite pour demain, et que tu demandes protection à la loi. On te donnera deux agents qui l'arrêteront.

le commissaire police chief

menacer to threaten

— Mais, ma chère, s'il raconte...

sot, sotte silly

le témoin witness

être condamné à des dommages to be sentenced to pay damages / **impitoyable** pitiless

le cadeau present

— Mais on ne le croira pas, sotte,° du moment que tu auras bien arrangé ton histoire au commissaire. Et on te croira, toi, qui es une femme du monde irréprochable.

— Oh! je n'oserai jamais.

— Il faut oser, ma chère, ou bien tu es perdue.

— Songe qu'il va... qu'il va m'insulter... quand on l'arrêtera.

— Eh bien, tu auras des témoins° et tu le feras condamner.

— Condamner à quoi?

— A des dommages.° Dans ce cas, il faut être impitoyable!°

— Ah! à propos de dommages..., il y a une chose qui me gêne beaucoup..., mais beaucoup... Il m'a laissé... deux louis... sur la cheminée.

— Deux louis?

— Oui.

— Pas plus?

— Non.

— C'est peu. Ça m'aurait humiliée, moi. Eh bien?

— Eh bien! qu'est-ce qu'il faut faire de cet argent?

La petite marquise hésita quelques secondes, puis répondit d'une voix sérieuse:

— Ma chère... Il faut faire... il faut faire... un petit cadeau° à ton mari... ça n'est que justice.

CONTROLE

1. Décrivez la mise en scène du conte. Montrez comment elle convient au sujet du conte.
2. Dans quel état d'esprit se trouve Madame de Grangerie quand elle vient chez son amie?
3. Qu'est-ce que la baronne de Grangerie a l'habitude de faire? Pourquoi aime-t-elle le faire?
4. Décrivez la femme de la fenêtre d'en face et ce qu'elle faisait.
5. Suivez l'évolution des sentiments de la baronne envers la femme d'en face. Pourquoi cette dernière finit-elle par fasciner sa voisine respectable?
6. Qu'est-ce que la baronne décide de faire? Comment s'y prépare-t-elle?
7. Expliquez et commentez l'observation: «Je crois que nous avons des âmes de singes, nous autres femmes.»
8. Décrivez l'homme auquel la baronne a fait signe.
9. Quelle est la réaction de la baronne quand elle voit qu'elle a «réussi»?

10. Comment la baronne essaie-t-elle de se débarrasser du monsieur?
11. Décrivez l'attitude de cet homme.
12. Pourquoi la baronne permet-elle à l'étranger de faire ce qu'il veut?
13. Qu'est-ce que la marquise de Rennedon conseille à son amie de faire, au cas où l'homme reviendrait?
14. Qu'est-ce qui «gêne beaucoup» la baronne?
15. Commentez la dernière remarque de la marquise.

CONVERSATION

1. Quel procédé narratif l'auteur emploie-t-il? Quels sont les avantages de cette technique?
2. Comment peut-on caractériser l'attitude de Maupassant vis-à-vis des femmes? Citez des passages du texte pour justifier votre réponse.
3. Pensez-vous que la baronne cache ses véritables intentions quand elle dit avoir essayé le geste de la prostituée? Aurait-elle pu éviter les conséquences de son geste?
4. Beaucoup de gens ont une certaine curiosité en ce qui concerne la prostitution. Cette curiosité est-elle naturelle ou la trouvez-vous plutôt maladive?
5. La prostitution doit-elle être légalisée?
6. En quoi le texte de Maupassant illustre-t-il les préjugés traditionnels contre les femmes?

ACTIVITE

Supposez qu'en rentrant chez elle, la baronne de Grangerie trouve son mari qui l'attend. Il a su [*he has found out about*] la visite d'un jeune et bel étranger et il demande une explication à sa femme. Imaginez cette scène. Deux étudiants prépareront et joueront devant la classe le rôle des époux.

«Le Corps est à la mode»

L'EXPRESS

Les mœurs d'une société, c'est-à-dire les coutumes, les habitudes de vie et les traditions de ses membres, évoluent constamment: le tabou d'hier entre quelquefois dans les mœurs d'aujourd'hui. L'article qui suit touche à un aspect des mœurs en France qui est en train de changer: la question de la nudité sur les plages publiques.

Les Français ont toujours eu une réputation de tolérance quand il s'agit de comportement personnel ou sexuel. Depuis près d'un quart de siècle, il y a en France, ici et là, certaines plages où les femmes peuvent se montrer seins nus. Récemment, ce phénomène a pris des proportions importantes; on voit maintenant des femmes en «monokini» un peu partout sur les plages publiques. Qu'en pensent les Français? Voilà la question à laquelle le sondage de l'hebdomadaire [*weekly magazine*] *L'Express* cherche à répondre, et les résultats en sont fort intéressants. On se demande si le même sondage produirait les mêmes résultats aux Etats-Unis, où la tradition puritaine garde toujours une certaine emprise sur les mœurs.

MOTS A APPRENDRE

une amende   *fine, penalty*
Quand on commet une infraction au code de la route on doit payer une amende.

un endroit   *a place, spot*
En France, sur certaines plages il y a des endroits réservés aux nudistes.

un(e) estivant(e)   *a summer vacationer* (**estival**   *having to do with summer* [**été**])
Chaque année la Côte d'Azur attire de nombreux estivants.

la frontière   *boundary, borderline*
Les Pyrénées forment une frontière naturelle entre la France et l'Espagne.

un interdit   *something forbidden, cultural taboo*
Aujourd'hui les interdits de l'ère victorienne commencent à disparaître.

le maire   *mayor*
Les maires des villages corses [*Corsican*] ont tendance à être très conservateurs.

la mode   *fashion* (**être à la mode**   *to be in fashion*)
Le «monokini» deviendra-t-il la nouvelle mode cet été?

s'offusquer de   *to be offended by*
Ce sont surtout les gens qui ont plus de cinquante-cinq ans qui s'offusquent des nouvelles modes osées.

le procès-verbal (dresser)   *to write out a ticket, report a minor violation*
Le gendarme a arrêté le chauffeur du taxi et lui a dressé procès-verbal pour excès de vitesse.

la pudeur   *modesty*
L'outrage public à la pudeur constitue une infraction au code pénal en France.

sain(e)   *healthful, wholesome*
Le président de la Fédération française de naturisme prétend que le nudisme est une chose saine et naturelle.

le sein   *breast*
Depuis longtemps on voit des femmes aux seins nus à Saint-Tropez.

le sondage   *public opinion poll*
Les candidats s'intéressent énormément aux résultats du dernier sondage.

PRATIQUE

A. Expliquez en français les mots suivants:

une amende	un interdit
une frontière	un sondage
un maire	un procès-verbal

B. Quels sont les mots qui correspondent aux définitions suivantes:

1. partie du corps humain, la poitrine d'une femme
2. goût du moment, vogue, manière de vivre temporaire
3. lieu, place déterminée
4. personne qui passe ses vacances en été dans une station de villégiature [*resort*]
5. être choqué, se formaliser
6. chasteté, modestie, décence
7. favorable à la santé

TOURNURES A REPETER

A. Notez que les verbes **conseiller, demander** et **dire** régissent des objets indirects et demandent la préposition **de** avant un complément à l'infinitif:

conseiller
demander } **à** quelqu'un **de** faire quelque chose
dire

to advise
to request } *someone to do something*
to tell

Les policiers conseillent **aux** contrevenantes **de** se rhabiller.
The police advise the offenders to get dressed again.

Faites des phrases complètes avec l'un des trois verbes, en employant les éléments suivants:

EXEMPLE: Le professeur / les étudiants / faire l'exercice
Le professeur demande aux étudiants de faire l'exercice.

1. Le maire / les estivants / respecter la loi
2. Les gendarmes / le contrevenant / payer l'amende

3. Le chauffeur de camion / le policier / ne pas lui dresser procès-verbal

4. Le journaliste / les Français / donner leur opinion

B. Notez l'emploi du subjonctif après les expressions de volonté comme **vouloir, désirer, souhaiter, etc.**:

«Je ne veux pas que mes filles **soient** choquées.»
I don't want my daughters to be shocked.

Refaites les phrases suivantes en les commençant par l'expression indiquée entre parenthèses:

EXEMPLE: Il y a des endroits réservés pour cela. (La plupart des gens veulent...)
La plupart des gens veulent qu'il y ait des endroits réservés pour cela.

1. Les nudistes sont sur la plage municipale. (Le maire ne désire pas...)
2. Vous vous rhabillez. (Les gendarmes veulent...)
3. Leurs maris sont d'accord. (Les femmes souhaitent...)
4. Le phénomène est contrôlé. (Le député veut...)
5. Tous ont le droit de choisir. (Certains désirent...)

«Le Corps est à la mode»

L'EXPRESS

Voici ce que révèle le sondage exclusif réalisé par la Sofres [Société française d'enquêtes par le sondage] pour l'*Express*: 76% des personnes interrogées affirment qu'elles ne seraient personnellement pas choquées si elles rencontraient des femmes sans soutien-gorge° sur une plage. Plus de sept Français sur dix sont pour «les seins nus.»

Le tournant° est spectaculaire. Il marque sans doute une date dans une bataille qui dure depuis un bon quart de siècle, d'une guerre de positions, si l'on veut, où le terrain s'est disputé pendant de longues années, centimètre par centimètre, où les combattants se battaient au nom de grands principes, et aussi de petits tabous. Ils étaient à peine° nés, alors, ceux qui, aujourd'hui, fournissent les gros bataillons de

le soutien-gorge bra

le tournant turnabout

à peine hardly

l'offensive en cours: les jeunes. Les 18–34 ans qui, à 93%, refusent l'hypocrisie. A l'inverse, les combats passés ont laissé des traces: 56% seulement des hommes et des femmes de 55 ans et plus sont prêts à accepter le fait accompli.

Les sociologues ont, cette fois, beau jeu° de parler de conflit de générations. A l'évidence, la frontière de la tolérance cisaille net° la pyramide des âges. Cinquante-huit pour cent des jeunes sont prêts à admettre le nudisme intégral des femmes sur les plages; 72% des «plus de 55 ans» disent qu'ils en seraient choqués. Ils sont encore 55% parmi les jeunes à admettre le principe de la même liberté pour les hommes; passé la cinquantaine, 83% s'en offusquent.

«Le corps est à la mode», explique un psychiatre. Plus qu'une mode: le corps, longtemps nié, chargé de tous les péchés,° est aujourd'hui l'objet de toutes les attentions. On parle couramment de sa «réhabilitation.» Morale et physique. Dans une de ses brochures, la Fédération française de naturisme parle de «réinsertion de l'homme naturel dans la nature humanisée.» Quarante-huit pour cent des «18–34 ans» considèrent, eux, que le nudisme est «une réaction saine contre la vie moderne.» Contre seulement 16% des «plus de 55 ans.»

Il se trouve, bien sûr, 6% des plus jeunes pour juger que «le nudisme est une attitude vraiment scandaleuse.» Ils ne sont pas seuls: 42% des «plus de 55 ans» le pensent aussi. Ils le disent parfois. A leur manière. Xénophobe:° «Ce sont surtout des étrangers», affirme un retraité° de Nice. Ironique: «Certains auraient intérêt à entretenir° l'illusion», dit M. Vincent P.; à Cannes. Paternelle: «Je ne veux pas que mes filles, quand elles vont à la plage, soient choquées par ce voisinage»,° dit M. Antoine B. Directe. «Il y a des endroits réservés pour ça», déclare une estivante, en vacances à Biarritz.

A côté des centres spécialisés, sur certaines plages, des secteurs sont, d'ores et déjà,° attribués aux nudistes. L'immense majorité des Français (80%), sur ce point, est pour. Les jeunes et les moins jeunes se retrouvent pour penser «qu'il faut autoriser le nudisme mais seulement dans les endroits réservés.»

Un sociologue, Marc-Alain Descamps, notait déjà, en 1972, dans une remarquable étude, «Le Nu et le vêtement», que «le public supporte° beaucoup plus quelqu'un qui vient manger dans une salle de concert que quelqu'un qui se promène nu à côté de gens habillés.» Autrement dit, il y aurait nu et nu. Cela explique sans doute que, parallèlement aux expériences spontanées, le succès du naturisme «officiel» s'amplifie d'année en année.

Fort de ses 80 000 adhérents, M. Jacques Dumont, président de la Fédération française de naturisme (F.f.n.), affirme: «Depuis 1950, le

---

avoir beau... to have good cause

cisailler... to cut cleanly

le péché sin

xénophobe mistrusting strangers / **le retraité** retired person
entretenir to maintain

le voisinage proximity (of nudists)

d'ores et déjà already, even now

supporter to tolerate

nombre de nos licenciés° double tous les cinq ans». Le naturisme a ses structures: 146 associations affiliées à la F.f.n.; 133 centres homologués,° dont 17 dans la région parisienne, et 35 centres de vacances répartis sur° 1 700 hectares. [un hectare = 2·47 *acres*] Il tient à ses principes: sécurité, moralité. Pour M. Dumont, «le nudisme sauvage° n'est pas à condamner.» Optimiste, il ajoute: «Il ne nous gêne pas, au contraire. C'est un début. On commence par le nudisme sauvage. On finit par le naturisme organisé».

«Il reste encore à légaliser le principe de la nudité, explique M. Dumont. La pratique naturiste est prévue dans les plans d'aménagement° du territoire, qui lui ont reserve cinq espaces sur la Côte aquitaine et trois sur la Côte Languedoc-Roussillon. Elle n'est pas, légalement, définie».

Le nudisme sauvage vit, lui, à l'heure de l'ambiguïté la plus totale. La confusion est la loi. D'une ville à l'autre, d'une plage à l'autre, les réglementations se suivent, s'annulent,° se contredisent. Ou ignorent, simplement, la situation. L'apparition des premiers seins nus avait pris «les autorités» au dépourvu.°

Lorsque, en 1970, des commerçants astucieux° jetèrent quelques bataillons de jolies filles sur les plages des vacances avec mission de lancer° le monokini, on crut à° une vague plaisanterie publicitaire. Quelques escouades de policiers laissèrent aux photographes le temps de saisir l' «événement» et conseillèrent, avec le sourire, aux «contrevenantes»,° d'aller se rhabiller. Mais lorsque, deux ou trois ans plus tard, «les seins nus» commencèrent à émerger des criques,° et des calanques° provençales, refuges jusqu'alors réputés naturels parce qu'ils sont difficilement accessibles, il fallut aviser.°

A pied, en voiture ou en canot automobile, des commandos de gendarmes, ceux de Saint-Tropez et d'ailleurs, furent mis en état d'alerte permanente dès le retour des premiers beaux jours. Ils étaient chargés de débusquer° les pionniers du nu intégral qui se cachaient — plutôt mal que bien — dans des trous individuels ou collectifs creusés° dans le sable et entourés de roseaux.° Sur toutes les plages de la presqu'île un nouveau jeu fit fureur: une sorte de cache-cache° permanent entre les policiers et les estivantes «libérées». Les plaintes° affluaient, les amendes pleuvaient, les menaces se précisaient: l'an dernier, le préfet[1] du Var envisagea même d'instaurer de véritables «tribunaux° des plages.» En attendant, les audiences° de flagrants délits° du tribunal correctionnel de Draguignan se succédaient à un rythme de plus en plus élevé. Et des centaines de procès-verbaux furent dressés.

---

[1] **préfet,** fonctionnaire placé à la tête d'un département (La France est divisée en 95 départements.)

le licencié	card-carrying member
homologué	endorsed
répartis sur	spread out over
sauvage	*here,* unorganized
un aménagement	development
s'annuler	to cancel out one another
prendre au dépourvu	to catch off guard
astucieux	clever
lancer	to launch / **on...** people took it for
un(e) contrevenant(e)	offender
la crique	cove, creek
la calanque	rock-bound inlet
aviser	to deal with a matter
débusquer	to oust, drive out
creusé	dug
le roseau	reed
le cache-cache	hide-and-seek
la plainte	complaint
le tribunal	court
une audience	hearing / **le flagrant...** action of being caught in the very act

L'année précédente, en août 1973, un député,[2] M. Emmanuel Hamel, avait même écrit au ministre de l'Intérieur. Le scandale? «Les seins nus» étaient entrés dans Paris. A la piscine Deligny, à deux pas° du Palais-Bourbon. Il n'y eut pas de suites.° Ou, plutôt, le directeur de la piscine décida d'organiser le mouvement: depuis un an, au premier étage de l'établissement, un secteur du solarium — «Interdit aux enfants, réservé aux dames (monokini)» — est prévu pour les adeptes° du bronzage° maximum.

Quelques escarmouches,° ici et là, sont sporadiquement déclenchées,° pour endiguer° le phénomène. A Erdeven, une petite localité du Morbihan, le maire, il y a deux ans, a tenté d'interdire aux nudistes l'accès aux 400 mètres de sable que le procureur de la République leur avait accordés. Avec quelques paysans, il tenta de démolir le chemin de la plage au bulldozer; puis il alla déverser,° la nuit, du fumier° sur le sable. Des affrontements° eurent lieu. Vingt et une personnes, dont un prêtre, furent condamnées à des peines d'amendes. Les nudistes avaient promis de revenir. Ils sont revenus.

L'autre semaine, le maire d'Ogliastro, un village du cap Corse, organisait des commandos pour aller surprendre les nudistes, et les couvrir de peinture bleue. «S'ils reviennent, dit-il, je les passerai au minium,° je les couvrirai de goudron° et de plumes...» Un de ses émules° corses, le maire de Linguizzetta, à 50 km au sud de Bastia, a fait voter par son conseil municipal un arrêté sans appel: «Tout nudiste sera attaché à un âne° qui lui fera faire le tour du village dans le plus simple appareil...»

La répression paraît de plus en plus isolée. Le public, en majorité, la condamne. Soixante-huit pour cent des personnes interrogées par la Sofres désapprouvent l'initiative du maire d'Ogliastro.

Il y aurait, dans tous les cas, «outrage public à la pudeur», selon l'article 330 du Code pénal. Ouvert à tous les vents de l'interprétation, cet article est déjà devenu caduc° dans nombre de localités. Faute de pouvoir l'endiguer, les autorités ont préféré «suivre le mouvement.» A Nice, M. Jacques Médecin a ouvert la saison estivale 1974 par un arrêté qui autorisait officiellement la pratique des seins nus sur les plages de la ville. A Biarritz, un garde municipal déclare: «Nous avons reçu des ordres pour fermer les yeux.» Et, un peu partout, «les seins nus» sont tolérés. Formellement. Ou parce que l'interdiction n'a jamais été prise.

A Bandol, le secrétaire général de la mairie déclare: «Ici, sur la plage,

---

à deux pas two steps away
les suites (*f.*) consequences; *here,* follow-up

un adepte fan, initiate / **le bronzage** tanning

une escarmouche skirmish

déclencher to set off / **endiguer** to dam up, contain

déverser to dump, spill / **le fumier** manure
un affrontement confrontation

passer au minium to cover with lead oxide / **le goudron** tar
un émule emulator, one who does the same thing
un âne donkey

caduc null and void

---

[2] **un député,** membre de l'Assemblé Nationale, l'une des deux chambres législatives de la nation. L'autre est le Sénat.

la suppression du soutien-gorge est entrée dans les mœurs.» Les derniers vestiges d'une morale héritée du XIXe siècle, corsetée de multiples interdits, sautent.° Pour justifier la nouvelle orientation libérale prise, on explique, en souriant, au ministère de l'Intérieur, que, «tout de même, la police a le sens du ridicule.»

    Les Français ont répondu clairement qu'ils étaient d'accord. Quatre-vingt-quatre pour cent des hommes sont prêts à accepter le spectacle d'une femme sans soutien-gorge sur la plage. Et près d'un homme marié sur deux (47%) accepte même que cette femme soit la sienne.

sauter to be skipped over

JEAN-CLAUDE LOISEAU

LES SEINS NUS VOUS CHOQUENT-ILS SUR UNE PLAGE?

1re question

    Si vous rencontrez sur une plage des femmes sans soutien-gorge, serez-vous personnellement choqué ou pas choqué?

Réponses

- Pas choqué 76%
- Choqué 23%
- Sans opinion 1%

REPONSES CLASSEES
PAR SEXE ET PAR AGE

	Pas choqué	Choqué
SEXE		
— Homme	84%	15%
— Femme	69	29
AGE		
— 18 à 34 ans ..	93	6
— 35 à 54 ans ..	76	23
— 55 ans et plus	56	42

2. Si c'était votre femme

    Imaginez que votre femme décide, cet été, de ne pas porter de soutien-gorge à la plage*. Serez-vous:

- Pas d'accord 49%
- D'accord 47%
- Sans opinion 4%

	Pas d'accord	D'accord
AGE	%	%
— 18 à 34 ans ..	32	63
— 35 à 54 ans ..	51	48
— 55 ans et plus	63	30

* *Cette question a été posée aux hommes mariés seulement.*

3. Faut-il les peinturlurer?

    Il y a quelques jours, le maire d'une commune de Corse a fait enduire de peinture des personnes qui étaient nues sur la plage de sa commune.

- Le désapprouvez-vous? 68%
- L'approuvez-vous? 25%
- Sans opinion 7%

	Désapprouvent	Approuvent
SEXE	%	%
— Homme	72	23
— Femme	65	27
AGE		
— 18 à 34 ans ..	79	14
— 35 à 54 ans ..	66	26
— 55 ans et plus	58	38

4. Totalement nues

    Si vous rencontrez sur une plage des femmes

complètement nues, serez-vous personnellement choqué ou pas choqué?

- Choqué 56%
- Pas choqué 41%
- Sans opinion 3%

	Choqué	Pas choqué
SEXE	%	%
— Homme	47	51
— Femme	64	33
AGE		
— 18 à 34 ans ..	39	58
— 35 à 54 ans ..	60	38
— 55 ans et plus	72	24

5. Totalement nus

Si vous rencontrez sur une plage des hommes complètement nus, serez-vous personnellement choqué ou pas choqué?

- Choqué 63%
- Pas choqué 34%
- Sans opinion 3%

	Choqué	Pas choqué
SEXE	%	%
— Homme	56	41
— Femme	69	28
AGE		
— 18 à 34 ans ..	43	55
— 35 à 54 ans ..	67	31
— 55 ans et plus	83	13

6. Le nudisme et vous

Le nudisme à vos yeux, est-ce plutôt...

- un comportement un peu bizarre, mais qui ne choque pas 46%

- une réaction saine contre la vie moderne 31%
- une attitude vraiment scandaleuse 19%
- Sans opinion 4%

	Un peu bizarre	Réaction saine	Vraiment scandaleux
SEXE	%	%	%
— Homme	45	37	14
— Femme	47	25	24
AGE			
— 18 à 34 ans ..	46	44	6
— 35 à 54 ans ..	53	29	13
— 55 ans et plus	37	16	42

7. Que faire des nudistes?

En résumé, quelle est votre attitude à l'égard du nudisme sur les plages et dans les lieux de vacances?

- Il faut l'autoriser, mais seulement dans des endroits réservés aux nudistes 80%
- Il faut l'autoriser sur toutes les plages et dans tous les lieux de vacances 12%
- Il faut l'interdire absolument 7%
- Sans opinion 1%

	Autoriser localement	Autoriser partout	Interdire
SEXE	%	%	%
— Homme	78	16	4
— Femme	82	8	9
AGE			
— 18 à 34 ans ..	78	18	2
— 35 à 54 ans ..	84	11	4
— 55 ans et plus	78	5	17

CONTROLE

1. Qu'est-ce que 76% des personnes interrogées ne seraient pas choquées de voir?
2. Quelle métaphore le journaliste emploie-t-il pour décrire le débat

qui a eu lieu sur la question? Expliquez les termes de cette métaphore.

3. Comment l'attitude de ceux qui ont plus de cinquante-cinq ans diffère-t-elle de celle des jeunes?

4. Comment se répartissent les opinions sur le nudisme intégral des femmes? Que pensent les gens du nudisme intégral des hommes?

5. En quoi l'attitude vis-à-vis du corps humain a-t-elle évolué?

6. La plupart des personnes interrogées considèrent-elles que le nudisme est une réaction saine contre la vie moderne?

7. Quelles sortes de commentaires font ceux qui s'opposent au nudisme?

8. Sur quel point les jeunes et les moins jeunes sont-ils d'accord?

9. Pourquoi à votre avis les gens supportent-ils plus facilement quelqu'un qui vient manger dans une salle de concert que quelqu'un qui se promène nu à côté de gens habillés?

10. Y a-t-il un intérêt croissant pour le naturisme organisé en France? Citez des faits qui en confirment l'évidence.

11. Quelle est la position légale du nudisme sauvage en France?

12. Quand et pourquoi les premières femmes aux seins nus ont-elles paru sur les plages françaises? Comment les policiers les ont-ils traitées?

13. Quand est-il devenu nécessaire pour les officiels d'aviser pour faire face au phénomène?

14. Comment la lutte contre le nudisme s'est-elle manifestée?

15. Qu'est-ce qui a poussé un député à écrire au Ministre de l'Intérieur?

16. Racontez ce qu'ont fait et ce que voudraient faire certains maires qui s'opposent au nudisme.

17. Quels indices récents semblent indiquer l'ère d'une nouvelle tolérance en France?

CONVERSATION

1. Etes-vous d'accord avec les tactiques des maires corses qui s'opposent au nudisme?

2. Voudriez-vous personnellement avoir le droit d'aller nu sur une plage publique si la plupart des gens étaient habillés? Auriez-vous plus de courage si tout le monde était nu?

3. Avez-vous entendu parler d'incidents ou de controverses au sujet du nudisme aux Etats-Unis?

4. La nudité est-elle un droit civil?
5. Que pensez-vous des revues qui exploitent la nudité féminine?
6. Que pensez-vous des revues destinées aux femmes qui montrent les hommes complètement nus?

ACTIVITE

En employant les questions de la Sofres, faites le même sondage dans votre classe ou parmi vos amis.

Histoire culturelle de la France

MAURICE CRUBELLIER

Il s'est produit au vingtième siècle un phénomène nouveau
que les sociologues appellent «la culture de masse». Pour la
première fois dans l'histoire de l'humanité, des millions de
personnes, des nations entières, achètent les mêmes produits,
reçoivent au même moment les mêmes nouvelles, subissent les
mêmes influences: celles des mass-media, de la presse, de la
télévision et de la radio.

Dans son ouvrage, *Histoire culturelle de la France,* Maurice
Crubellier, professeur d'histoire à l'Université de Reims, con-
sacre un chapitre très intéressant à la culture de masse. Dans
l'extrait que nous présentons ici, il examine trois points précis:
l'uniformité de cette culture, ce qu'il appelle l'homogénéisation; la passivité qu'elle engendre; et les valeurs qui y sont
implicites — le loisir, le bonheur matériel, l'érotisme, et la
violence.

MOTS A APPRENDRE

s'apercevoir de *to perceive, notice* (**je m'aperçois, tu t'aperçois, il s'aperçoit, nous nous apercevons, vous vous apercevez, ils s'aperçoivent, je m'apercevrai, je me suis aperçu**)
Parfois on subit l'influence de la presse sans s'en apercevoir.

au lieu de *instead of*
Au lieu de jouer au football, on préfère regarder des professionnels se disputer un match à la télévision.

le cadre *frame, setting*
Le Club Méditerranée a créé une véritable industrie des vacances dans des cadres exotiques.

le droit *right*
L'idée que chaque individu a droit au bonheur est une notion relativement récente.

fournir *to furnish, provide*
La culture de masse fournit des modèles universels que tout le monde peut imiter.

grâce à *thanks to, by virtue of*
Grâce à la radio, à la télévision, et au cinéma, il existe des stars que le public idolâtre.

jouer à *to playact at (being something)*
Marie Antoinette aimait jouer à la paysanne.

le loisir *leisure* (**les loisirs** *leisure activities*)
Dans notre société industrialisée, le loisir a acquis une très grande importance.

la pression *pressure*
Il est difficile de résister à la pression des mass-media.

la publicité *advertising* (**l'agent publicitaire** *advertising man*)
La publicité est un facteur extrêmement important de notre économie et de notre culture.

la valeur *value*
Sous la pression de la publicité, la valeur traditionnelle du travail cède à la valeur nouvelle des loisirs.

vanter *to praise, speak highly of*
La fonction de la publicité est de vanter les mérites d'un produit pour que le public l'achète.

viser *to aim at*
La télévision vise indistinctement tous les âges de son public.

y compris *including*

Aujourd'hui les femmes participent aux sports, y compris les sports compétitifs.

PRATIQUE

Complétez les phrases suivantes par la forme correcte d'un mot tiré de la liste des Mots à apprendre:

1. Le voyageur moderne fait des excursions dans un car panoramique [*sightseeing bus*] _____ faire des promenades à pied.
2. Cette actrice est devenue célèbre _____ la télévision.
3. Le «melting-pot» américain a exercé une influence sur le monde en général _____ sur la France.
4. Les héros et les héroïnes des mass-media _____ au public le moyen d'avoir des aventures sans danger.
5. En général, la plupart des revenus de la télévision, la presse et la radio viennent de la _____.
6. Autrefois, on travaillait de soixante à quatre-vingts heures par semaine. Aujourd'hui, la semaine de travail normale en France est de quarante heures seulement, et _____ occupe une bonne partie de la vie quotidienne.
7. Il semble y avoir contradiction entre les _____ matérielles des mass-media et celles qui sont traditionnelles.
8. L'auteur fait une distinction entre la «culture populaire» qui se situe dans _____ de la tradition, et la «culture de masse» qui représente une innovation.
9. Il y a une contradiction dans la société moderne: d'une part, on _____ la valeur du travail, mais de l'autre on organise sa vie en fonction des loisirs.
10. Peu de gens savent résister à _____ de la publicité et de la mode.
11. Une bonne partie de la publicité _____ les femmes parce que ce sont elles qui font la plupart des achats.
12. Les sociologues _____ de ce phénomène récemment.

TOURNURES A REPETER

Notez l'emploi des pronoms démonstratifs (**celui, celle, ceux, celles**) pour éviter la répétition d'un substantif. D'habitude ces pronoms sont suivis de **qui** ou **que, de,** ou **-ci** et **-là.** Etudiez les exemples suivants:

Le professeur a demandé mon avis et **l'avis** d'un autre étudiant.

Le professeur a demandé mon avis et **celui** (*m. sing.*) d'un autre étudiant.

On ne peut pas éviter la pression de la publicité et **la pression** de la mode.

On ne peut pas éviter la pression de la publicité et **celle** (*f. sing.*) de la mode.

Les loisirs des ouvriers et **les loisirs** des bourgeois ne sont pas tellement différents.

Les loisirs des ouvriers et **ceux** (*m. pl.*) des bourgeois ne sont pas tellement différents.

Ses valeurs et **les valeurs** de mes parents sont les mêmes.

Ses valeurs et **celles** (*f. pl.*) de mes parents sont les mêmes.

PRATIQUE

Refaites les phrases suivantes en employant un pronom démonstratif pour éviter la répétition du substantif:

1. L'imagerie de la mode présente une exaltation de la vie privée, la vie qui suit le travail.
2. Dans la publicité, il s'agit toujours du bonheur matériel. Les impératifs de la consommation ne peuvent guère insister que sur ce bonheur-là.
3. La nouvelle éthique doit être l'éthique des besoins légitimes et de leur satisfaction.
4. Le problème qui se pose à nous maintenant est le problème de modifier l'attitude du public.
5. Ces modèles incarnent des valeurs assez différentes des valeurs que la société admet explicitement.
6. Aujourd'hui les droits des hommes et les droits des femmes sont, en principe, les mêmes.

Uniformité de la culture de masse

MAURICE CRUBELLIER

1

Premiér trait:° L'homogénéisation

Les âges, les sexes, les sous-cultures tendent à° se confondre.°

On a dit, non sans quelque malignité,° que les nouveaux *media* faisaient de l'enfant un adulte précoce et de beaucoup d'adultes des enfants attardés.° Il est vrai que les frontières entre les périodes traditionnelles de l'existence et les passages qui en marquaient le franchissement° semblent abolies.° L'explication est biologique (puberté avancée), pédagogique (allongement de la scolarité, étalement° de l'adolescence), technique (un *medium* comme la télévision vise indistinctement tous les âges de son public), sociologique (unification du genre de vie: fumer, aller au café ou au cinéma, courir la France et le monde, on fait cela à tout âge), éthique (c'en est fini° de la valorisation° de l'expérience, de la sagesse° qu'on n'acquiert qu'avec l'âge). La culture de masse est à dominante juvénile.° On en peut juger par la mode vestimentaire: «encore jeune», «toujours jeune» titrent les magazines spécialisés; par la recherche d'une apparence physique: sveltesse,° agilité, dynamisme, fraîcheur du teint,° et recours à la kinésithérapie° ou à la chirurgie esthétique° si besoin est; par les distractions: pratique d'un sport à tout âge, ou lecture de bandes illustrées,° ou fréquentation des cinémas d'avant-garde; par la poursuite indéfinie de l'amour physique. Les stars, ces modèles par excellence, doivent rester jeunes ou, au pis,° nous habituer à vieillir° comme elles, sans qu'on s'en aperçoive trop.

Après tout, le mythe de l'éternelle jeunesse a des répondants° dans le passé (Faust). Plus étonnante est la tendance à la confusion des sexes, notamment chez les plus jeunes: dans la mode, note R. Barthes,[1] le junior tend à l'androgyne.° D'une part, la femme a conquis quelques attributs masculins: cela a été successivement les cheveux courts et les jupes raccourcies° dans les années 1920, le tabac, les sports y compris de compétition, le port° du pantalon (toujours interdit en vertu d'une ordonnance de Bonaparte[2] en date du 9 brumaire an IX),[3] le bronzage°

le trait characteristic

tendre à to tend to / **se confondre** to blend together
la malignité malice, spitefulness

attardé retarded

le franchissement act of crossing over / **aboli** abolished, eliminated
un étalement stretching out

c'en est fini it's all over with
la valorisation act of ascribing value or importance to / **la sagesse** wisdom
à dominante... predominated by youth

la sveltesse slenderness / **le teint** complexion
la kinésithérapie treatment by exercise or massage / **la chirurgie...** plastic surgery
la bande illustreé = la bande dessinée comic strip

au pis at worst / **vieillir** to grow old

le répondant subscriber

androgyne androgenous, partaking of both sexes

raccourci shortened

le port wearing

le bronzage suntan

---

[1] **Roland Barthes,** écrivain français qui s'intéresse beaucoup à la nouvelle critique et à l'histoire des mœurs.
[2] **Napoléon Bonaparte** (1760–1821), empereur des Français de 1804–1814. Il créa beaucoup d'institutions y compris le Code civil [*statutes of civil law*], qui est toujours en vigueur.
[3] **9 brumaire an IX,** date du calendrier révolutionnaire.

plusieurs... several centuries old / **la blancheur** whiteness, paleness
éclatant brilliant, splendid / **la peau** skin
réclamer to demand / **sans...** without completely attaining it
en venir à to reach the point
la mise dress, attire / **la couleur voyante** loud color

(à l'opposé de l'idéal féminin plusieurs fois séculaire° de la blancheur° éclatante° de la peau°: dans la peinture classique, c'est le corps de l'homme qui est brun); elle fait les mêmes études, a les mêmes distractions; elle réclame,° sans tout à fait y atteindre,° l'égalité dans les emplois... Inversement, l'homme en vient à° diversifier et enrichir sa mise,° cultive la fantaisie, adopte des couleurs voyantes,° accepte, surtout quand il est jeune, de jouer à l'égalité des sexes, de prendre sa part des charges domestiques.

> ...L'homme se féminise, note E. Morin:[4] il est plus sentimental, plus tendre, plus faible. Au père autoritaire succède le père «maternel», au mari-chef succède le compagnon, à l'amant décidé° le velléitaire.°

un amant... resolute lover / **le velléitaire** undecided person who has whims

le pot-pourri hodgepodge

déraciné uprooted / **qu'il soit** be it
dépaysé out of one's element

en propre in its own right

le patrimoine patrimony, heritage

mélanger to mix

La culture servie par la presse et le disque, le music-hall, la radio et la télévision, tourne au pot-pourri° de cultures locales et nationales. Déraciné,° transplanté, le folklore, qu'il soit° breton, canadien ou nègre, est dé-localisé, dé-folklorisé. Le public veut être dépaysé;° il l'est trop et trop souvent pour l'être vraiment. Le «western» du cinéma ou de la bande dessinée n'appartient plus en propre° aux origines du peuple américain; il est devenu patrimoine° commun du monde moderne, comme aussi le jazz, les negro spirituals, les rythmes tropicaux (samba, mamba, cha-cha-cha...). Les voyages eux-mêmes mélangent° la réalité et l'illusion: on vit un rêve industrialisé dans un cadre authentiquement exotique au Club Méditerranée.[5] Le *melting-pot* américain, celui de la culture, a craqué et déverse° sur le monde en général, y compris sur la France, les produits du plus extraordinaire syncrétisme,° d'un transfert inouï.°

déverser to spill over

le syncrétisme syncretism, the blending of diverse things into one
inouï unheard of

Second trait: La passivité

mieux... it would be better / **la primauté** primacy
une affectivité emotion

Plutôt que passivité, mieux vaudrait° peut-être dire primauté° de l'affectivité° sur l'intelligence et sur l'action. Au lieu de jouer au football, on préfère vivre passionnément le match que disputent des professionnels. Au lieu de tenter de vivre sa vie, on la vivra par procuration,° par l'intermédiaire des héros et des héroïnes des feuilletons,° des photo-romans° ou des films. Là se trouve le fondement du *star-system*: le recours à l'imaginaire, mais à un imaginaire qui ne soit plus tout à fait imaginaire, et qui engage parfois follement° ceux, celles qui y recourent. En 1928, «deux femmes se suicident devant la clinique où R. Valentino vient d'expirer. Ses funérailles se déroulent° dans l'hystérie collective. Sa tombe ne cessera d'être fleurie». Cas-limite,° bien sûr, et qui correspond aux débuts explosifs d'un système qui s'est beaucoup

par... by proxy, vicariously / **le feuilleton** serial story (in a magazine)
le photo-roman magazine that tells a story through captioned photographs
follement madly, in wild excess

se dérouler to take place

le cas-limite extreme case

---

[4] **Edgar Morin,** sociologue français.
[5] **Club Méditerranée,** club de vacances qui connaît un succès mondial.

L'Arcade Chaumet
Des bijoux qui ont quelque chose à dire.

Les bijoux sont des témoins. Ils prouvent vos sentiments, démontrent votre bon goût, confirment votre succès.

Mais pour que des bijoux soient dotés d'une telle éloquence, encore faut-il qu'ils soient complètement vôtres.

À l'Arcade Chaumet, vous découvrirez la concrétisation de vos goûts, de vos rêves, de vos états d'âme. Dans un décor d'un hardi modernisme, bagues et colliers, stylos et briquets y côtoient ces objets d'art nés de l'imagination de l'artiste qui symbolisent avec éloquence la personnalité du style Arcade Chaumet. Et vous serez étonné qu'en un tel lieu tout puisse être "abordé".

Chaumet c'est un univers

CHAUMET • L'ARCADE CHAUMET • LES TEMPORELLES CHAUMET

12 place Vendôme Paris. Tél. 260.32.82.

s'**assagir** to sober down

se **rapprocher de** to draw closer to
le fard make-up

se **nouer** to become established
la miette crumb
rassasier to satisfy

le terme last stage

factice artificial

un ensemblier interior decorator / **un architecte...** landscape architect
jouir to enjoy

assagi° depuis et particulièrement en France. Les stars se sont rapprochées de° leurs admirateurs; les admirateurs, qui miment leurs gestes, qui leur empruntent — la publicité aidant — leurs parfums, leurs fards,° leurs coiffures, leur coupe de vêtements, leurs mœurs, se sentent moins loin des stars. Un dialogue s'est noué° entre eux grâce au courrier de certains journaux. Le pur imaginaire a fait place à des miettes° de réalité; sont-elles vraiment capables de rassasier° un cœur?

Cet aspect pauvre de la culture de masse se retrouve encore dans les jeux radiophoniques, où quelques-uns jouent, les autres n'ayant guère qu'une illusion de participation; terme° de la dégradation des anciens jeux folkloriques? Rousseau vantait les voyages à pied: les cars panoramiques permettent une prise de possession facile, et en partie factice,° des paysages qu'ils traversent. On délègue un spécialiste, ensemblier° ou architecte paysagiste,° à la décoration de sa maison ou de son jardin, ou l'on copie les modèles fournis par les journaux. On veut jouir° sans concevoir ni faire. La soumission à la mode reste le plus parfait symbole de cette passivité.

CONTROLE

1. D'après l'auteur, quelle influence ont eu les nouveaux media sur la conduite des enfants et des adultes? Donnez plusieurs explications sur le fait que les frontières entre les périodes traditionnelles de la vie (enfance, adolescence, maturité, etc.) semblent moins marquées aujourd'hui.
2. Quelles sont les preuves de l'importance que la culture de masse accorde à la jeunesse?
3. Citez certains faits qui suggèrent que la distinction entre les deux sexes commence à disparaître aussi.
4. Les mass-media tendent-ils plutôt à conserver ou à fusionner la diversité des sous-cultures? Expliquez votre réponse.
5. Expliquez le terme «passivité». Comment la télévision, les feuilletons, et les films, par exemple, encouragent-ils une sorte de passivité?
6. Avez-vous entendu parler de Rudolph Valentino? Qui était-il? Que s'est-il passé quand il est mort? Pourquoi l'auteur donne-t-il cet exemple?
7. Quel est le rôle des stars dans la culture de masse? Comment les rapports entre les stars et leurs admirateurs ont-ils changé depuis l'époque de Rudolph Valentino?

8. Autrefois, les hommes participaient activement aux jeux, aux voyages, à la décoration de leurs maisons. Comment ces activités ont-elles diminué sous l'influence de la culture de masse?

2

Valeurs incarnées: Les modèles

Les cultures bourgeoises et scolaires proposaient des préceptes. La culture de masse se contente de proposer des modèles. Elle économise ainsi le détour par la conscience critique. Ainsi faisait aussi la culture populaire, mais dans le cadre éprouvé° de la tradition, non sous la pression d'une perpétuelle innovation. Ces modèles incarnent des valeurs assez différentes dans l'ensemble° de celles qu'enseigne l'école ou le catéchisme, que la société admet explicitement.

Comme il est normal dans une culture qui doit son essor° au développement des loisirs, l'accent est mis sur les valeurs de loisirs. On vante encore le travail, mais on organise sa vie en fonction des loisirs. Cela ne va pas sans quelque déchirement de conscience° pour les plus âgés, formés aux préceptes de la morale de Franklin.[6] Et cela pose quelques problèmes aux responsables de l'économie qui dépendent à la fois de la production (temps du travail) et des loisirs (temps de la consommation).

Roland Barthes a montré sans peine que la «rhétorique de la mode» fait peu de place au travail et beaucoup aux loisirs: peu de modes pour le travail, remarque-t-il, et il s'agit alors d'un travail indéterminé; beaucoup pour le sport et surtout les cocktails, les sorties du soir, le week-end, les vacances. L'imagerie de mode et l'imagerie publicitaire convergent dans une exaltation de la vie privée, celle qui suit le travail, où l'homme et la femme, parmi leur famille, leurs amis, possèdent le bonheur ou, du moins, les ingrédients du bonheur.

Un bonheur très matériel. Les impératifs de la consommation ne peuvent guère insister que sur celui-là. On ne vend pas la tendresse, la fidélité, le dévouement, le service du prochain.° La nouvelle éthique doit donc être celle des besoins légitimes et de leur satisfaction. Le bonheur est un droit: la publicité le dit plus et mieux que les politiciens. Il implique, pour s'entretenir° et subsister, que l'homme se découvre toujours de nouveaux besoins et que l'économie lui fournisse toujours le moyen de les satisfaire. «Le problème qui se pose à nous maintenant,

éprouvé well-tried, proven

dans l'ensemble on the whole

un essor rise

sans... without being somewhat conscience-torn

le prochain neighbor, fellow man

s'entretenir to maintain itself

---

[6] **Benjamin Franklin,** le célèbre ambassadeur américain qui alla en France négocier l'alliance entre Louis XVI et les Etats-Unis. Dans certains de ses écrits Franklin prêche la morale du travail et de l'emploi productif du temps.

Pourquoi 3.000 familles ont déjà choisi de vivre dans une maison Kaufman & Broad.

Une maison se choisit pour la vie. Autant fonder la vôtre sur du solide, de l'agréable, vivre un rêve éveillé dont pourront profiter vos enfants et vos petits-enfants. Comme déjà 3.000 familles l'ont fait en France.

Une technique réfléchie.

Des années de pratique ont donné à Kaufman & Broad une maîtrise parfaite des techniques de construction. Chaque maison est construite sur une dalle en béton armé reposant sur terre-plein, compactée et isolée par

une couche de sablon et un film de polyane. Des plaques de polystyrène expansé disposées en périphérie de la partie chauffée assurent l'isolation thermique de la dalle. Murs,

fenêtres et toit font l'objet des mêmes soins.

Le perfectionnisme Kaufman & Broad.

Votre maison est construite avec des matériaux traditionnels : briques, parpaings, bois, etc... Au niveau de la conception même, nous nous sommes attachés à penser chaque détail et à le réaliser avec un soin particulier. Par exemple : pas de

tuyau apparent dans une salle de bains. Ce souci du perfectionnisme est le témoin de la qualité Kaufman & Broad.

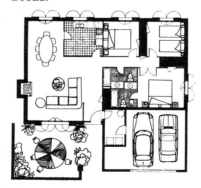

Une conception intelligente de l'espace.

Tous nos plans (en général 4 ou 5 types de maisons par programme) tiennent compte de certains impératifs : vaste cuisine toujours située entre la salle à manger et

le cellier, grande chambre pour les parents avec salle de bains (parfois avec terrasse), nette séparation du coin jour et du coin nuit, important living-rom. Le tout, conçu pour faciliter la vie de la maîtresse de maison.

Le respect de l'environnement.

Kaufman & Broad intègre parfaitement ses plans d'urbanisme au paysage. Choix des terrains, proximité immédiate de tous les services nécessaires à une vie équilibrée, sont les deux critères fondamentaux pour édifier un programme. Aussi les programmes Kaufman & Broad possèdent à proximité un centre commercial, des écoles, etc...

Un financement sans surprise.

Kaufman & Broad pratique la vente "clés en main". Qu'est-ce que la vente clés en main ? Vous versez 5 % à la réservation, bloqués sur un compte bancaire à votre nom, 15 % à la remise des clés... le solde en 20 ans (ou moins) que vous rembourserez comme un loyer.

Vous comprenez maintenant pourquoi 3.000 familles ont déjà choisi de vivre dans une maison Kaufman & Broad.

△ **Kaufman & Broad: un style de vie**

disait un publiciste américain, Ernst Dichter, cité par E. Morin, est celui de faire croire à l'Américain qu'il suit la morale lorsqu'il a des envies.»[7] Ira-t-on chez nous jusqu'à° manipuler la morale pour qu'elle serve toujours mieux l'économie?

Ajoutons:° un bonheur au féminin, puisque la femme est maîtresse du foyer,° gérante° des loisirs, gardienne de l'éthique... «C'est l'univers nouveau du bien-être confort qui se développe sous contrôle féminin» (E. Morin). Grâce à elle surtout, l'agitation quotidienne° et la multiplicité des projets à court terme (de vacances, d'achats à crédit, de transformation du logement...) effacent l'inquiétude politique et métaphysique. L'existence est remplie,° l'angoisse° évacuée.

L'amour, ou plutôt l'érotisme, «est devenu thème obsessionnel de la culture de masse.» N'est-il pas à la portée de° tous, en fait ou en rêve, le «grand archétype», le vrai dénominateur commun? C'est une valeur protéiforme:° libéré des exclusives et des tabous, voire° des maternités non consenties, démystifié à beaucoup d'égards,° pas forcément° étranger au mariage, il comporte° des dosages très variés entre satisfaction de l'esprit et satisfaction du corps. Encore faut-il reconnaître que la production et le commerce l'ont capté et intégré, comme un moyen de vendre, sous ses formes les moins éthérées.° Qu'on nous permette ici de citer quelques pittoresques formules d'Edgar Morin: «L'argent toujours insatiable s'adresse à l'Eros toujours sous-alimenté...»° «La marchandise joue à la femme désirable, pour être désirée par les femmes en faisant appel à leur désir d'être désirées par les hommes.» Le placard° publicitaire, depuis la «petite femme» qu'évoquait le vicomte d'Avenel,[8] s'est émancipé lui aussi à l'exemple du cinéma...

> Depuis 1900, une gigantesque Psyché,[9] aux milliards d'incarnations imaginaires, se déshabille lentement: les jambes nous sont progressivement apparues, enivrantes,° les chevelures° se sont défaites et refaites, les croupes° se sont agitées. Depuis 1950, le strip-tease se joue autour de la poitrine: le corsage° endigue° à peine° une tumultueuse poussée des seins.° Un flash éphémère nous révèle parfois la nudité promise et interdite. C'est le règne de la nouvelle idole, l'idole de la culture de masse; non pas la déesse nue des religions antiques, non pas la madone au corps dissimulé° du christianisme, mais la femme à demi-nue, en impudique° pudeur,° l'allumeuse permanente.° *

jusqu'à as far as

ajouter to add
le foyer home / le (la) gérant(e) manager

quotidien daily

rempli fulfilled / une angoisse anxiety

à la... within reach of

protéiforme having all forms / voire and even
à beaucoup... in many respects / forcément necessarily
comporter to comprise, entail

éthéré ethereal, spiritual

sous-alimenté undernourished

le placard poster

envirant intoxicating / la chevelure (head of) hair
la croupe rump, behind
le corsage blouse / endiguer to contain, dam in / à peine hardly
la poussée... thrust of the breasts
dissimulé concealed
impudique immodest / la pudeur modesty / une allumeuse permanente perpetual tease

* *L'Esprit du temps*
[7] «The problem we have now... is to make the American believe that he is being moral when he is indulging his desires.»
[8] **le vicomte d'Avenel** (1855–1939), économiste et historien français. Selon lui, le nombre des riches avait augmenté, l'inégalité des fortunes s'était accrue; néanmoins, les petits avaient acquis une plus large satisfaction de leurs besoins matériels et spirituels.
[9] **Psyché,** dans la mythologie grecque, une jeune fille de grande beauté aimée par le dieu de l'Amour, Eros

ambiguë ambiguous, equivocal

canaliser to channel

un exutoire outlet

le roman policier detective novel / **la série...** collection of detective novels bound in black

la fête holiday

La violence est une valeur ambiguë° de la nouvelle culture de masse, intolérable et nécessaire, antibourgeoise et cependant indispensable à l'équilibre de la société bourgeoise, à condition qu'elle réussisse à la canaliser.° Pour les jeunes surtout, il faut un correctif, une compensation au poids de la norme (légale, familiale, commerciale...), des exutoires° à l'agressivité, qui remplacent ceux qu'offraient jadis tant de manifestations folkloriques, puis dont les douze ou quatorze heures de travail du siècle dernier avaient pu faire oublier la nécessité. La culture de masse fournit donc ces exutoires, sous les formes, des romans policiers° ou de la série noire,° des films de même inspiration, souvent tirés de ces romans, de bandes dessinées... et, d'une autre manière, de la voiture, de plus en plus rapide, quoi qu'il en coûte (dix, douze, quinze mille victimes chaque année; les morts du dimanche, «le tribut payé à la fête»).°

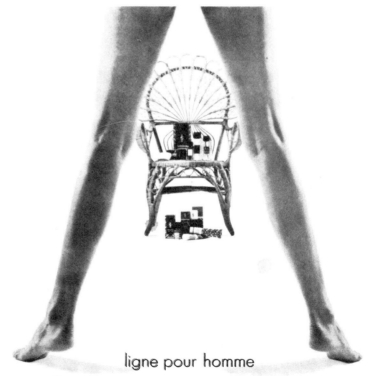

CONTROLE

1. Qu'est-ce que c'est qu'un modèle? Les modèles que la culture de masse nous propose incarnent-ils les mêmes valeurs que notre société admet explicitement?
2. Dans la culture de masse quelle valeur semble avoir supplanté une autre valeur traditionnelle? Comment l'imagerie de la mode et l'imagerie publicitaire ont-elles contribué à établir cette nouvelle valeur?
3. Décrivez la notion de bonheur dans la culture de masse.
4. Quel est le rôle de la femme dans la poursuite du bonheur?
5. Quel est le thème obsessionnel de la culture de masse? Comment les agents publicitaires exploitent-ils ce thème?
6. Selon Edgar Morin, dans le long passage cité ici, quelle nouvelle image de la femme a remplacé celle de la déesse nue de l'antiquité et de «la madone au corps dissimulé» du christianisme?
7. Expliquez ce que dit l'auteur d'une autre valeur de la culture de masse: la violence.

CONVERSATION

1. Etes-vous d'accord avec Maurice Crubellier que la culture de masse est caractérisée par l'homogénéisation des âges, des sexes et des sous-cultures? Appuyez votre réponse sur des exemples ou des faits précis.
2. Trouvez-vous que la distinction entre les hommes et les femmes est moins marquée aujourd'hui que dans le passé? Pensez-vous qu'une telle fusion des sexes soit souhaitable ou êtes-vous plutôt favorable à l'attitude qu'exprime la célèbre expression française: «Vive la différence!»?
3. Y a-t-il réellement une différence entre les valeurs que prêche la société et les valeurs que nous propose implicitement la culture de masse? Pouvez-vous citer des exemples de contradiction dans ce domaine?
4. Faites l'analyse de quelques-unes des réclames publicitaires qui accompagnent cette lecture. Quelles valeurs y sont implicites? A quels instincts ou quels désirs font-elles appel?
5. Comment expliquez-vous l'importance des stars dans notre société?
6. Voici une question importante: la culture de masse, produit des mass-media, a-t-elle contribué ou a-t-elle nui au bien-être de l'individu? En d'autres mots, l'homme était-il plus heureux au dix-huitième siècle, par exemple, qu'il ne l'est aujourd'hui?

ACTIVITE

Trouvez des exemples dans la publicité américaine (ou française, si possible) qui tendent à prouver ou à contredire les thèses de Maurice Crubellier en ce qui concerne un aspect de la culture de masse: l'homogénéisation de la société, la glorification de la jeunesse, l'exaltation des loisirs, le concept matérialiste du bonheur, l'érotisme, la violence. (Vous pouvez répartir ces sujets entre vous.)

2.
L'Humour

Aimez-vous rire?

L'EXPRESS

«L'homme», disent certains philosophes, «est l'animal qui sait rire.» L'humour est donc d'un intérêt capital pour nous, car si nous perdions notre capacité de rire, nous perdrions aussi notre humanité. Le rire n'est-il pas indispensable à notre bien-être physique et moral?

L'article qui suit est basé sur un sondage qui traite de l'attitude des Français envers le rire. Dans le commentaire qui accompagne ce sondage, le journaliste se penche sur l'une des questions soulevées par les résulatats du sondage: tout en aimant rire, les gens prétendent le faire moins souvent aujourd'hui qu'autrefois. Ainsi, les trois humoristes les mieux aimés sont morts à présent, ou on ne les voit presque plus, alors que les humoristes qu'on rencontre quotidiennement sont moins appréciés. Y avait-il un «bon vieux temps» de l'humour? Cet article ne fait qu'entamer le sujet du rire que nous poursuivrons à travers des exemples de l'humour chez Marcel Aymé, Sempé et Jacques Faizant, pour en arriver finalement à une satire des Français, du point de vue d'un personnage anglais, créé par Pierre Daninos.

MOTS A APPRENDRE

s'amenuiser   *to lessen, diminish*
Leur enthousiasme pour ce projet s'est amenuisé quand ils se sont rendu compte de ses difficultés.

un attrait   *attraction, allurement, charm*
Le sens de l'humour est un attrait important chez les gens.

bruyant   *noisy, loud*
Tout le monde riait aux éclats; c'était une réunion bruyante.

le chiffre   *figure, number*
Les chiffres des statistiques semblent indiquer que l'humour joue un rôle important dans la vie.

un écran   *movie screen*
«Charlot» Chaplin est un des premiers grands humoristes de l'écran.

estimer   *to judge, consider, be of the opinion (that)*
Moi, j'estime que faire rire est une qualité essentielle chez l'homme.

les mœurs (f.)   *mores, morals, customs*
Les mœurs d'une culture déterminent, dans une grande mesure, ce que l'on y considère drôle.

le penchant   *leaning, inclination, liking*
Les Français ont un penchant pour les humoristes d'autrefois.

quant à   *as for, as to*
Mes amis préfèrent Fernand Reynaud; mes parents aiment bien Louis de Funès; quant à moi, je préfère Fernandel.

se ranger parmi   *to place oneself among, be considered one of*
Presque tous les Français se rangent parmi les gens qui aiment rire.

la scène   *the stage*
«Le monde entier est une scène de théâtre» écrivait Shakespeare.

semblable   *similar, alike*
L'humour de Charlot et celle de Fernandel ne sont pas semblables.

signifier   *to mean*
«Marrant» est un mot populaire et «rigolo» un mot familier, qui signifient «amusant».

le souci   *care, worry*
L'humour fait oublier les soucis.

se soucier de   *to care about, be concerned with*
Les Français se soucient beaucoup de s'amuser.

PRATIQUE

Refaites les phrases suivantes en substituant aux mots français en italique un synonyme tiré des Mots à apprendre. Faites tous les changements nécessaires.

EXEMPLE: Je ne *considère* pas que cette plaisanterie soit drôle.
Je n'estime pas que cette plaisanterie soit drôle.

1. Ce *numéro* est inexact.
2. Si l'on rit beaucoup, cela ne *veut* pas *dire* forcément que l'on soit heureux.
3. Le plus grand *charme* de cet humoriste est sa naïveté.
4. *En ce qui concerne* la comédie, Fernandel en est un maître.
5. Les sujets de plaisanterie sont souvent révélateurs de nos plus grands *problèmes* personnels.
6. Chaque pays a des *coutumes* différentes.
7. Il leur semble que les occasions de rire *ont diminué* depuis quelque temps.
8. Cet acteur comique a *une inclination* marquée pour les femmes sérieuses.
9. Notre patron *se préoccupe du* moral de ses employés.
10. Bien des chefs-d'œuvre *du théâtre* sont des comédies.
11. Molière *se classe* parmi les plus grands auteurs comiques du monde.
12. Certains metteurs en scène [*directors*] semblent croire qu'une scène ne peut être comique à moins d'être *tumultueuse*.

TOURNURES A REPETER

A. Quand les pronoms toniques **nous, vous, eux** et **elles** sont qualifiés par une expression de quantité, on emploie la préposition **entre** devant le pronom:

Soixante-dix pour cent d'**entre** eux se rangent parmi les gens qui aiment rire.

Traduisez:

1. three of us
2. many of you
3. the majority of them (*m.*)

4. most [**la plupart**] of them (*f.*)
5. fifteen percent of you

B. Quand les pronoms indéfinis **rien, quelque chose, quelqu'un** et **personne** sont qualifiés par un adjectif, on emploie la préposition **de** suivi de la forme masculine de l'adjectif:

> Il y a **quelque chose d'amusant** à la télé ce soir.

Traduisez:

1. something important
2. nothing noisy
3. someone funny
4. no one serious
5. nothing new

C. Pour exprimer la tournure «to make someone happy, sad, angry, etc.» on emploie en français le verbe **rendre**:

> L'évolution des mœurs nous **a rendus** difficiles [*hard to please*].

Traduisez:

1. You make me so happy.
2. That makes me sad.
3. They make us furious.
4. Worries make you irritable.
5. The screen made many actors famous.

Aimez-vous rire?

 *L'EXPRESS*

il est = **il y a** / **un rien** a trifle

affaire... it's a matter of temperament (*lit.* digestive juices) / **la conjoncture** situation, contingency

le compte... not taking into account

Il est° des gens qu'un rien° fait rire. Et d'autres que rien ne fait rire. Affaire de sucs gastriques.° Et de conjoncture° sociale. On rit aussi mal le ventre vide que l'estomac ulcéré.

Mais, compte non tenu° des contrariétés internes et des difficultés extérieures — dans l'absolu, donc — les Français, massivement, aiment rire (87%), savent rire (71%), font rire (53%) ou du moins se l'imaginent, trouvent qu'un des attraits essentiels de l'homme (55%) comme de la femme (50%) est de savoir faire rire. Et ils estiment que leurs compatriotes° partagent ce penchant (80%).

les compatriotes (*m*.) fellow countrymen

Hélas! quand on en revient à la situation pratique, au rire non plus tel qu'il se rêve mais tel qu'il se rit,° le bel enthousiasme des Français s'amenuise. Soixante-deux pour cent d'entre eux trouvent qu'ils rient de moins en moins, contre 16%, seulement, de plus en plus. Quant aux 22% qui jugent leur hilarité étale,° ils en contredisent par là même la nature, qui est d'être rythmée. On peut donc en déduire qu'ils se soucient peu de rire et qu'ils rient peu de leurs soucis.

au rire... laughter not as it is imagined, but as it is

étale slack, stationary

Ainsi, la gaieté serait, pour une majorité de Français, un sentiment nostalgique, quelque chose d'ineffable° mais de perdu, comme la Belle Epoque,° les Années folles,° le bon vieux temps.

ineffable inexpressible

la Belle Epoque the Gay Nineties / les Années folles the Roaring Twenties

Cette impression est renforcée par le choix qu'ont fait les personnes interrogées de celles et de ceux qui les font le plus rire. Arrive en tête (41%), un homme doublement disparu, Fernandel, mort en 1971, dont le cinéma ne programme plus jamais les films, mais à qui la télévision a fait récemment la part belle (Don Camillo, Pagnol). De Fernand Raynaud, mort en 1973, qui occupe la deuxième position avec un score très inférieur (21%), on peut dire la même chose. Quant à Louis de Funès, qui se classe troisième (20%), sa santé le tient éloigné de la scène et de l'écran depuis «Rabbi Jacob» (1973).

Les comiques du jour, les champions du rire quotidien arrivent loin derrière. L'omniprésent Jacques Martin, Pierre Perret, le roi du hit-parade, obtiennent respectivement 16 et 11%. Ces chiffres signifie-raient-ils que le rire, comme la madeleine,[1] n'est jamais aussi savou-reux° qu'à l'état de souvenir?

savoureux tasty

Car nul ne peut prétendre, sérieusement, que les conditions objectives de la bonne humeur sont inférieures à ce qu'elles étaient il y a trente ou soixante ans. Les Français n'avaient aucune raison matérielle, physique ou morale de rire d'un meilleur cœur à l'époque où Fernandel jouait «Simplet» (1942) et à celle où Charlie Chaplin (6%) tour-nait° «Charlot pompier»° (1917). Outre° à admettre que l'amélioration° de la vie rend celle-ci triste à pleurer, c'est sur la nature du comique que l'on doit s'interroger.

tourner to shoot (a film) / le pompier fireman / outre besides / une amélioration betterment

L'évolution des mœurs, le développement culturel, voire° intellectuel, que nous subissons tous, bon gré mal gré,° nous ont-ils rendus plus difficiles° quant à la qualité de notre rire? Fernandel amusait, certes, et la mémoire en demeure vivace.° La situation serait-elle sem-

voire and even

bon... for better or for worse

difficile hard to please

demeure... endures

---

[1] **la madeleine,** une sorte de gâteau qui joue un rôle important dans *A la Recherche du temps perdu*, roman de Marcel Proust. Le goût d'une madeleine trempée dans du thé a le pouvoir d'évoquer les souvenirs d'enfance du narrateur.

blable aujourd'hui? La performance relativement médiocre de Louis de Funès, l'acteur comique français le plus célèbre, le plus demandé, le plus cher, ne traduirait-elle pas une lassitude pour les effets à l'emporte-pièce?° Et le succès honorable obtenu par l'artiste plus difficile et plus discret qu'est Raymond Devos (11%) ne dirait-il pas le goût des Français pour une plus grande subtilité?

Le rire revêt° de multiples formes, et certaines apparaissent un matin qu'on ne soupçonnait pas la veille. Proust, Joyce, Beckett, Kafka même, ont mis, tour à tour,° des rieurs de leur côté!

Les Français, dans leur immense majorité, se situent à cent lieues° de ces explosions cérébrales. Ils expriment encore leur gaieté selon la recette° du *Petit Robert:*[2] par l'élargissement° de l'ouverture de la bouche accompagné d'expirations saccadées° plus ou moins bruyantes. D'une certaine manière, cependant, ils éprouvent une exigence° nouvelle, et c'est celle-ci que leurs réponses traduisent. Les Français aiment autant rire qu'autrefois, les faire rire est devenu ardu:° avis aux clowns.°

PATRICK THEVENON

---

[2] **Petit Robert,** dictionnaire français

à l'emporte-pièce (*f.*)   cutting, biting

revêtir   to take on

tour...   each in turn

la lieue   league (*equal to four kilometers*)

la recette   formula / **un élargissement**   enlargement, widening
saccadé   jerky, abrupt
une exigence   need, requirement

ardu = difficile / **avis...**   clowns, take warning

Fernandel

Fernand Raynaud

LES FRANÇAIS ET LE RIRE

1. **Estimez-vous que les Français aiment rire?**
   - Oui 80%
   - Non 17%
   - Sans opinion 3%

2. **Estimez-vous que les Français savent faire rire?**
   - Oui 71%
   - Non 25%
   - Sans opinion 4%

3. **Vous, personnellement, vous rangez-vous plutôt...**
   - ...parmi les gens qui aiment bien rire . . 87%
   - ...parmi les gens qui n'aiment pas beaucoup rire 12%
   - Sans opinion 1%

4. **Vous-même, diriez-vous que vous vous rangez parmi les gens qui font rire, ou pas?**
   - Oui 54%
   - Non 43%
   - Sans opinion 4%

5. **Avez-vous le sentiment que dans la vie vous avez de plus en plus ou de moins en moins l'occasion de rire?**
   - De moins en moins 62%
   - De plus en plus 16%
   - Sans changement 22%

6. **Faire rire, est-ce chez un homme une qualité essentielle?**
   - Oui 55%
   - Non 41%
   - Sans opinion 4%

7. **Faire rire, est-ce chez une femme une qualité essentielle?**
   - Oui 50%
   - Non 45%
   - Sans opinion 5%

8. **Parmi les personnes suivantes, quelles sont les deux qui vous font le plus rire?**
   - Fernandel 41%
   - Fernand Raynaud 21%
   - Louis de Funès 20%
   - Jacques Martin 16%
   - Pierre Perret 11%
   - Raymond Devos 11%
   - Jacqueline Maillan 10%
   - Jerry Lewis 8%
   - Raimu 7%
   - Charlie Chaplin 6%
   - Les Charlots 6%
   - Thierry Le Luron 6%
   - Coluche 6%
   - Laurel et Hardy 6%
   - Marcel Pagnol 5%
   - Philippe Bouvard 4%
   - Pierre Daninos 2%
   - Marcel Achard 2%
   - Sacha Guitry 2%
   - Les Marx Brothers 1%

CONTROLE

1. Y a-t-il des différences de tempérament en ce qui concerne le rire? Expliquez.
2. Quelle est, en général, l'attitude des Français envers le rire?
3. Selon les résultats du sondage, y a-t-il un changement dans la gaieté des gens d'aujourd'hui?

4. Qui sont les trois humoristes préférés des Français? Qu'est-ce qu'ils ont en commun?
5. Que semble signifier le fait que les comiques d'aujourd'hui sont moins appréciés que ceux qu'on ne voit plus?
6. Comment le sens de l'humour des Français a-t-il évolué, selon le journaliste? Quelles observations fait-il sur leur goût du comique?

CONVERSATION

1. Aimez-vous rire? Trouvez-vous que vous riez de plus en plus ou de moins en moins?
2. Estimez-vous que savoir rire soit nécessaire pour le bien-être psychologique?
3. En choisissant vos amis, estimez-vous que le sens de l'humour soit une qualité indispensable?
4. Le rire est souvent une forme de soulagement de nos soucis. Expliquez.
5. Pour vous, est-il plus important d'être sérieux ou de rire?

ACTIVITE

Chaque membre de la classe racontera une plaisanterie qui l'a fait rire.

Le Passe-Muraille

MARCEL AYME

Marcel Aymé est un des humoristes les plus aimés de notre
siècle. C'est un auteur à qui l'imagination ne fait pas défaut.
Bon nombre de ses contes et de ses romans sont fondés sur
des premisses fantastiques. Dans «Le Passe-Muraille,» par
exemple, il s'agit d'un employé subalterne et routinier qui
découvre un jour qu'il possède le pouvoir singulier de passer à
travers les murs. Aymé développe cette premisse de façon
logique jusqu'à ses conséquences les plus extrêmes.

Beaucoup de critiques littéraires rangent Aymé parmi les
auteurs surréalistes. Ces écrivains créent des alliances inattendues ou bizarres entre des éléments ou des objets de la vie
quotidienne qui bouleversent notre perception ordinaire des
choses. Ainsi le rire, pour les surréalistes, représente un moyen
de briser les confins de notre réalité journalière pour pénétrer
dans un autre ordre des choses, une sorte de «surréalité».
Toutes explications théoriques mises à part, n'importe qui peut
apprécier l'humour surprenant de Marcel Aymé.

MOTS A APPRENDRE

bouleverser   *to upset, overthrow*
Quand j'ai entendu la nouvelle de l'assassinat, j'ai été complètement bouleversé.

le cambriolage   *burglary*
Il y a eu un cambriolage spectaculaire à Nice: quinze millions de francs ont été volés à la Banque de Crédit Commercial.

le débarras   *refuse, a closet for unwanted and useless articles*
Nous allons mettre cette chaise cassée au débarras.

le don   *gift, talent*
Le Professeur Garnier a le don d'expliquer les choses compliquées d'une manière simple.

entraîner   *to carry away, sweep along* (**l'entraînement** (m.)   *enthusiasm*)
Les collègues de Dutilleul, entraînés par l'admiration, se sont mis à l'imiter.

s'évader   *to escape*
Le prisonnier s'est évadé par la fenêtre.

manquer de + inf   *to fail to do something*
Sa mère ne manque jamais de lui téléphoner le dimanche soir.

manquer de quelque chose   *to be lacking, deficient in something*
Jacques manque de courage.

manquer quelque chose   *to miss (out on) something*
Comme il était en retard, cet homme d'affaires a manqué son avion.

il me (te, lui, nous, vous, leur) manque quelque chose   *I (you, he, she, we, they) am lacking something*
Il me manque un livre pour finir ma dissertation.

la panne   *malfunction*
une panne d'électricité   *blackout*
avoir une panne d'essence   *to run out of gas*
être en panne   *to be out of order, in the lurch*
Simone a dû se rendre au travail en taxi parce que sa voiture était en panne.

le réduit   *remote corner, nook*
Cet employé a dû renoncer à son grand bureau pour s'installer dans un réduit sombre.

se rendre à = aller
Les employés se rendent au bureau à neuf heures.

surveiller   *to watch over, stand guard*
Il faut constamment surveiller les petits enfants.

Marcel Aymé

PRATIQUE

Refaites les phrases suivantes en substituant aux mots en italique un synonyme tiré des Mots à apprendre. Faites tous les changements nécessaires.

1. La foule, *emportée* par son enthousiasme, a failli écraser Charles Lindbergh quand il a atterri au Bourget après son vol transatlantique en solo.
2. Dutilleul ne *négligeait* jamais de commencer ses lettres par une vieille formule guindée.
3. Le *talent* de ce cambrioleur est de savoir ouvrir n'importe quelle porte.
4. Dans chaque immeuble, il y a un *placard* pour les choses dont on ne se sert plus.
5. Il est impossible que le détenu *s'échappe* de prison.
6. D'habitude, je *vais* au bureau à pied.
7. Le protagoniste *n'a pas beaucoup* d'imagination.
8. Il y a eu un *vol* chez moi: pendant que j'étais en vacances, on m'a pris mes bijoux.
9. Cette machine à écrire *ne fonctionne plus*.
10. Comme il avait noté la date sur son agenda, le directeur n'a pas *oublié* son rendez-vous important.
11. Qui est-ce qui pourrait garder le moral en travaillant dans ce *petit coin retiré?*

12. La découverte de l'infidélité de sa femme a *beaucoup troublé* Charles.

TOURNURES A REPETER

Refaites les phrases suivantes en substituant les mots indiqués aux mots en italique :

A. Dutilleul s'est laissé *prendre par la police*.

    1. ...pousser une moustache.
    2. ...entraîner par sa passion.
    3. ...humilier par ses collègues.
    4. ...dominer par ses vieilles habitudes.

B. Il a entendu *tousser quelqu'un*.

    1. ...parler des Grandes Pyramides.
    2. ...dire que cette femme avait un mari très jaloux.
    3. ...hurler le nouveau directeur.
    4. ...jouer la musique de Gen Paul.

C. A peine *s'était-il évadé qu'il s'est déguisé*.

    1. ...avait-il découvert ce don, qu'il a consulté un médecin.
    2. ...avait-il rencontré la blonde qu'il est tombé amoureux d'elle.
    3. ...avait-il fini la lettre que le directeur l'a déchirée.

D. Refaites les phrases suivantes en employant le passé proche, **venir de**:

EXEMPLE: Il a eu quarante ans récemment.
             Il vient d'avoir quarante ans.

    1. Il est sorti de prison récemment.
    2. Nous avons découvert son don extraordinaire récemment.
    3. Cette mésaventure l'a bouleversé récemment.
    4. Nous avons eu une panne d'électricité récemment.

E. Traduisez:

    1. She let herself go.
    2. They heard the police arriving.
    3. Hardly had he read the article about the burglary than he decided to rob a bank, too.
    4. They have just missed the train.

Le Passe-Muraille

MARCEL AYME

1

Il y avait à Montmartre,[1] au troisième étage du 75 *bis* de la rue d'Or-
champt, un excellent homme nommé Dutilleul qui possédait le don
singulier de passer à travers les murs sans en être incommodé.° Il por-
tait un binocle, une petite barbiche° noire et il était employé de troisième classe au ministère de l'Enregistrement.° En hiver, il se rendait à
son bureau par l'autobus et à la belle saison, il faisait le trajet à pied,
sous son chapeau melon.°

Dutilleul venait d'entrer dans sa quarante-troisième année lorsqu'il
eut la révélation de son pouvoir. Un soir, une courte panne d'électricité
l'ayant surpris dans le vestibule de son petit appartement de célibataire,° il tâtonna° un moment dans les ténèbres et, le courant revenu,
se trouva sur le palier° du troisième étage. Comme sa porte d'entrée
était fermée à clé° de l'intérieur, l'incident lui donna à réfléchir et,
malgré les remontrances de sa raison, il se décida à rentrer chez lui
comme il en était sorti, en passant à travers la muraille. Cette étrange
faculté qui semblait ne répondre à aucune de ses aspirations, ne laissa
pas de le contrarier un peu et, le lendemain samedi, profitant de la semaine anglaise, il alla trouver un médecin du quartier pour lui exposer
son cas. Le docteur put se convaincre qu'il disait vrai et, après examen,
découvrit la cause du mal dans un durcissement hélicoïdal de la paroi
strangulaire du corps thyroïde.[2] Il prescrivit le surmenage° intensif et,
à raison de° deux cachets° par an, l'absorption de poudre de pirette
tétravalente, mélange de farine de riz et d'hormone de centaure.[3]

Ayant absorbé un premier cachet, Dutilleul rangea le médicament
dans un tiroir et n'y pensa plus. Quant au surmenage intensif, son activité de fonctionnaire était réglée par des usages ne s'accommodant
d'aucun excès, et ses heures de loisir, consacrées à la lecture du journal et à sa collection de timbres, ne l'obligeaient pas non plus à une
dépense déraisonnable d'énergie. Au bout d'un an, il avait donc gardé
intacte la faculté de passer à travers les murs, mais il ne l'utilisait ja-

sans... without any discomfort

la barbiche goatee

le ministère... Registry of Deeds

le chapeau... derby

le célibataire bachelor / **tâtonner**
  to grope
le palier landing
fermé à clé locked

le surmenage overexertion
à raison de at the rate of / **le
  cachet** tablet, pill

---

[1] **Montmartre,** quartier populaire et bohémien dans le nord de Paris
[2] maladie complètement fantaisiste: *a helicoidal hardening of the strangular casing of
the thyroid gland*
[3] médicament imaginaire: *tablets of tetravalent pirette powder, a mixture of rice flour
and centaur hormone*

rétif hesitant

en faisant... by unlocking the latch
à l'épreuve to the test

gênant bothersome

mais, sinon par inadvertance, étant peu curieux d'aventures et rétif°
aux entraînements de l'imagination. L'idée ne lui venait même pas de
rentrer chez lui autrement que par la porte et après l'avoir dûment
ouverte en faisant jouer la serrure.° Peut-être eût-il vieilli dans la paix
de ses habitudes sans avoir la tentation de mettre ses dons à l'épreuve,°
si un événement extraordinaire n'était venu soudain bouleverser son
existence. M. Mouron, son sous-chef de bureau, appelé à d'autres fonc-
tions, fut remplacé par un certain M. Lécuyer, qui avait la parole brève
et la moustache en brosse. Dès le premier jour, le nouveau sous-chef
vit de très mauvais œil que Dutilleul portât un lorgnon à chaînette et
une barbiche noire, et il affecta de le traiter comme une vieille chose
gênante° et un peu malpropre. Mais le plus grave était qu'il prétendît
introduire dans son service des réformes d'une portée considérable et
bien faites pour troubler la quiétude de son subordonné. Depuis vingt

Le vieux Montmartre, rue Norvins

ans, Dutilleul commençait ses lettres par la formule suivante: «Me reportant à votre honorée du tantième courant et, pour mémoire, à notre échange de lettres antérieur, j'ai l'honneur de vous informer...[4] Formule à laquelle M. Lécuyer entendit substituer une autre d'un tour plus américain: «En réponse à votre lettre du tant, je vous informe...» Dutilleul ne put s'accoutumer à ces façons épistolaires. Il revenait malgré lui à la manière traditionnelle, avec une obstination machinale qui lui valut° l'inimitié grandissante du sous-chef. L'atmosphère du ministère de l'Enregistrement lui devenait presque pesante.° Le matin, il se rendait à son travail avec appréhension, et le soir, dans son lit, il lui arrivait bien souvent de méditer un quart d'heure entier avant de trouver le sommeil.

Ecœuré° par cette volonté rétrograde qui compromettait le succès de ses réformes, M. Lécuyer avait relégué Dutilleul dans un réduit à demi obscur, attenant à son bureau. On y accédait par une porte basse et étroite donnant sur le couloir et portant encore en lettres capitales l'inscription: DEBARRAS. Dutilleul avait accepté d'un cœur résigné cette humiliation sans précédent, mais chez lui, en lisant dans son journal le récit de quelque sanglant fait divers,° il se surprenait à rêver que M. Lécuyer était la victime.

Un jour, le sous-chef fit irruption dans le réduit en brandissant une lettre et il se mit à beugler:°

— Recommencez-moi ce torchon!° Recommencez-moi cet innommable° torchon qui déshonore mon service!

Dutilleul voulut protester, mais M. Lécuyer, la voix tonnante, le traita de cancrelat routinier,° et, avant de partir, froissant° la lettre qu'il avait en main, la lui jeta au visage. Dutilleul était modeste, mais fier. Demeuré seul dans son réduit, il fit un peu de température et, soudain, se sentit à l'inspiration. Quittant son siège, il entra dans le mur qui séparait son bureau de celui du sous-chef, mais il y entra avec prudence, de telle sorte que sa tête seule émergeât de l'autre côté. M. Lécuyer, assis à sa table de travail, d'une plume encore nerveuse déplaçait une virgule dans le texte d'un employé, soumis à son approbation, lorsqu'il entendit tousser° dans son bureau. Levant les yeux, il découvrit avec un effarement indicible° la tête de Dutilleul, collée au mur à la façon d'un trophée de chasse. Et cette tête était vivante. A travers le lorgnon à chaînette, elle dardait sur lui un regard de haine.° Bien mieux, la tête se mit à parler.

— Monsieur, dit-elle, vous êtes un voyou,° un butor° et un galopin.°

Béant° d'horreur, M. Lécuyer ne pouvait détacher les yeux de cette

qui... which won him
pesant heavy

écœuré disgusted

le fait... small news item as of robbery, murder, rape, etc.

beugler to bellow
Recommencez-moi...! Write this «rag» over again!
innommable unspeakable

le traita... called him an unimaginative dullard / **froisser** to crumple

tousser to cough
un effarement... an inexpressible bewilderment

la haine hatred

le voyou hooligan / **le butor** lout / **le galopin** scamp
béant gaping

---

[4] formule guindée [*stilted*] et ridicule qui veut dire exactement la même chose que celle plus courte de M. Lecuyer

balbutier to mumble

redouter to dread

le garou werewolf / **le poil** (single) hair
Il rôde... There is a chill about — to knock the horns off all the owls.

maigrir to lose weight

fondre to melt away / **à vue...** visibly

ne saurait = ne pourrait pas

croissant growing

le débouché outlet, job opening
se rabattre sur to fall back on

apparition. Enfin, s'arrachant à son fauteuil, il bondit dans le couloir et courut jusqu'au réduit. Dutilleul, le porte-plume à la main, était installé à sa place habituelle, dans une attitude paisible et laborieuse. Le sous-chef le regarda longuement et, après avoir balbutié° quelques paroles, regagna son bureau. A peine venait-il de s'asseoir que la tête réapparaissait sur la muraille.

— Monsieur, vous êtes un voyou, un butor et un galopin.

Au cours de cette seule journée, la tête redoutée° apparut vingt-trois fois sur le mur et, les jours suivants, à la même cadence. Dutilleul, qui avait acquis une certaine aisance à ce jeu, ne se contentait plus d'invectiver contre le sous-chef. Il proférait des menaces obscures, s'écriant par exemple d'une voix sépulcrale, ponctuée de rires vraiment démoniaques:

— Garou!° garou! Un poil° de loup! (*rire*). Il rôde un frisson à décorner tous les hiboux° (*rire*).

Ce qu'entendant, le pauvre sous-chef devenait un peu plus pâle, un peu plus suffocant, et ses cheveux se dressaient bien droits sur sa tête et il lui coulait dans les dos d'horribles sueurs d'agonie. Le premier jour, il maigrit° d'une livre. Dans la semaine qui suivit, outre qu'il se mit à fondre° presque à vue d'œil,° il prit l'habitude de manger le potage avec sa fourchette et de saluer militairement les gardiens de la paix. Au début de la deuxième semaine, une ambulance vint le prendre à son domicile et l'emmena dans une maison de santé.

Dutilleul, délivré de la tyrannie de M. Lécuyer, put revenir à ses chères formules: «Me reportant à votre honorée du tantième courant...» Pourtant, il était insatisfait. Quelque chose en lui réclamait, un besoin nouveau, impérieux, qui n'était rien de moins que le besoin de passer à travers les murs. Sans doute le pouvait-il faire aisément, par exemple chez lui, et du reste, il n'y manqua pas. Mais l'homme qui possède des dons brillants ne peut se satisfaire longtemps de les exercer sur un objet médiocre. Passer à travers les murs ne saurait° d'ailleurs constituer une fin en soi. C'est le départ d'une aventure, qui appelle une suite, un développement et, en somme une rétribution. Dutilleul le comprit très bien. Il sentait en lui un besoin d'expansion, un désir croissant° de s'accomplir et de se surpasser, et une certaine nostalgie qui était quelque chose comme l'appel de derrière le mur. Malheureusement, il lui manquait un but. Il chercha son aspiration dans la lecture du journal, particulièrement aux chapitres de la politique et du sport, qui lui semblaient être des activités honorables, mais s'étant finalement rendu compte qu'elles n'offraient aucun débouché° aux personnes qui passent à travers les murs, il se rabattit° sur le fait divers qui se révéla des plus suggestifs.

Le premier cambriolage auquel se livra Dutilleul eut lieu dans un grand établissement de crédit de la rive droite. Ayant traversé une douzaine de murs et de cloisons,° il pénétra dans divers coffres-forts,° emplit ses poches de billets de banque et, avant de se retirer, signa son larcin à la craie rouge, du pseudonyme de Garou-Garou, avec un fort joli paraphe qui fut reproduit le lendemain par tous les journaux. Au bout d'une semaine, ce nom de Garou-Garou connut une extraordinaire célébrité. La sympathie du public allait sans réserve à ce prestigieux cambrioleur qui narguait° si joliment la police. Il se signalait chaque nuit par un nouvel exploit accompli soit au détriment d'une banque, soit à celui d'une bijouterie ou d'un riche particulier. A Paris comme en province, il n'y avait point de femme un peu rêveuse qui n'eût le fervent désir d'appartenir corps et âme au terrible Garou-Garou. Après le vol du fameux diamant de Burdigala et le cambriolage du Crédit municipal, qui eurent lieu la même semaine, l'enthousiasme de la foule atteignit au délire. Le ministre de l'Intérieur dut démissionner,° entraînant dans sa chute° le ministre de l'Enregistrement. Cependant, Dutilleul, devenu l'un des hommes les plus riches de Paris, était toujours ponctuel à son bureau et on parlait de lui pour les palmes académiques.[5] Le matin, au ministère de l'Enregistrement, son plaisir était d'écouter les commentaires que faisaient les collègues sur ses exploits de la veille.° «Ce Garou-Garou, disaient-ils, est un homme formidable, un surhomme, un génie.» En entendant de tels éloges,° Dutilleul devenait rouge de confusion° et, derrière le lorgnon à chaînette, son regard brillait d'amitié et de gratitude. Un jour, cette atmosphère de sympathie le mit tellement en confiance qu'il ne crut pas pouvoir garder le secret plus longtemps. Avec un geste de timidité, il considéra ses collègues groupés autour d'un journal relatant le cambriolage de la Banque de France, et déclara d'une voix modeste: «Vous savez, Garou-Garou, c'est moi.» Un rire énorme et interminable accueillit la confidence de Dutilleul qui reçut, par dérision, le surnom de Garou-Garou. Le soir, à l'heure de quitter le ministère, il était l'objet de plaisanteries sans fin de la part de ces camarades et la vie lui semblait moins belle.

Quelques jours plus tard, Garou-Garou se faisait pincer° par une ronde de nuit dans une bijouterie de la rue de la Paix. Il avait apposé sa signature sur le comptoir-caisse et s'était mis à chanter une chanson à boire en fracassant° différentes vitrines° à l'aide d'un hanap en or massif.° Il lui eût été facile de s'enfoncer° dans un mur et d'échapper

---

la cloison partition / **le coffre-fort** strongbox, safe

narguer to flout

démissionner to resign / **la chute** fall

la veille the night before
un éloge praise
la confusion embarrassment

se faire pincer = **se faire arrêter par la police**

en... smashing / **la vitrine** shop window
le hanap... solid gold goblet / **s'enfoncer** to penetrate

---

[5] **les palmes académiques,** décoration française décernée aux écrivains, artistes, professeurs, etc. qui se distinguent dans leur travail au service de l'Etat

amèrement bitterly / **génial** ingenious

ainsi à la ronde de nuit, mais tout porte à croire qu'il voulait être arrêté et, probablement à seule fin de confondre ses collègues dont l'incrédulité l'avait mortifié. Ceux-ci, en effet, furent bien surpris, lorsque les journaux du lendemain publièrent en première page la photographie de Dutilleul. Ils regrettèrent amèrement° d'avoir méconnu leur génial° camarade et lui rendirent hommage en se laissant pousser une petite barbiche. Certains même, entraînés par le remords et l'admiration, tentèrent de se faire la main sur° le portefeuille° ou la montre de famille de leurs amis et connaissances.

tentèrent... tried their hand at stealing / **le portefeuille** wallet

CONTROLE

1. Décrivez le personnage principal. Quelle sorte de vie mène-t-il au début? Est-ce un homme extraordinaire?
2. Quel don singulier Dutilleul possède-t-il? Comment l'a-t-il découvert?
3. Pourquoi Dutilleul va-t-il consulter un médecin? Qu'est-ce que le docteur lui conseille?
4. Pourquoi Dutilleul ne pense-t-il pas tout de suite aux façons d'utiliser son don?
5. Quel événement est venu soudain bouleverser la vie de notre protagoniste?
6. Expliquez pourquoi et comment Dutilleul s'est servi de son talent pour la première fois.
7. Quel effet les apparitions inattendues de Dutilleul ont-elles eu sur Monsieur Lécuyer?
8. Quel besoin impérieux Dutilleul a-t-il éprouvé après le départ de Lécuyer, et où cherche-t-il des idées pour le satisfaire?
9. Décrivez quelques-uns des premiers exploits de Garou-Garou. Pourquoi la sympathie du public allait-elle sans réserve à ce criminel?
10. Pourquoi Garou-Garou s'est-il laissé prendre par la police?

2

témoigner de to prove, bear witness to
le ressort mainspring

céder à to yield to

glisser to slide down / **la pente** slope

On jugera sans doute que le fait de se laisser prendre par la police pour étonner quelques collègues témoigne° d'une grande légèreté, indigne d'un homme exceptionnel, mais le ressort° apparent de la volonté est fort peu de chose dans une telle détermination. En renonçant à la liberté, Dutilleul croyait céder à° un orgueilleux désir de revanche, alors qu'en réalité il glissait° simplement sur la pente° de sa

destinée. Pour un homme qui passe à travers les murs, il n'y a point de carrière un peu poussée s'il n'a tâté au moins une fois de la prison. Lorsque Dutilleul pénétra dans les locaux de la Santé,[6] il eut l'impression d'être gâté° par le sort.° L'épaisseur des murs était pour lui un véritable régal.° Le lendemain même de son incarcération, les gardiens découvrirent avec stupeur que le prisonnier avait planté un clou° dans le mur de sa cellule et qu'il y avait accroché une montre en or appartenant au directeur de la prison. Il ne put ou ne voulut révéler comment cet objet était entré en sa possession. La montre fut rendue à son propriétaire et, le lendemain, retrouvée au chevet° de Garou-Garou avec le tome premier des *Trois Mousquetaires* emprunté à la bibliothèque du directeur. Le personnel de la Santé était sur les dents.° Les gardiens se plaignaient° en outre de recevoir des coups de pied dans le derrière, dont la provenance était inexplicable. Il semblait que les murs eussent, non plus des oreilles, mais des pieds. La détention de Garou-Garou durait depuis une semaine, lorsque le directeur de la Santé, en pénétrant un matin dans son bureau, trouva sur sa table la lettre suivante:

«Monsieur le directeur. Me reportant à notre entretien° du 17 courant et, pour mémoire, à vos instructions générales du 15 mai de l'année dernière, j'ai l'honneur de vous informer que je viens d'achever° la lecture du second tome des *Trois Mousquetaires* et je compte°

gâté spoiled / **le sort** fate
le régal feast
planter... to drive a nail

le chevet bedside

sur... overworked
se plaindre de to complain about

un entretien conversation

achever to complete
compter + inf. to expect to

---

[6] **la Santé,** prison célèbre qui se trouve à Paris

m'évader cette nuit entre onze heures vingt-cinq et onze heures trente-cinq. Je vous prie, monsieur le directeur, d'agréer l'expression de mon profond respect. GAROU-GAROU.»

Malgré l'étroite surveillance dont il fut l'objet cette nuit-là, Dutilleul s'évada à onze heures trente. Connue du public le lendemain matin, la nouvelle souleva partout un enthousiasme magnifique. Cependant, ayant effectué un nouveau cambriolage qui mit le comble° à sa popularité, Dutilleul semblait peu soucieux de se cacher et circulait à travers Montmartre sans aucune précaution. Trois jours après son évasion, il fut arrêté rue Caulaincourt au café du Rêve, un peu avant midi, alors qu'il buvait un vin blanc avec des amis.

Reconduit à la Santé et enfermé au triple verrou dans un cachot ombreux,° Garou-Garou s'en échappa le soir même et alla coucher à l'appartement du directeur, dans la chambre d'ami. Le lendemain matin, vers neuf heures, il sonnait la bonne° pour avoir son petit déjeuner et se laissait cueillir au lit, sans résistance, par les gardiens alertés. Outré,° le directeur établit un poste de garde à la porte de son cachot et le mit au pain sec.° Vers midi, le prisonnier s'en fut déjeuner dans un restaurant voisin de la prison et, après avoir bu son café, téléphona au directeur.

— Allô! Monsieur le directeur, je suis confus, mais tout à l'heure, au moment de sortir, j'ai oublié de prendre votre portefeuille, de sorte que je me trouve en panne au restaurant. Voulez-vous avoir la bonté d'envoyer quelqu'un pour régler l'addition?°

Le directeur accourut en personne et s'emporta jusqu'à° proférer des menaces et des injures.° Atteint dans sa fierté, Dutilleul s'évada la nuit suivante et pour ne plus revenir. Cette fois, il prit la précaution de raser sa barbiche noire et remplaça son lorgnon à chaînette par des lunettes en écaille.° Une casquette° de sport et un costume à larges carreaux° avec culottes de golf achevèrent de le transformer. Il s'installa dans un petit appartement de l'avenue Junot où, dès avant sa première arrestation, il avait fait transporter une partie de son mobilier et les objets auxquels il tenait le plus.° Le bruit de sa renommée commençait à le lasser et, depuis son séjour à la Santé, il était un peu blasé° sur le plaisir de passer à travers les murs. Les plus épais, les plus orgueilleux, lui semblaient maintenant de simples paravents,° et il rêvait de s'enfoncer au cœur de quelque massive pyramide. Tout en mûrissant le projet d'un voyage en Egypte, il menait une vie des plus paisibles, partagée entre sa collection de timbres, le cinéma et de longues flâneries° à travers Montmartre. Sa métamorphose était si complète qu'il passait, glabre° et lunetté d'écaille, à côté de ses meilleurs amis sans être re-

---

le comble the height

le cachot... dark cell

sonner to ring (for)

outré outraged
au pain... on bread and water

régler... to pay the tab
s'emporta... was carried away to the point of
une injure insult

les lunettes (f.)... horn-rimmed glasses / **la casquette** cap / **à larges...** with large checks

les objets... the objects he valued most
blasé bored, jaded

le paravent screen

la flânerie stroll

glabre clean-shaven

connu. Seul le peintre Gen Paul,[7] à qui rien ne saurait échapper d'un changement survenu dans la physionomie d'un vieil habitant du quartier, avait fini par pénétrer sa véritable identité. Un matin qu'il se trouva nez à nez avec Dutilleul au coin de la rue de l'Abreuvoir, il ne put s'empêcher de lui dire dans son rude argot:

— Dis donc, je vois que tu t'es miché en gigolpince pour tétarer ceux de la sûrepige — ce qui signifie à peu près en langage vulgaire: je vois que tu t'es déguisé en élégant pour confondre les inspecteurs de la Sûreté.

— Ah! murmura Dutilleul, tu m'as reconnu!

Il en fut troublé et décida de hâter son départ pour l'Egypte. Ce fut l'après-midi de ce même jour qu'il devint amoureux d'une beauté blonde rencontrée deux fois rue Lepic à un quart d'heure d'intervalle. Il en oublia aussitôt sa collection de timbres et l'Egypte et les Pyramides. De son côté, la blonde l'avait regardé avec beaucoup d'intérêt. Il n'y a rien qui parle à l'imagination des jeunes femmes d'aujourd'hui comme des culottes de golf et une paire de lunettes en écaille. Cela sent son cinéaste° et fait rêver cocktails et nuits de Californie. Malheureusement, la belle, Dutilleul en fut informé par Gen Paul, était mariée à un homme brutal et jaloux. Ce mari soupçonneux, qui menait d'ailleurs une vie de bâtons de chaise,° délaissait régulièrement sa femme entre dix heures du soir et quatre heures du matin, mais avant de sortir, prenait la précaution de la boucler° dans sa chambre, à deux tours de clé, toutes persiennes fermées au cadenas.° Dans la journée, il la surveillait étroitement, lui arrivant même de la suivre dans les rues de Montmartre.

— Toujours à la biglouse, quoi. C'est de la grosse nature de truand qu'admet pas qu'on ait des vouloirs de piquer dans son réséda.[8]

Mais cet avertissement de Gen Paul ne réussit qu'à enflammer Dutilleul. Le lendemain, croisant la jeune femme rue Tholozé, il osa la suivre dans une crémerie et, tandis qu'elle attendait son tour d'être servie, il lui dit qu'il l'aimait respectueusement, qu'il savait tout: le mari méchant, la porte à clé et les persiennes, mais qu'il serait le soir même dans sa chambre. La blonde rougit, son pot à lait trembla dans sa main et, les yeux mouillés° de tendresse, elle soupira° faiblement: «Hélas! Monsieur, c'est impossible.»

Le soir de ce jour radieux, vers dix heures, Dutilleul était en faction dans la rue Norvins et surveillait un robuste mur de clôture, derrière

Cela... That smacks of movie directors

menait... led a life of pleasure

boucler (*pop.*) to shut up
toutes... with all the shutters padlocked

mouillé wet, moist / **soupirer** to sigh

---

[7] **Gen Paul,** personnage authentique, ami de l'auteur
[8] *Slang:* «Still on the lookout, huh. That's just like a lousy no-good who doesn't want anyone else poking around his garden.»

la girouette weathervane

s'élancer to spring forward

avaler to swallow

le frottement friction, rubbing /
les hanches (f.) hips

pâteux thick, doughy

figé frozen

outre-tombe beyond the grave
siffler to whistle / le carrefour
crossroad

la goutte drop

lequel se trouvait une petite maison dont il n'apercevait que la gi-rouette° et la cheminée. Une porte s'ouvrit dans ce mur et un homme, après l'avoir soigneusement refermée à clé derrière lui, descendit vers l'avenue Junot. Dutilleul attendit de l'avoir vu disparaître, très loin, au tournant de la descente, et compta encore jusqu'à dix. Alors, il s'é-lança,° entra dans le mur au pas de gymnastique et, toujours courant à travers les obstacles, pénétra dans la chambre de la belle recluse. Elle l'accueillit avec ivresse et ils s'aimèrent jusqu'à une heure avancée.

Le lendemain, Dutilleul eut la contrariété de souffrir de violents maux de tête. La chose était sans importance et il n'allait pas, pour si peu, manquer à son rendez-vous. Néanmoins, ayant par hasard décou-vert des cachets épars au fond d'un tiroir, il en avala° un le matin et un l'après-midi. Le soir, ses douleurs de tête étaient supportables et l'exaltation les lui fit oublier. La jeune femme l'attendait avec toute l'impatience qu'avaient fait naître en elle les souvenirs de la veille et ils s'aimèrent, cette nuit-là, jusqu'à trois heures du matin. Lorsqu'il s'en alla, Dutilleul, en traversant les cloisons et les murs de la maison, eut l'impression d'un frottement° inaccoutumé aux hanches° et aux épaules. Toutefois, il ne crut pas devoir y prêter attention. Ce ne fut d'ailleurs qu'en pénétrant dans le mur de clôture qu'il éprouva nette-ment la sensation d'une résistance. Il lui semblait se mouvoir dans une matière encore fluide, mais qui devenait pâteuse° et prenait, à chacun de ses efforts, plus de consistance. Ayant réussi à se loger tout entier dans l'épaisseur du mur, il s'aperçut qu'il n'avançait plus et se souvint avec terreur des deux cachets qu'il avait pris dans la journée. Ces ca-chets, qu'il avait crus d'aspirine, contenaient en réalité de la poudre de pirette tétravalente prescrite par le docteur l'année précédente. L'effet de cette médication s'ajoutant à celui d'un surmenage intensif, se manifestait d'une façon soudaine.

Dutilleul était comme figé° à l'intérieur de la muraille. Il y est encore à présent, incorporé à la pierre. Les noctambules qui descendent la rue Norvins à l'heure où la rumeur de Paris s'est apaisée, entendent une voix assourdie qui semble venir d'outre-tombe° et qu'ils prennent pour la plainte du vent sifflant° aux carrefours° de la Butte. C'est Garou-Garou Dutilleul qui lamente la fin de sa glorieuse carrière et le regret des amours trop brèves. Certaines nuits d'hiver, il arrive que le peintre Gen Paul, décrochant sa guitare, s'aventure dans la solitude sonore de la rue Norvins pour consoler d'une chanson le pauvre prisonnier, et les notes, envolées de ses doigts engourdis, pénètrent au cœur de la pierre comme des gouttes° de clair de lune.

CONTROLE

1. Décrivez quelques-uns des exploits de Dutilleul pendant qu'il était à la Santé.
2. En quoi la lettre que Dutilleul a écrite au directeur est-elle comique?
3. Comment Dutilleul berne-t-il le directeur de la Santé pendant son deuxième «séjour»?
4. Décrivez le nouveau déguisement de Dutilleul. Quel changement de caractère révèle-t-il?
5. Quelle est devenue la grande aspiration de Dutilleul?
6. Pourquoi le passe-muraille oublie-t-il sa collection de timbres et l'Egypte et les Pyramides?
7. Par quelle suite de circonstances Dutilleul s'est-il incorporé au mur?
8. Qui est Gen Paul? En quoi ce personnage est-il amusant?

CONVERSATION

1. En relevant quelques passages dans le texte, essayez de caractériser le ton du conte. Quoiqu'il s'agisse d'un phénomène extrêmement curieux, l'auteur raconte-t-il son histoire comme si c'était quelque chose d'extraordinaire?
2. Montrez comment Aymé prend certain traits de Dutilleul et comment en les exagérant, il rend son personnage comique.
3. Expliquez quels épisodes ou quels détails vous ont fait rire et pourquoi.

ACTIVITE

Un autre conte de Marcel Aymé, qui a comme titre «Le Temps mort», raconte l'histoire d'un homme qui ne vit qu'un jour sur deux, c'est-à-dire qu'il disparaît tous les deux jours pendant vingt-quatre heures, comme s'il n'existait pas. En employant votre imagination, essayez d'inventer d'autres prémisses fantastiques sur lesquelles on pourrait écrire un conte humoristique comme ceux de Marcel Aymé. Choisissez-en une et développez un conte humoristique.

Deux Dessinateurs humoristiques:

JACQUES FAIZANT ET SEMPE

Jacques Faizant et Sempé sont parmi les dessinateurs humoristiques français les mieux connus. Faizant traite souvent de thèmes politiques et sociaux. Ses dessins paraissent régulièrement dans le revue hebdomadaire le *Point*.

Le style et le ton de Sempé sont tout à fait différents. Sa satire des faiblesses humaines est aussi légère et délicate que les traces de sa plume. Les dessins que nous reproduisons dans les pages suivantes présentent d'excellents exemples d'un de ses thèmes de prédilection: les prétentions et les folies des gens ordinaires.

Sempé

1

2

3

4

5

6

7

8

9

Faizant

Les Carnets du Major Thompson

PIERRE DANINOS

Les Français aiment rire et ils savent rire d'eux-mêmes. Une bonne partie de l'humour français porte sur les mœurs et les faibles qui sont propres à leur société. *Les Carnets du Major Thompson* de Pierre Daninos, exemple contemporain de la satire du caractère français, eut un énorme succès. Alors que plus d'un million d'exemplaires se vendaient pendant les deux dernières décades, le Major Marmaduke Thompson devenait un personnage populaire.

L'auteur présente *Les Carnets du Major Thompson* comme la traduction en français d'un journal écrit par un officier britannique. Le Major a épousé une Française et vit avec elle en France. Pierre Daninos, le créateur de ce personnage imaginaire, lui fait faire des observations amusantes sur la France et sur les Français. Sa technique, qui consiste à adopter le point de vue d'un étranger, avait déjà été employée au XVIIIe siècle par Montesquieu dans les *Lettres persanes,* autre célèbre satire du caractère français. Ce procédé permet d'examiner des traits familiers sous un jour nouveau et de les analyser de manière apparemment objective. Pour créer l'impression de complète authenticité, Daninos emploie souvent des tournures anglaises et ajoute parfois de fausses «Notes du Traducteur».

Le Major Marmaduke Thompson présente au lecteur la caricature du Britannique réservé, ce qui permet à Daninos de faire aussi la satire des Anglais, d'une façon indirecte. Dans le chapitre qui suit, le Major parle de son ami, Monsieur Taupin, qui représente le Français «typique».

MOTS A APPRENDRE

avertir *to warn, notify, advise (someone of something)*
Le voyageur avertit son compagnon qu'il voulait faire une courte halte dans une pharmacie.

d'ailleurs *anyway, besides*
Monsieur Taupin n'a pas confiance en cette pharmacie, d'ailleurs il n'a confiance en rien.

un état *state*
Selon le Major Thompson, les Français rangent l'Etat parmi leurs «ennemis».

se ficher de (pop.) *not to give a darn about*
Beaucoup de gens pensent que les hommes politiques se fichent d'eux.

la gare *station*
Bien des trains que vont dans le sud partent de la Gare d'Austerlitz.

une honte *shame* (**avoir honte** *to be ashamed;* **honteux** *shameful*)
Le scandale créé par le Ministre de l'Intérieur est une honte pour la France.

un indicateur *(railway) timetable, schedule*
L'indicateur donne les heures de départ et d'arrivée des trains.

la méfiance *distrust* (**se méfier de** *to mistrust;* **méfiant** *mistrustful, suspicious*)
Ces touristes se méfient du chauffeur de taxi.

le patron *boss, employer*
Parfois il y a trop de méfiance entre le patron et ses employés.

se plaindre de *to complain about* (**je me plains, tu te plains, il se plaint, nous nous plaignons, vous vous plaignez, ils se plaignent, je me plaindrai, je me suis plaint**)
La vieille dame se plaint de l'impolitesse des gens d'aujourd'hui.

servir à *to serve (some purpose)*
A quoi servent ces exercices? Ils servent à renforcer votre vocabulaire.

vérifier *to check*
Avant de partir en voyage, il est bon de consulter l'indicateur pour vérifier l'heure de départ.

PRATIQUE

A. Expliquez en français les mots suivants:

1. la gare
2. une honte
3. un indicateur
4. la méfiance
5. le patron
6. l'état

B. Complétez les phrases suivantes de façon logique:

1. Les étudiants se plaignent souvent à cause de...
2. Un couteau sert à...
3. La police a averti les citoyens que...
4. Je me fiche de...
5. Pour vérifier l'usage d'un mot il faut...

C. Faites trois phrases an employant l'expression **d'ailleurs.**

TOURNURES A REPETER

A. Notez l'emploi descriptif de la préposition **à:**

> l'homme **à la** moustache: *the man with the mustache*
> une dame **à** voilette: *a lady with a veil*
> la dame **au** chien: *the lady with the dog*

Traduisez:

1. the girl with the blue eyes
2. the boss with gray hair
3. the lady with the green dress
4. the gentleman with the cane **[la canne]**
5. the boy with the cap **[la casquette]**

B. Notez l'emploi des pronoms disjoints **(moi, toi, lui, elle, nous, vous, eux, elles)** pour marquer une insistence:

> Ma femme, **elle,** y croit, mais **moi,** je n'y crois pas.
> *My* wife *believes in it, but* I *don't.*

Répétez les phrases suivantes en ajoutant un pronom disjoint pour insister sur les mots en italique:

1. *Nous* y croyons.
2. *Vous* n'y croyez pas.
3. *Les Français* y croient.
4. *Monsieur Taupin* n'y croit pas.
5. *Ses deux sœurs* y croient.
6. *J'*y crois.
7. *Tu* y crois aussi.

Gentil Pays de la méfiance... et de la crédulité

PIERRE DANINOS

1

sur... at his expense

Persécuté par ses ennemis qui lui font la guerre, par ses alliés qui font la paix sur son dos,° par le monde entier qui lui prend ses inventions (les Français ne savent qu'inventer pour se plaindre ensuite qu'on le leur a pris), le Français se sent également persécuté par les Français: par le gouvernement qui se paie sa tête,° par le fisc° qui lui fait payer trop d'impôts,° par son patron qui paie bon marché ses services, par les commerçants qui font fortune à ses dépens, par le voisin qui dit du mal° de lui, bref,° par *anybody*...

se payer la tête to make a fool of someone / **le fisc** Internal Revenue
un impôt tax

dire du mal de to speak ill of / **bref** in a word
la menace threat / **acculé** driven
ressortir to be evident
se demandent... to ask after each other

Cet état de menace° où sans cesse il se croit acculé° semble le mobiliser dans un état permanent de *self-defense*. C'est ce qui ressort° clairement quand deux Français se demandent de leurs nouvelles.° A l'étranger, on va bien, on va mal, on va. En France: «On se défend...»

moyen average

Il y a dans le «Je me défends comme je peux» du Français moyen° le cas d'un perpétuel assiégé.°

un assiégé besieged person

Qui donc investit° le gentil Français?

investir to beleaguer

Un mot très bref de son vocabulaire, sur lequel mon si dévoué collaborateur et ami a bien voulu attirer mon attention, m'a livré° la secrète identité des assiégeants: c'est *ils*. Et *ils* c'est tout le monde: les patrons pour les employés, les employés pour les patrons, les domestiques pour les maîtres de maison, les maîtres de maison pour les domestiques, les automobilistes pour les piétons, les piétons pour les

livrer to reveal

automobilistes, et, pour les uns comme pour les autres, les grands ennemis communs: l'Etat, le fisc, l'étranger.

Environné d'ennemis comme l'Anglais d'eau, ... le Français, on le concevra aisément, demeure sur ses gardes.

Il est méfiant.

Puis-je même dire qu'il naît méfiant, grandit méfiant, se marie méfiant, fait carrière dans la méfiance et meurt d'autant plus° méfiant qu'à l'instar de° ces timides qui ont des accès° d'audace, il a été à diverses reprises° victime d'attaques foudroyantes° de crédulité? Je pense que je puis.*

De quoi donc se méfie le Français? *Yes, of what exactly?*

De tout.

Il y a quelque temps, comme je me rendais° gare d'Austerlitz (il faut bien y passer) pour aller dans une petite ville du Sud-Ouest avec M. Taupin, celui-ci m'avertit qu'il ferait une courte halte dans une pharmacie pour acheter un médicament dont il avait besoin.

«*Too bad!*... Vous êtes souffrant? ° demandai-je.

— Non, pas du tout, mais je me méfie de la nourriture° gasconne.[1]

— Ne pouvez-vous acheter votre médecine sur place? °

— On ne sait jamais, dans ces petites villes... Je serai plus tranquille si je la prends à Paris.»

A ma grande surprise, notre taxi dépassa plusieurs pharmacies qui avaient tout à fait l'air de pharmacies, mais en lesquelles M. Taupin ne semblait pas avoir confiance. Je compris alors le sens de cette inscription française qui m'avait toujours laissé perplexe: *En vente dans toutes les bonnes pharmacies.* Celles que je venais de voir, évidemment, c'étaient les autres.

Enfin, nous nous arrêtâmes devant la bonne. En revenant à la voiture, un petit flacon° à la main, M. Taupin me dit, comme pour s'excuser:

«Je me méfie plutôt de tous ces médicaments qui ne servent strictement à rien. Mais ma femme, elle, y croit. Il n'y a que la foi° qui sauve...»

Comme nous gagnions° la gare, je remarquai que M. Taupin, inquiet, jetait de temps en temps un coup d'œil sur sa montre. Il devait se méfier de «son heure», car il finit par demander au chauffeur s'il avait *l'heure exacte.* Un Anglais ou un Allemand demandent: *What time is it?* ou *Wieviel Uhr ist es?* et on leur donne l'heure. M. Taupin ne sau-

---

d'autant plus... que all the more... that
à l'instar de just like / **un accès** fit, outburst
à diverses... at different times / **foudroyant** crushing

se rendre = aller

souffrant not feeling well
la nourriture cooking
sur... locally

le flacon small bottle, flask

la foi faith

gagner = arriver

---

* «*Could I?... I think I could.*» Même observation que précédemment: la traduction littérale est parfois la seule qui conserve au texte son cachet [*mark, individual character*] britannique. (*Note du Traducteur.*)

[1] **gascon(ne),** de Gascogne, province française

Gare d'Austerlitz, Paris

rait se contenter d'une heure comme une autre. Il veut l'*heure exacte.*
L'heure de l'Observatoire, de Greenwich, du Mont Palomar. En l'occur-
rence° il parut tranquillisé par l'heure du taxi-place° qui ne différait
pas sensiblement de la sienne. Mais, arrivé à la gare, il fit une ultime
vérification dans la cour° en m'expliquant que les horloges° extérieures
des gares avancent° toujours de trois minutes pour que les gens se
pressent.° M. Taupin mit donc sa montre à l'heure de la gare moins
trois minutes, plus une minute d'avance pour le principe, ce qui lui fit
perdre au moins soixante secondes.

Nous nous dirigeâmes ensuite vers notre train et nous installâmes à
deux coins-fenêtre.[2] Puis nous descendîmes faire quelques pas° sur
le quai,° mais, auparavant, il marqua trois places de son chapeau, de
son parapluie et de mon waterproof.

En... Under the circumstances /
le taxi-place taxi stand

la cour courtyard / **une horloge**
large clock
avancer to be fast, ahead of time
se presser to hurry

faire... to take a few steps
le quai the platform

---

[2] Pour comprendre l'idée d'un «coin-fenêtre» [*corner window seat*] et pour comprendre l'épisode suivant, il faut savoir que les voitures des trains européens sont
divisées en compartiments. Chaque compartiment contient six places (en première
classe) ou huit places (en deuxième classe). Les passagers s'asseoient les uns en
face des autres, ce qui facilitent la conversation.

«Nous ne sommes que deux, lui fis-je observer.

— C'est plus sûr, me dit-il, les gens sont tellement sans gêne!»°   **sans...** inconsiderate, without manners

Quant au train, je pensais M. Taupin rassuré puisqu'il avait consulté l'indicateur; pourtant, avisant un employé, il lui demanda:

«On ne change pas, n'est-ce pas, vous êtes sûr?»

Et, se tournant vers moi:

«Avec ces indicateurs, je me méfie...»

CONTROLE

1. Par qui les Français se sentent-ils persécutés, selon le Major, et pourquoi?
2. Quel état d'esprit l'expression courante «Je me défends comme je peux» [*I'm getting along as well as I can*] révèle-t-elle si on l'interprète littéralement comme le fait le Major Thompson?
3. Expliquez l'importance du mot «ils» dans le vocabulaire français selon le Major Thompson.
4. Quelle attitude semble dominer la mentalité française d'après ce qu'en dit le Major?
5. Qu'est-ce que Monsieur Taupin veut acheter avant de prendre le train? Pourquoi en a-t-il besoin? Pourquoi ne l'achète-t-il pas dans la petite ville où il va?
6. Pourquoi le Major a-t-il été surpris? Qu'est-ce qu'il dit avoir enfin compris?
7. De quoi Monsieur Taupin s'est-il méfié en arrivant à la gare? Comment fait-il pour régler sa montre?
8. Pourquoi Monsieur Taupin marque-t-il trois places au lieu de deux dans le compartiment?
9. Quelle question Monsieur Taupin pose-t-il à l'employé? Pourquoi la lui pose-t-il?

2

Il n'y a rien de tel° qu'un compartiment de train pour voir surgir° la fameuse hydre[3] des *ils*. Je le savais, mais, cette fois, je fus gâté.° Le monstre, à vrai dire, paraissait engourdi° dans une somnolence générale lorsque, vers la fin de cette journée sombre et froide, la lumière électrique de notre wagon déclina.

    Il... There is nothing like / **surgir** to appear suddenly
    je... I heard more than I expected (*lit.* I was spoiled)
    engourdi sluggish, asleep

---

[3] **la hydre,** serpent à sept têtes de la mythologie grecque — un monstre

tout de même   just the same
(*interjection expressing indig-
nation*) / **la septuagénaire**
seventy-year-old lady
la chaufferette foot-warmer / **le
wagon** railroad car
sur... keeping to themselves,
reserved

tel like

cossu well-to-do

rattrapé... caught on the fly /
transformer... to convert to a
try (*rugby term*) / **un ailier**
wing player
le soubresaut convulsive shake
goguenard jeering

ils se fichent... quart they could
care less about anything or
anybody

Ils se foutent (*vulg.*) they don't
give a damn

un arbitre referee
marquer... to keep score

Un homme... strong man (*lit.*
man with a fist)
Je... I'd get rid of all that / **Un
bon...** clean sweep (**torchon**
dust cloth)

une assiette... gravy train (*lit.*
butter dish)
aux frais... at the taxpayers'
expense
soi-disant so-called

«Ils pourraient tout de même,° dit une petite septuagénaire° à chaufferette,° vérifier leurs wagons° avant de les mettre en service!»

Jusque-là taciturnes, plutôt méfiants et sur leur quant-à-soi,° occu-
pés à lire leur journal ou celui des autres (*Vous permettez?... Merci
bien...*), les cinq Français du compartiment, qui n'attendaient sans
doute que le signal, ou plutôt le signe *ils*, du ralliement, partirent à
l'attaque. Tel° un ballon de rugby, le *ils* fut aussitôt repris par une
dame cossue° à voilette et petit chien (*Quand je pense qu'ils me font
payer un billet pour cette pauvre petite bête!*) pour être rattrapé au
vol° et transformé en essai° par l'ailier° droit, un monsieur visiblement
très sûr de lui, voyageant sous la protection d'une rosette,[4] d'une
chaîne d'or et d'un triple menton, lesquels furent agités de soubresauts°
par son rire goguenard.°

«Pensez donc!... Mais ils s'en fichent, madame! Ils se fichent du tiers
comme du quart...°

— Sauf du tiers provisionnel...,[5] intervint M. Taupin (pas mécontent
du tout).

— Bien sûr!

— Pourvu qu'on paie!...

— Ils se f...° du reste!»

La mêlée était devenue générale. Un vieil instinct sportif me faisait
regretter de ne pas y participer. Réduit à mon rôle d'arbitre° muet, je
continuai à marquer les points° et les *ils*.

«Si on avait un gouvernement...

— Il y en a un, mais c'est comme s'il n'y en avait pas.

— Ce qu'il nous faudrait, c'est un gouvernement qui gouverne...

— Vous en demandez trop!

— Un homme à poigne...°

— Je te balancerais tout ça!° Un bon coup de torchon!°

— En attendant, ils sont là!

— Je pense bien! Et ils y restent!

— Ils ne pensent qu'à s'en mettre plein les poches!

— L'assiette au beurre!°

— Et les voyages aux frais de la princesse...° vous avez vu cette soi-
disant° mission parlementaire en Afrique Noire?... Pfuitt? Qui est-ce
qui paie tout ça, je vous le demande un peu?

---

[4] **une rosette**, ruban rouge de la Légion d'honneur, décernée en récompense de
services militaires et civils
[5] **tiers provisionnel**, jeu de mots sur **tiers**. Le tiers provisionnel est l'accompte ou paie-
ment, défini par rapport aux impôts de l'année précédente, et payé à l'avance.
(Formerly, French income tax, rather than being withheld from salaries, was paid
out of the taxpayer's savings. Approximately one-third [**le tiers provisionnel**] had to
be paid in advance.)

— C'est nous!

— C'est vous!

— C'est moi!

— Mais bien sûr! Ah! non, ils y vont fort!° Quelle honte! Notre beau pays!

— Si riche!

— Et qui ne demanderait qu'à marcher!°

— Ils finiront bien par le mettre à plat!°

— Ils en seraient capables!

— Enfin, regardez... cette voiture, ça n'est pas une honte? Quand je pense qu'il y a des étrangers qui voyagent! Quelle opinion ils doivent avoir! (Des yeux se tournèrent vers moi comme pour s'excuser... «Que l'Angleterre nous pardonne!»...)

— J'écrirai à la compagnie...

— Vous pouvez bien leur écrire, allez!... Ils ne la liront même pas, votre lettre!»

Comme le contrôleur passait à cet instant, la dame au petit chien l'attaqua:

«C'est une honte, vous entendez, une honte! Remboursez-moi mon billet!

— Si vous avez une réclamation° à faire, madame, dit l'employé, il faut écrire à la S.N.C.F.[6]

— Alors vous, vous servez à quoi?

— Je contrôle les billets, madame... Votre billet, s'il vous plaît!»

Le monsieur à rosette, qui brûlait d'intervenir, se jeta dans la bagarre:°

«Je vous prie d'être poli avec madame!

— Je suis poli, monsieur, et d'ailleurs je ne vous ai rien demandé. Votre billet, s'il vous plaît!

— Eh bien, je ne le présenterai pas!

— C'est ce qu'on va voir... Si vous voulez jouer au plus fin...°

— Ça c'est trop fort! Vous me le paierez cher, mon ami*... Et d'abord (il fit sauter un porte-mine° en or au bout de sa chaîne), laissez-moi relever° votre numéro...»

Le monsieur se souleva vers la tête du contrôleur tout en ajustant son lorgnon,° léchant sa mine:°

«...Trois mille neuf cent quatre-vingt-sept... Eh bien, le 3987 ne perd

---

* Quand un Français dit «mon ami» à un autre Français de cette façon, c'est qu'il le considère déjà comme son ennemi. (*Note du Major.*)

[6] **S.N.C.F.,** la Société Nationale des Chemins de Fer Français. Les chemins de fer, comme les lignes aériennes, sont nationalisés en France.

---

ils... they are going too far

Et qui... Which only needs to be left alone
mettre... to ruin

la réclamation claim, complaint

la bagarre scuffle

fin clever, tricky

il fit... he tossed up a mechanical pencil
relever to make note of

le lorgnon eyeglasses that rest on the bridge of the nose /
léchant... licking his chops

que voici   here it is

en...   until you get something better (*i.e., a letter of complaint*)
poinçonner   to punch

De...   Unwillingly / marmonner to mutter / s'exécuter to comply

le sifflement   whisper

tout...   everything goes together, it all makes sense

tâter   to feel / palper   to touch, handle
une armoire   wardrobe closet / ausculter   to examine (by thumping)

un instituteur   elementary school teacher / bourrer...   to fill up the head (*lit.* to stuff the skull)

rien pour attendre, je vous en fiche mon billet...[7] que voici...° en attendant mieux,° mon ami, beaucoup mieux!»

Le contrôleur sourit, tranquille, et, clic-clac, poinçonna.°

«Rira bien qui rira le dernier, dit la rosette...

— En attendant présentons les billets, s'il vous plaît!»

De mauvais gré,° les voyageurs, marmonnant,° s'exécutèrent.° Dès que l'employé eut refermé la porte du compartiment, la dame au chien dit dans un sifflement° derrière sa voilette:

«Tss... Quel esprit! Jamais on n'aurait vu ça avant la guerre! Et ils sont tous comme celui-là!

— Pires, madame!

— Tout se tient,° allez!»

Quelques instants plus tard, comme je prenais l'air dans le couloir, j'entendis le contrôleur confier à son collègue qui venait de le rejoindre:

«Je ne sais pas ce qu'ils ont aujourd'hui, mais ils ne sont pas à prendre avec le poinçon...[8] Méfie-toi...»

Des contrôleurs qui se méfiaient des voyageurs, des voyageurs qui se méfiaient des contrôleurs, qui donc, dans ce train de France, train de la méfiance, était le plus méfiant?

Je me le demandais encore lorsque nous arrivâmes à destination.

Dois-je dire que M. Taupin se montra assez méfiant, une fois descendu à l'hôtel, notamment pour le lit qu'il tâta,° les draps qu'il palpa,° l'armoire° qu'il ausculta?° Je ne crois pas que cette méfiance lui soit particulière. Il est ainsi des millions de Français qui se méfient des hôteliers, des additions, des huîtres,[9] des femmes qui les mènent par le bout du nez, des militaires qui les font marcher en avant, des politiciens qui les font marcher en arrière, des antimilitaristes qui vendraient la France au monde, des instituteurs° qui *bourrent le crâne**° de leurs enfants, de leurs ennemis, de leurs amis, et, secrètement, d'eux-mêmes.

CONTROLE

1. Quel incident a fait surgir le monstre des «ils» parmi les voyageurs du compartiment?

---

* En français dans le texte. (Note du Traducteur.)

[7] **je vous en fiche mon billet,** jeu de mots: l'expression veut dire *just take my ticket* et aussi *just take my word.*

[8] **ils ne sont pas... poinçon,** *they are edgy* (litt. *they can't be taken with a ticket punch*), d'après l'expression «ils ne sont pas à prendre avec des pincettes [*tongs*]»

[9] **une huître,** *oyster* — allusion à un épisode précédent où M. Taupin se méfie de la fraîcheur des huîtres qu'on lui servait

2. Décrivez les cinq français du compartiment.
3. A quoi le Major compare-t-il l'échange de commentaires méfiants parmi ses compagnons de voyage? Quel était le rôle du Major Thompson?
4. De quoi les voyageurs se plaignent-ils?
5. Que s'est-il passé quand le contrôleur est passé?
6. Pourquoi le monsieur à rosette relève-t-il le numéro du contrôleur?
7. Que fait Monsieur Taupin en arrivant à l'hôtel?
8. Monsieur Taupin est-il un français typique selon le Major Thompson?

CONVERSATION

1. Quels sont les avantages de la technique de Pierre Daninos, c'est-à-dire, celle de faire une satire des Français du point de vue d'un étranger?
2. Qu'est-ce que c'est que la satire? Connaissez-vous d'autres exemples de ce genre? Lesquels? En quoi ressemblent-ils aux *Carnets du Major Thompson* ou en quoi en sont-ils différents?
3. Imaginez que Monsieur Taupin va dîner dans un restaurant accompagné de son ami le Major Thompson. Racontez ce qui se passe.
4. En quoi la scène du compartiment est-elle comique? Cette scène est-elle typiquement française, ou pensez-vous que tout le monde a tendance à se plaindre du gouvernement au moindre prétexte?
5. Vous avez probablement des idées sur la personnalité française. Quels sont les traits de caractère que l'on considère — à tort ou à raison — «typiques» des Français?
6. En fait, il existe des images stéréotypées sur les ressortissants [*natives*] de chaque nationalité. Chacun a probablement une idée tout faite de ce que c'est qu'un Italien, un Espagnol, un Allemand, un Anglais, etc. Faites le portrait stéréotypé de ces nationalités. Estimez-vous qu'il y a une bonne part de vérité dans ces images stéréotypées, ou doit-on s'en méfier?

ACTIVITE

Faites la satire d'un aspect du caractère américain du point de vue d'un Français.

3. Le
Surnaturel

Le Matin des magiciens

LOUIS PAUWELS ET JACQUES BERGIER

Depuis 1960, date de la parution du livre, *Le Matin des magiciens,* on le lit et on en parle. C'est un livre fascinant qui allie l'objectivité scientifique à l'imagination littéraire. Un livre scientifique aux allures de science-fiction, *Le Matin* aborde les problèmes du savoir humain ou plutôt, de ses limites. Les auteurs se laissent aller jusqu'aux confins de l'imagination pour pénétrer dans des domaines considérés tabous par la science traditionaliste: l'occultisme, la parapsychologie, la vie extra-terrestre, l'alchimie...

Chacun des deux auteurs apporte à leur œuvre des talents divers. Louis Pauwels est un journaliste et un romancier qui s'intéresse à l'ésotérisme. Jacques Bergier est un physicien renommé, et l'un des pionniers de la physique nucléaire.

L'extrait que nous présentons ici examine les mystères que nous posent les civilisations disparues. Par exemple, comment les Egyptiens ont-ils réussi à construire les montagnes artificielles que sont les Grandes Pyramides, avec la technologie primitive que l'archéologie classique leur attribue? Qui a érigé les célèbres statues de l'île de Pâques, et pourquoi? Pourquoi des civilisations aussi avancées que celle des Mayas ont-elles disparu?

MOTS A APPRENDRE

s'agir de   *to be a matter, a question of* (used only with the impersonal **il** as subject)
Si l'on multiplie la hauteur exacte de la pyramide de Chéops par un milliard, on obtient un chiffre égal à la distance entre la terre et le soleil, mais les positivistes déclarent qu'il ne s'agit que d'une coïncidence.

le bois   *wood*
Les Egyptiens ont-ils transportés les gigantesques blocs de granite sur des rouleaux de bois?

disposer de   *to have (at one's disposal)*
Certains expliquent la construction des pyramides en disant que le Pharaon disposait de milliers d'esclaves.

ignorer   *not to know*
Comme la construction des pyramides remonte à cinq mille ans, nous en ignorons à peu près tout.

inscrire   *to inscribe, engrave*
Il est possible que les Anciens aient inscrit sur les pierres des pyramides les résultats de leur science.

s'interroger sur   *to ask oneself about, examine*
Dans cet extrait, les deux auteurs s'interrogent sur le mystère des civilisations disparues.

le niveau   *level*
La science de la civilisation Maya avait atteint un niveau très élevé.

un outil   *tool*
Avec quels outils les ouvriers du Pharaon ont-ils réussi à découper des blocs de granite?

le poids   *weight*
Le poids de chacun des blocs de la Grande Pyramide est de dix mille kilogrammes.

les renseignements (m.)   *information* (generally used in the plural)
Les Pharaons ont-ils consigné dans les Pyramides des renseignements que la science moderne ignore?

le sang   *blood*
Selon une ancienne légende bolivienne, il existait il y a longtemps une race non humaine dont le sang n'était pas rouge.

surgir   *to arise, appear suddenly*
Y a-t-il eu une race de maîtres qui surgit du fond des âges?

tailler *to carve, hew*
  Quels outils les habitants de l'île de Pâques avaient-ils pour tailler le granite?

témoigner de *to bear witness to, give evidence of*
  Les statues de l'île de Pâques témoignent de l'existence d'une mystérieuse civilisation ancienne.

PRATIQUE

A. Refaites les phrases suivantes en substituant aux mots en italique un synonyme tiré des Mots à apprendre. Faites tous les changements nécessaires.

   1. Les égyptologues *ne savent pas* comment les ouvriers ont éclairé l'intérieur des pyramides.
   2. Qu'est-ce qu'on a *gravé* sur cette tablette de pierre?
   3. Dans ce chapitre du livre, *il est question* du mystère des civilisations anciennes.
   4. Pour tailler la pierre, on a besoin d'*un instrument* extrêmement dur.
   5. *Ces informations* sont importantes pour comprendre le caractère surhumain des pyramides.
   6. Le calendrier des Mayas *constitue l'évidence* d'une grande technologie.
   7. Selon la tradition des Incas, une race de maîtres *est apparue brusquement* de l'espace.

B. Complétez par la forme correcte d'un mot tiré des Mots à apprendre:

   1. Quoique nous _____ aujourd'hui d'une technologie très avancée, nous avons eu beaucoup de difficulté à transporter deux obélisques que les Pharaons faisaient transporter par douzaines.
   2. La Paz est une ville en Bolivie qui se trouve à 3.500 mètres au dessus du _____ de la mer.
   3. Les auteurs comparent la Pyramide de Gizeh à une montagne artificielle dont _____ est de 6.500.000 tonnes.
   4. Le cuivre, la pierre, et _____ sont les matériaux dont étaient faits les outils Egyptiens.
   5. L'esclave est gravement blessé; il a perdu beaucoup de _____.
   6. Sur le Mont Rushmore dans l'état du South Dakota aux Etats-Unis les visages de quatre présidents sont _____ dans la roche.

TOURNURES A REPETER

A. Notez l'emploi du conditionnel passé pour indiquer une supposition ou une hypothèse, c'est-à-dire, pour indiquer ce qui a **peut-être** eu lieu :

> Le Pharaon **aurait disposé** d'une main d'œuvre colossale.
> *The Pharaoh supposedly had at his disposal a huge workforce.*

Lisez à haute voix et puis traduisez les phrases suivantes :

1. Selon les légendes, il y aurait eu une race blanche surgie du fond des espaces.
2. Les constructeurs n'auraient disposé que d'outils relativement simples.
3. Il y aurait eu des êtres humains sur ce plateau il y a 30.000 ans.
4. Les ouvriers auraient taillé les blocs de granite avec des outils métalliques.
5. La plaine de Nazca aurait servi de terrain d'atterrissage à des êtres venant d'une autre planète.

B. Notez l'expression «**mettre** du temps à faire quelque chose» : «*to take (a certain amount of) time to do something*» :

> Elle **a mis** trois heures à préparer sa leçon.
> *She took three hours to prepare her lesson.*

Refaites les phrases suivantes en employant cette expression :

1. Il nous a fallu trois ans pour écrire le livre.
2. Il a fallu vingt-deux siècles aux astronomes pour calculer la distance entre la terre et le soleil.
3. Il a fallu des siècles aux ouvriers pour construire une cathédrale.
4. Il m'a fallu beaucoup de temps pour me faire une opinion.
5. Combien de temps a-t-il fallu aux architectes pour préparer le plan de la Grande Pyramide?

C. Notez l'emploi spécial du verbe **faire** suivi d'un infinitif pour exprimer l'idée «*to have something done*» ou «*to make someone (something) do something*» :

> Le Pharaon Chéops **fait ériger la Grande Pyramide.**
> Le Pharaon Chéops **la fait ériger.**
> *The Pharaoh Cheops has the Great Pyramid built.*
> *The Pharaoh Cheops has it built.*

Le Pharaon Chéops **fait peiner des milliers d'esclaves.**
Le Pharaon Chéops **les fait peiner.**
The Pharaoh Cheops makes thousands of slaves toil.
The Pharaoh Cheops makes them toil.

Dans cette construction, *notez bien* que: l'infinitif suit directement le verbe **faire;** le pronom objet précède le verbe **faire.**

Voici des exemples de cette construction inspirés de la lecture qui suit. Lisez-les à haute voix et traduisez-les:

1. Les Pharaons faisaient transporter des douzaines de ces obélisques.
2. Les Egyptiens ont capté la lumière solaire et l'ont fait pénétrer dans les pyramides par un système d'optique.
3. Les missionnaires font disparaître toutes traces de la civilisation morte.
4. Les architectes font extraire, transporter, décorer, élever et ajuster 2.600.000 blocs de granite.
5. Les photographies que nous avons de la plaine de Nacza font irrésistiblement songer à un terrain d'atterrissage.

Le Matin des magiciens

LOUIS PAUWELS ET JACQUES BERGIER

1

Où les auteurs, qui ne sont ni trop crédules, ni trop incrédules,
s'interrogent sur la Grande Pyramide

D'Aristarque de Samos[1] aux astronomes de 1900, l'humanité a mis vingt-deux siècles pour calculer avec une approximation satisfaisante la distance de la Terre au Soleil: 149 400 000 kilomètres. Il eût suffi° de multiplier par un milliard la hauteur de la pyramide de Chéops, construite 2 900 ans avant Jésus-Christ.

    Nous savons aujourd'hui que les Pharaons ont consigné dans les pyramides les résultats d'une science dont nous ignorons l'origine et les méthodes. On y retrouve le nombre π, le calcul exact de la durée d'une

Il... It would have sufficed

---

[1] **Aristarque de Samos,** astronome grec, 310–230 avant Jésus-Christ

le rayon   radius

la donnée   datum, fact
déchiffré   deciphered

impie   impious

lourdement   grossly

le chercheur   researcher / **abusé**   deluded / **le merveilleux**   the supernatural

plat   *lit.* flat (i.e., unimaginative)

un encombrement   congestion, overcrowding
la carrière   quarry

mouillé   wet
le marteau   hammer / **la scie**   saw
le cuivre   copper / **mou**   soft / **épaissir**   *lit.* to thicken (i.e., deepen)
hisser   to hoist
avoir de la peine   to have difficulty / **acheminer**   to transport
éclairer   to illuminate

filer   *here,* to smoke

charbonner   to blacken (as with carbon) / **le plafond**   ceiling / **déceler**   to discover
la paroi   wall
la lentille   lens

année solaire, du rayon° et du poids de la terre, la loi de précession des équinoxes, la valeur du degré de longitude, la direction réelle du Nord, et peut-être beaucoup d'autres données° non encore déchiffrées° D'où viennent ces renseignements? Comment ont-ils été obtenus? Ou transmis? Et dans ce cas, par qui?

Pour l'abbé Moreux, Dieu donna aux anciens hommes des connaissances scientifiques. Nous voilà dans l'imagerie. «Ecoute-moi, ô mon fils, le nombre 3,1416 te permettra de calculer la surface d'une circonférence!» Pour Piazzi Smyth, Dieu dicta ces renseignements à des Egyptiens trop impies° et trop ignorants pour comprendre ce qu'ils inscrivaient dans la pierre. Et pourquoi Dieu, qui sait tout, se serait-il lourdement° trompé sur la qualité de ses élèves? Pour les égyptologues positivistes, les mensurations effectuées à Gizeh[2] ont été faussées par des chercheurs° abusés° par leur désir de merveilleux:° nulle science n'est inscrite. Mais la discussion flotte parmi les décimales, et il n'en reste pas moins que la construction des pyramides témoigne d'une technique qui nous demeure totalement incompréhensible. Gizeh est une montagne artificielle de 6 500 000 tonnes. Des blocs de douze tonnes sont ajustés au demi-millimètre. L'idée la plus plate° est la plus fréquemment retenue: le Pharaon aurait disposé d'une main-d'œuvre colossale. Resterait à expliquer comment a été résolu le problème de l'encombrement° de ces foules immenses. Et les raisons d'une aussi folle entreprise. Comment les blocs ont-ils été extraits des carrières.° L'égyptologie classique n'admet comme technique que l'emploi de coins de bois mouillé° introduits dans les fissures de la roche. Les constructeurs n'auraient disposé que de marteaux° de pierre, et de scies° de cuivre,° métal mou.° Voilà qui épaissit° le mystère. Comment des pierres taillées de dix mille kilos et plus furent-elles hissées° et jointes? Au XIXᵉ siècle, nous eûmes toutes les peines° du monde à acheminer° deux obélisques que les Pharaons faisaient transporter par douzaines. Comment les Egyptiens s'éclairaient-ils° à l'intérieur des pyramides? Jusqu'en 1890, nous ne connaissons que les lampes qui filent° et charbonnent° au plafond.° Or, on ne décèle° pas une trace de fumée sur les parois.° En captant la lumière solaire et en la faisant pénétrer, par un système optique? Nul débris de lentille° n'a été découvert.

Et s'il y avait d'autres techniques?

On n'a retrouvé aucun instrument de calcul scientifique, aucun vestige témoignant d'une grande technologie. Ou bien il faut admettre la thèse mystico-primaire: Dieu dicte des renseignements astronomiques à des

---

[2] **Gizeh,** ville près de laquelle se trouve les Grandes Pyramides

Pyramide de Chéops

maçons° obtus° mais appliqués et leur donne un coup de main.° Il n'y a pas de renseignements inscrits dans les pyramides? Les positivistes à court de° chicanes° mathématiques déclarent qu'il s'agit de coïncidences. Quand les coïncidences sont aussi nettement° exagérées, comment faut-il les appeler? Ou bien il faut admettre que les architectes et décorateurs surréalistes, pour satisfaire la mégalomanie° de leur roi, ont, selon des mesures qui leur étaient passées par la tête au hasard° de l'inspiration, fait extraire, transporter, décorer, élever et ajuster au demi-millimètre les 2 600 000 blocs de la grande pyramide par des tâcherons° qui travaillaient avec des morceaux de bois et des scies à couper le carton en se marchant sur les pieds.

Les choses datent de cinq mille ans, et nous ignorons presque tout. Mais ce que nous savons, c'est que les recherches ont été faites par des gens pour qui la civilisation moderne est la seule civilisation technique

le maçon stonemason / **obtus** dull, unintelligent / **un coup...** a helping hand
à court de short of / **la chicane** petty argument
nettement clearly

la mégalomanie megalomania — exaggerated ambition, obsession with glory
au... at random

le tâcheron humble workman

la fourmi   ant / il... = il est
     possible que

possible. Partant de ce critère, il leur faut donc imaginer, ou l'aide de Dieu, ou un colossal et bizarre travail de fourmis.° Or, il se peut° qu'une pensée toute différente de la nôtre ait pu concevoir des techniques aussi perfectionnées que les nôtres, mais elles aussi différentes, des instruments de mesure et des méthodes de manipulation de la matière sans rapport avec ce que nous connaissons, ne laissant aucun vestige apparent à nos yeux. Il se peut qu'une science et une technologie puissantes, ayant apporté d'autres solutions que les nôtres aux problèmes posés, aient disparu totalement avec le monde des Pharaons. Il est difficile de croire qu'une civilisation puisse mourir, s'effacer. Il est encore plus difficile de croire qu'elle ait pu diverger de la nôtre au

avoir du mal = avoir de la peine
pourtant   yet

point que nous avons du mal° à la reconnaître comme civilisation. Et pourtant!...°

L'impossible île de Pâques

au large...   off the coast of

L'île de Pâques, à 3 000 kilomètres au large des côtes° du Chili, est grande comme Jersey.[3] Quand le premier navigateur européen, un Hollandais, y aborda, en 1722, il la crut habitée par des géants. Sur cette petite terre volcanique de Polynésie, 593 statues immenses se

se dresser   to stand

dressent.° Certaines ont plus de vingt mètres de haut et pèsent cinquante tonnes. Quand furent-elles érigées? Comment? Pourquoi? On croit pouvoir distinguer, par l'étude de ces mystérieux monuments, trois niveaux de civilisation dont la plus accomplie serait la plus ancienne. Comme en Egypte, les énormes blocs de tuf,° de basalte, de

le tuf   bedrock
une habileté   skill
accidenté   uneven / rabougri
     stunted
le rouleau   roller

lave, sont ajustés avec une prodigieuse habileté.° Mais l'île a un relief accidenté,° et quelques arbres rabougris° ne peuvent fournir des rouleaux:° comment les pierres furent-elles transportées? Et peut-on invoquer une main-d'œuvre colossale? Au XIXᵉ siècle, les Pascuans[4] étaient deux cents: trois fois moins nombreux que leurs statues. Ils ne purent jamais être plus de trois ou quatre mille sur cette île au sol fertile et sans animaux. Alors?

avoir pour soin de   to take care
     of

Comme en Afrique, comme en Amérique du Sud, les premiers missionnaires débarquant sur Pâques eurent pour soin de° faire disparaître toutes traces de la civilisation morte. Au pied des statues, il y avait des

le bois flotté   driftwood

tablettes de bois flotté,° couvertes d'hiéroglyphes: elles furent brûlées ou expédiées à la bibliothèque du Vatican où reposent bien des secrets. S'agissait-il de détruire les vestiges d'anciennes superstitions, ou d'effacer les témoignages d'un *autre savoir?* Le souvenir du passage sur la

ailleurs   elsewhere

terre d'autres êtres? De visiteurs venus d'ailleurs?°

---

[3] **Jersey,** une des îles Anglo-Normandes
[4] **Pascuans,** habitants de l'île de Pâques

CONTROLE

1. Quels renseignements les Pharaons d'Egypte avaient-ils consignés dans les Pyramides?
2. Selon l'abbé Moreux d'un côté, et selon Piazzi Smyth de l'autre, comment les Egyptiens auraient-ils obtenu ces renseignements?
3. Comment les égyptologues positivistes expliquent-ils le phénomène?
4. Qu'y a-t-il de surprenant dans le fait même de l'existence des Pyramides et de la technique employée dans leur construction?
5. Quelle explication retient-on le plus souvent concernant la technique de construction?
6. Pourquoi cette explication n'est-elle pas suffisante? Quelles autres questions suscite-t-elle?
7. De quels outils les constructeurs auraient-ils disposé selon les égyptologues traditionnels?
8. Citez deux aspects de la construction des pyramides qui n'ont pas reçu d'explication.

Et s'il y avait d'autres techniques?

9. Montrez comment les auteurs se moquent des mystiques, des positivistes, et des gens traditionnels qui ont fait des recherches sur les pyramides. Si l'on accepte les thèses de ceux qui manquent d'imagination, que faut-il admettre ou imaginer?
10. Les auteurs admettent-ils la possibilité d'autres techniques que les nôtres? Pourquoi cette possibilité est-elle difficile à accepter?

L'impossible île de Pâques

11. Où se trouve l'île de Pâques? Pourquoi est-elle remarquable?
12. Quelles questions posent les statues de l'île de Pâques? Pourquoi est-il improbable que les pierres aient été transportées sur des rouleaux de bois? Pourquoi l'hypothèse d'une main-d'œuvre colossale est-elle inacceptable?

13. Qu'ont fait les premiers missionnaires après avoir débarqué sur l'île de Pâques?
14. Les auteurs avancent l'hypothèse que les missionnaires auraient voulu protéger certains secrets. Lesquels?

2

La légende de l'homme blanc

barbu bearded

plusieurs... many thousands of years old
englouti *lit.* engulfed; *here,* submerged / **la bribe** shred

Les premiers Européens explorant Pâques découvrirent parmi les Pascuans des hommes blancs et barbus.° D'où venaient-ils? Descendants de quelle race plusieurs fois millénaire,° dégénérée, aujourd'hui totalement engloutie?° Des bribes° de légendes parlaient d'une race de maîtres, d'enseignants, surgie du fond des âges, tombée du ciel.

Notre ami, l'explorateur et philosophe péruvien, Daniel Ruzo, part étudier en 1952 le plateau désertique de Marcahuasi, à 3 800 mètres d'altitude, à l'ouest de la Cordillère des Andes.* Ce plateau sans vie, que l'on ne peut atteindre qu'à dos de mule, mesure trois kilomètres

carré square

carrés.° Ruzo y découvre des animaux et des visages humains taillés dans le roc, et visibles seulement au solstice d'été, par le jeu des lumières et des ombres. Il y retrouve des statues d'animaux de l'ère secondaire comme le stégosaure; de lions, de tortues, de chameaux, inconnus en Amérique du Sud. Une colline taillée représente une tête de vieillard. Le négatif de la photographie révèle un jeune homme radiant. Visible au cours de quel rite d'initiation? Le datage au carbone 14 n'a pas encore été possible: aucun vestige organique sur Marca-

un indice clue
le berceau cradle

huasi. Les indices° géologiques font remonter vers la nuit des temps. Ruzo pense que ce plateau serait le berceau° de la civilisation Masma, peut-être la plus ancienne du monde.

On retrouve le souvenir de l'homme blanc sur un autre plateau fabuleux, Tiahuanaco, à 4 000 mètres. Quand les Incas firent la conquête de cette région du lac Titicaca, Tiahuanaco était déjà ce champ de ruines gigantesques, inexplicables, que nous connaissons. Quand Pizarre y atteint, en 1532, les Indiens donnent aux conquistadores le nom de *Viracochas:* maîtres blancs. Leur tradition, déjà plus ou moins perdue, parle d'une race de maîtres disparue, géante et blanche, venue d'ailleurs, surgie des espaces, d'une race de Fils du Soleil. Elle régnait

voici = il y a (ago) / **le millénaire** millenium

et enseignait, voici° des millénaires.° Elle disparut d'un seul coup. Elle reviendra. Partout, en Amérique du Sud, les Européens qui se ruaient

se ruer vers to rush toward

vers° l'or rencontrèrent cette tradition de l'homme blanc et en béné-

---

* Daniel Ruzo: "La culture Masma," *Revue de la Société d'Ethnographie de Paris,* 1956 et 1959.

ficièrent. Leur plus bas désir de conquête et de profit fut aidé par le plus mystérieux et le plus grand souvenir.

Les civilisations d'Amérique et le mystère Maya

L'exploration moderne révèle, sur le continent américain, une formidable profondeur de civilisation. Cortez s'aperçoit avec stupeur que les Aztèques sont aussi civilisés que les Espagnols. Nous savons aujourd'hui qu'ils vivaient des restes d'une plus haute culture, celle des Toltèques. Les Toltèques construisirent les plus gigantesques monuments de l'Amérique. Les pyramides du soleil de Téotihuacan et de Cholula sont deux fois plus importantes° que le tombeau du roi Chéops. Mais les Toltèques étaient eux-mêmes les descendants d'une civilisation plus parfaite, celle des Mayas, dont les restes ont été découverts dans les jungles du Honduras, du Guatemala, du Yucatan. Engloutie sous le désordre de la nature, se révèle une civilisation très antérieure à la grecque, mais supérieure à celle-ci. Morte quand et comment? Morte deux fois, en tout cas, car les missionnaires, là aussi, se sont empressés de° détruire les manuscrits, de briser° les statues, de faire disparaître les autels.° Résumant les recherches les plus récentes sur les civilisations disparues, Raymond Cartier écrit: «Dans maints° domaines,° la science des Mayas dépassa° celle des Grecs et des Romains. Forts de profondes connaissances mathématiques et astronomiques, ils poussèrent jusqu'à une perfection minutieuse la chronologie et la science du calendrier. Ils construisaient des observatoires à coupoles mieux orientés que celui de Paris au XVIIᵉ siècle, comme le Caracol élevé sur trois terrasses dans leur capitale de Chichen Itza. Ils utilisaient l'année sacrée de 260 jours, l'année solaire de 365 jours et l'année vénusienne de 584 jours. La durée exacte de l'année solaire a été fixée à 365,2422 jours. Les Mayas avaient trouvé 365,2420 jours, soit,° à une décimale près,° le nombre auquel nous sommes arrivés après de longs calculs. Il est possible que les Egyptiens aient atteint la même approximation, mais, pour l'admettre, il faut croire aux concordances discutées des Pyramides, alors que nous possédons le calendrier maya.

«D'autres analogies avec l'Egypte sont visibles dans l'art admirable de ceux-ci. Leurs peintures murales, leurs fresques, les flancs de leurs vases, montrent des hommes au violent profil sémite dans toutes les activités de l'agriculture, de la pêche,° de la construction, de la politique, de la religion. L'Egypte seule a peint ce labeur avec cette vérité cruelle, mais les poteries des Mayas font songer aux Etrusques, leurs bas-reliefs font songer à l'Inde et les grands escaliers raides° de leurs temples pyramidaux font songer à Angkor. S'ils n'ont pas reçu ces modèles de l'extérieur, alors leur cerveau° était construit de telle

important *here,* large

s'empresser de to hurry to /
  briser to break
un autel altar
maint many / **le domaine** field,
  area
dépasser to surpass

soit or

à une... to within one decimal
  point

la pêche fishing

raide steep

le cerveau brain

manière qu'il a repassé par les mêmes formes d'expression artistique que tous les grands peuples anciens d'Europe et d'Asie. La civilisation a-t-elle pris naissance° dans une région géographique déterminée et s'est-elle propagée de proche en proche comme un incendie° de forêt? Ou bien est-elle apparue spontanément et séparément dans différentes régions du globe? Y eut-il un peuple instituteur° et des peuples d'élèves, ou bien plusieurs peuples autodidactes?° Des graines° isolées, ou bien une souche° unique et des boutures° un peu partout?»

On ne sait pas, et nous ne possédons aucune explication satisfaisante des origines de telles civilisations, — ni de leurs fins. Des légendes boliviennes recueillies° par Mme Cynthia Fain*, et qui remonteraient à plus de cinq mille ans, racontent que les civilisations de cette époque se seraient écroulées° après un conflit avec une race non humaine dont le sang n'était pas rouge.

Du «pont de lumière» à l'étrange plaine de Nazca

L'altiplano° de Bolivie et du Pérou évoque une autre planète. Ce n'est pas la terre, c'est Mars. La pression de l'oxygène y est inférieure à la moitié de ce qu'elle est au niveau de la mer, et pourtant on y trouve des hommes jusqu'à 3 500 mètres d'altitude. Ils ont deux litres de sang de plus que nous, huit millions de globules rouges au lieu de cinq, et leur cœur bat plus lentement. La méthode de datage au radio-carbone révèle une présence humaine voici 9 000 ans. Certaines déterminations récentes mènent à penser que les hommes vivaient là il y a 30 000 ans. Il n'est nullement° exclu que des humains sachant travailler des métaux, possédant des observatoires et une science, aient bâti voici 30 000 ans des cités géantes. Guidés par qui?

Certains des travaux d'irrigation effectués par les pré-Incas seraient à peine réalisables avec nos turbo-foreuses° électriques. Pourquoi des hommes qui ne se servaient pas de la roue ont-ils construit d'énormes routes pavées?

L'archéologue américain Hyatt Verrill consacra trente ans à la recherche des civilisations disparues d'Amérique Centrale et d'Amérique du Sud. Pour lui, les grands travaux des anciens hommes n'ont pas été faits avec des outils à tailler la pierre, mais avec une pâte radio-active rongeant° le granite: une sorte de gravure° à l'échelle des° grandes pyramides. Cette pâte radio-active, léguée° par des civilisations plus anciennes encore. Verrill prétendait° en avoir vu entre les mains des derniers sorciers.° Dans un très beau roman, *The Bridge of Light*, il décrit une cité pré-Inca que l'on atteint au moyen d'un «pont de lumière», un pont de matière ionisée, apparaissant et disparaissant à

---

* Cynthia Fain: *Bolivie*. Ed. Arthaud, Paris.

prendre naissance to be born

un incendie fire

un peuple... teaching race
autodidacte self-taught / **la graine** seed kernel
la souche trunk, tree stump / **la bouture** off-shoot

recueillir to gather

s'écrouler to crumble

un altiplano high plateau

nullement in no way

la turbo-foreuse turbodrill

ronger to eat away / **la gravure** engraving / **à l'échelle de** on the scale of
léguer to bequeath
prétendre to claim
le sorcier sorcerer, wizard

volonté et qui permet de franchir un défilé rocheux inaccessible autrement. Jusqu'à ses derniers jours (il est mort à quatre-vingts ans), Verrill assura que son livre était beaucoup plus qu'une légende, et sa femme, qui lui survécut, l'assure encore.

Que signifient les figures de Nazca? Il s'agit de lignes géométriques immenses tracées dans la plaine de Nazca, visibles seulement d'un avion ou d'un ballon, et que l'exploration aéronautique vient de permettre de découvrir. Le professeur Mason, qui ne saurait,° comme Verrill, être suspecté de fantaisie, se perd en conjectures. Il eût fallu que les constructeurs fussent guidés d'un engin flottant dans le ciel. Mason rejette l'hypothèse et imagine que ces figures ont été placées à partir d'un modèle réduit ou d'une grille. Etant donné le niveau de technique des pré-Incas admis par l'archéologie classique, c'est encore plus improbable. Et quelle serait la signification de ce tracé? Religieuse? C'est ce que l'on dit toujours, à tout hasard. L'explication par la religion inconnue, méthode courante. On préfère supposer toutes sortes de folies de l'esprit, plutôt que d'autres états de la connaissance et de la technique. C'est une question de préséance:° les lumières d'aujourd'hui sont les seules lumières.° Les photographies que nous avons de la plaine de Nazca font irrésistiblement songer au balisage° d'un terrain d'atterrissage.° Fils du Soleil, venus du ciel... Le professeur Mason se garde de° faire le rapprochement° avec ces légendes et suppose, de toutes pièces,° une sorte de religion de la trigonométrie dont l'histoire des croyances ne nous donne d'ailleurs aucun exemple. Et cependant, un peu plus loin, il mentionne la mythologie pré-inca selon laquelle les étoiles sont habitées et les dieux sont descendus de la constellation des Pléiades.

ne saurait = ne pourrait pas

la préséance protocol
les lumières (f.) *here,* knowledge
le balisage ground signals
le terrain... landing field
se garder de to take care not to / **le rapprochement** comparison, connection
de... entirely on his own

CONTROLE

La légende de l'homme blanc

1. Quelle est l'explication possible de la présence d'hommes blancs parmi les Pascuans à l'arrivée des premiers Européens?
2. Que découvre l'explorateur et philosophe péruvien Daniel Ruzo sur le plateau désertique de Marcahuasi?
3. Quelle tradition les premiers Européens rencontrèrent-ils partout en Amérique du Sud? Qu'en résulta-t-il pour eux?

Les civilisations d'Amérique et le mystère Maya

4. Nommez quelques-unes des grandes civilisations disparues sur le continent américain.

5. Que les missionnaires se sont-ils empressés de faire sur les sites de ces civilisations anciennes?
6. Résumez le jugement de Raymond Cartier sur la civilisation Maya. Quelles ressemblances y a-t-il entre cette civilisation et celle des Egyptiens?
7. Quelles questions les ressemblances entre la civilisation Maya et les civilisations européennes et asiatiques suscitent-elles quant à la naissance de la civilisation en général?
8. Comment les légendes boliviennes expliquent-elles la disparition de ces grandes civilisations anciennes?

Du «pont de lumière» à l'étrange plaine de Nazca

9. En quoi l'altiplano de Bolivie et du Pérou évoque-t-il une autre planète?
10. Citez quelques-uns des faits curieux concernant cette région et ses habitants.
11. Quelle est la thèse de l'archéologue américain Hyatt Verrill?
12. Décrivez la plaine de Nazca. Quel intérêt présente-t-elle?
13. Quel mythe pré-inca le Professeur Mason a-t-il mentionné?

CONVERSATION

1. Etes-vous crédule ou tendez-vous plutôt à être sceptique sur l'hypothèse qu'il y a eu sur notre planète des visiteurs venus de l'espace? Expliquez vos raisons.
2. Quelle explication sur la construction des Grandes Pyramides préférez-vous? Pourquoi?
3. Pouvez-vous citer d'autres évidences que la terre a été visitée par des êtres venant d'une autre planète?
4. Lequel des faits que citent les auteurs vous semble le plus significatif ou le plus troublant? Pourquoi?
5. L'archéologie est-elle une science utile? Le gouvernement doit-il subventionner les recherches archéologiques?

ACTIVITE

1. Faites des recherches sur les soucoupes volantes. Présentez le pour et le contre de leur existence et tirez vos propres conclusions.
2. Si vous pouvez obtenir une édition complète du *Matin des magiciens* lisez-en un chapitre et résumez-le.

L'Ours

PIERRE GRIPARI

Ce conte, d'une simplicité trompeuse, est riche en suggestions et laisse bien des conclusions à l'imagination du lecteur. Tout commence de la façon la plus banale, par l'évocation d'un souvenir d'enfance tranquille. Et puis, tout d'un coup, nous voilà plongés dans la fantaisie: la peau d'ours [*bearskin*] sur laquelle Pierre, le narrateur, avait l'habitude de se coucher se met à lui parler. Au fond de cette fable, pourtant, se cache un drame psychologique.

Dans son autobiographie, *Pierrot la Lune* (1963), Pierre Gripari décrit sa mère qui était spirite [*a medium*]. Il l'idolisait, mais il était plus tard cruellement désenchanté d'elle. Quant à son père, Gripari ne s'est jamais entendu avec lui. Il a même déclaré «Je n'ai jamais eu de père.» Sans doute peut-on trouver dans ces faits biographiques les germes de l'idée développée dans *L'Ours*.

MOTS A APPRENDRE

affaiblir   *to weaken* (**la faiblesse**   *weakness*)
Une longue maladie avait affaibli sa mère.

de nouveau   *once again*
Comme par magie, un jour, la peau d'ours a parlé au petit garçon, et le lendemain elle lui a parlé de nouveau.

durer   *to last*
La conversation n'a pas duré longtemps.

emmener   *to take with, to* (said of people)
Son oncle l'emmène dans une papeterie et lui achète un carnet et un stylo.

haïr   *to hate* (**je hais, tu hais, il hait, nous haïssons, vous haïssez, ils haïssent, j'ai haï**)
la haine   *hatred*
haineux   *hateful*
Pierre hait le petit garçon qui s'est moqué de lui.

honteux   *shameful, ashamed*
Le garçon était honteux d'avoir révélé le secret de son ami.

une inquiétude   *worry, concern*
La voix de l'ours était neutre, mais ses questions révélèrent une inquiétude profonde.

pareil(-le)   *similar, like, such*
Que feriez-vous dans une circonstance pareille?

réclamer   *to call for, demand*
Quand Pierre a remarqué que son carnet avait disparu, il a eu peur de le réclamer.

soigner   *to care for* (**le soin**   *care;* **soigneusement**   *carefully*)
Une domestique qui s'appelait Cassandre soignait la malade.

souffler   *to breathe, whisper* (**le souffle**   *breath*)
Le petit garçon a soufflé quelques mots dans l'oreille de son ami.

trahir   *to betray* (**la trahison**   *betrayal*)
Le narrateur regretta aussitôt d'avoir trahi le secret de l'ours.

le visage   *face, facial expression*
En entendant le secret, tout d'un coup, il a changé de visage.

voler à   *to steal from*
La peau d'ours a demandé au garçon de voler un bol de lait à la cuisine.

PRATIQUE

En employant un mot de la liste précédente, refaites les phrases suivantes en exprimant l'idée contraire des mots en italique. (Attention au temps du verbe.)

1. Pierre a *été fidèle* à sa promesse.
2. Pierre est *fier* d'avoir confié le secret de l'ours à un autre.
3. Ce garçon *aimait bien* son camarade de classe.
4. Ce médicament l'a *rendu plus fort*.
5. Les conversations avec la peau d'ours ont *cessé*.
6. Pierre *n'a plus jamais* répondu à l'ours.
7. Les circonstances de la deuxième conversation étaient *différentes*.
8. Le médecin a *négligé* le malade.
9. Le visage de la mère révèle *la tranquillité*.
10. Le garçon a *rendu* les deux bols à la domestique.
11. Quand le père est parti, il a *laissé* son fils.
12. Quand Pierre est rentré à la maison après une longue absence, il *n'a pas demandé* la peau d'ours.

TOURNURES A REPETER

A. Notez l'emploi du subjonctif dans une proposition que modifie un superlatif:

Voici **l'image la plus ancienne** que je **puisse** me rappeler.
       superlatif   subj.

Rafaites les phrases suivantes selon le modèle:

EXEMPLE: Voilà un homme très cordial que je connais.
              Voilà l'homme le plus cordial que je connaisse.

1. Voilà une chose extraordinaire que j'ai vue.
2. Voilà un personnage mystérieux qui est apparu.
3. Voilà un incident étrange qui a eu lieu.
4. Voilà une histoire fantastique que j'ai lue.
5. Voilà une bonne réponse que nous avons donnée.

B. Notez l'expression **être en train de** qui est suivi d'un infinitif pour indiquer la continuité d'une action:

Ma mère **est en train de** coudre un rideau.
My mother is (in the process of) sewing a curtain.

Refaites les phrases suivantes en employant l'expression **être en train de**:

EXEMPLE: Cassandre défait ma valise.
Cassandre est en train de défaire ma valise.

1. Les malades s'affaiblissent petit à petit.
2. L'infirmière soigne la vieille.
3. Pierre brise l'incantation.
4. Le garçon réclamait les confidences de son ami.
5. Pierre volait un bol de lait quand Cassandre a paru.

L'Ours

PIERRE GRIPARI

1

cela même the very one

En vérité, j'ai très peu de souvenirs d'enfance. Dans cela même° que je vais vous raconter, j'ignore quelle est la part des souvenirs réels et celle des reconstitutions que j'ai faites depuis.

L'image la plus ancienne que je puisse me rappeler, c'est celle-ci: nous sommes dans la salle à manger du château — en réalité nous n'avions qu'une grande maison de campagne; mais les gens du pays l'appelaient le château, et nous faisions comme eux — je vois ma mère, assise de trois quarts° auprès de la fenêtre, en train de coudre un rideau. Elle me parle. Je ne sais pas ce qu'elle me dit. Mais je l'écoute avec un sentiment de déférence, de respect, mêlé° d'une sorte de peur. Je suis assis sur la peau d'ours qui est étendue° sur le carrelage,° devant la cheminée. Cassandre est là, qui débarrasse° la table. Elle ne dit rien. Derrière moi, dans la cheminée, brûle un grand feu de bois dont je sens la chaleur. C'est tout.

Il y avait certainement d'autres personnes chez nous, mais je ne m'en souviens plus. Je ne vois que ma mère, notre vieille bonne° à qui, Dieu sait pourquoi, elle avait donné le nom de Cassandre, la peau d'ours et moi.

Autant que° je me souvienne, la vie était assez monotone au château. Je n'en sortais que pour aller à l'école du village, à quatre kilomètres de là, et j'y allais à pied. Ma mère, qui ne sortait qu'en voiture, estimait qu'à mon âge il fallait prendre l'habitude de marcher par tous les temps — et je ne lui donne pas tort.°

de trois quarts in three-quarter profile

mêlé de mixed with

étendu spread out / **le carrelage** tile floor
débarrasser to clear off

la bonne maid

autant que as far as

donner tort to fault

J'étais un bon élève, encore qu'un° peu sauvage.° Mes carnets de notes portaient assez souvent des observations du genre «trop renfermé»,° «se tient à l'écart de° ses camarades», etc... Ma mère, qui me faisait la guerre pour la moindre mauvaise note, ne m'a jamais parlé de ces appréciations. Il faut croire qu'elles ne lui déplaisaient pas.

Lorsque je revenais de l'école, Cassandre me faisait goûter,° ensuite je faisais mes devoirs, j'apprenais mes leçons — que j'allais réciter à ma mère — après quoi j'étais libre jusqu'au dîner. Je veux dire par là que je pouvais faire ce que je voulais à l'intérieur de la maison, car il m'était interdit de sortir seul.

J'étais d'ailleurs ce qu'on appelle un enfant sage.° Ma principale distraction consistait à descendre à la salle à manger pour caresser la peau d'ours.

J'aimais cet ours. Je l'aimais, pour ainsi dire, physiquement. Je pouvais passer des heures, couché dessus, à entourer mon cou de ses grosses pattes° velues,° à caresser sa tête fauve,° et à lui raconter tout ce que j'avais sur le cœur. Pendant toutes ces années, il a été, je peux le dire, mon seul ami et mon seul confident.

Je devais avoir huit ans quand ma mère est tombée malade. Quelle pouvait être sa maladie, je ne l'ai jamais su au juste. Cassandre la soignait, et moi je montais chaque soir, après le dîner, pour lui souhaiter bonne nuit avant d'aller me coucher, de sorte que je ne la voyais plus qu'une fois par jour.

Je me demande aujourd'hui si cet éloignement° m'a fait de la peine.° C'est possible, mais je l'ai oublié. En tout cas, il était volontaire de sa part. Ma mère, autant que je me souvienne, était pétrie° d'orgueil° — en quoi je tiens° bien d'elle, du reste... Je crois qu'elle m'aimait sincèrement, et même qu'elle était jalouse de son autorité sur moi. Mais elle préférait ne plus me voir, plutôt que de m'offrir le spectacle de sa déchéance° et de sa faiblesse. Lorsque je montais lui dire bonsoir, je la trouvais, tous les jours, à la même heure, dans la même position: assise sur son lit, en liseuse,° un peu raide° et, bien que légèrement amaigrie,° plus majestueuse que jamais.

Et c'est là que mon histoire commence pour de bon.

Un soir, j'étais, comme d'habitude, couché sur la peau d'ours et je lui parlais à l'oreille, quand tout à coup j'entends une voix, très faible, mais distincte, qui semblait sortir de la gueule° de l'animal, et cette voix m'appelle par mon nom:

— Pierre.

Je réponds: «Oui», machinalement,° et je regarde attentivement la tête. Presque aussitôt, la voix reprend:

— Est-ce que tu m'aimes?

encore que = **bien que** / **sauvage** timid

renfermé uncommunicative / **se tenir à l'écart de** to keep aloof from

me... gave me an afternoon snack

sage good, well behaved

la patte paw / **velu** furry / **fauve** tawny

un éloignement estrangement, distance / **faire de la peine** to hurt
pétri de consumed with / **un orgueil** pride
tenir de to take after

la déchéance decline, decadence

la liseuse bedjacket / **raide** stiff
amaigri emaciated

la gueule mouth (especially of carnivorous animals)

machinalement instinctively

plus...   nothing more

C'était bien l'ours qui parlait. Je réponds de nouveau: «Oui», et j'attends en retenant mon souffle — plus rien.°

Il me semble aujourd'hui que j'aurais dû avoir peur. Mais non. J'étais légèrement surpris, rien de plus. La peur n'est venue qu'ensuite — bien légère en vérité, bien fugitive, et plutôt une appréhension qu'une peur.

Le lendemain, je redescends dans la salle à manger, et de nouveau l'ours me parle:

— Pierre.

— Oui.

— Moi aussi, je t'aime.

— Moi aussi.

Réponse un peu sotte, il est vrai, mais que dire d'autre en de pareilles circonstances?

Et c'est ici qu'apparaît la peur. Après cette deuxième conversation, je reste dix jours sans remettre les pieds dans la salle à manger, sauf pour me mettre à table.

Au bout de dix jours, cependant, je me retrouve sur la peau de l'ours, et l'ours me parle de nouveau:

— Pierre.

— Oui.

— Pourquoi n'es-tu pas venu ces jours-ci?

— Je ne sais pas.

Et en effet, je ne savais pas.

Le lendemain, même histoire:

— Pierre.

— Oui.

— Veux-tu que nous soyons amis?

— Oui.

A dater de ce jour, nous avons, l'ours et moi, chaque soir une conversation, toujours sur le même modèle: «Pierre. — Oui...» — après quoi l'ours me dit une phrase, je lui en réponds une autre, une seule — j'ai très vite remarqué que lorsque je répondais en deux phrases, l'ours n'entendait que la première — et c'est fini jusqu'au lendemain.

Cependant je continuais de bien travailler en classe, d'aller chaque soir embrasser ma mère, et d'être un enfant sage. Extérieurement tout au moins, il n'y avait rien de changé dans ma vie.

Cela a duré toute une année scolaire — l'année de mon certificat d'études. Combien je regrette, aujourd'hui, de ne pas avoir noté, dès le début,° tous nos dialogues! Il est vrai que le détail en serait sans doute fastidieux.° A intervalles réguliers, en effet, l'ours me reposait toujours les mêmes questions:

dès...   right from the beginning
fastidieux   tedious

— Est-ce que tu m'aimes?

Et je répondais: «Oui.»

— Tu m'aimes comment?

Et je répondais: «Beaucoup.»

— Est-ce que tu m'aimes plus que tout?

Et je répondais: «Non.»

— Qui aimes-tu plus que moi?

Et je répondais: «Maman.»

— Pourquoi aimes-tu ta mère plus que moi?

La première fois que l'ours m'a posé cette question, j'ai répondu:

— C'est normal. Elle est vivante, elle.

Réponse d'une cruauté atroce, et dont le remords m'a empêché de dormir toute une nuit. Fort heureusement,° l'ours n'avait entendu que la première phrase: «C'est normal.» Par la suite,° quand il me reposait cette même question, je répondais régulièrement:

— Parce qu'elle est ma mère.

Une autre question du même genre, qu'il me posait souvent, était celle-ci:

— Qu'est-ce que je suis pour toi?

Question qui, je dois le dire, avait le don de me bouleverser. Un autre aurait été peut-être exaspéré, à la longue, de s'entendre, presque continuellement, interroger de la même manière... Mais, si neutre qu'elle fût,° la voix de l'ours me semblait alors exprimer une inquiétude allant jusqu'à l'angoisse. Je ne savais comment lui prouver mon affection — et en même temps je sentais très bien que celle-ci n'était pas assez absolue pour le satisfaire. Vous me direz que j'aurais pu mentir° un peu, pour lui faire plaisir, lui certifier que je l'aimais plus que ma mère, puisque visiblement c'était cela qu'il voulait... Mais je ne pouvais pas. Je ne voulais pas — et j'avais bien raison de ne pas vouloir!

Tout cela pour vous expliquer qu'à cette dernière question:

— Qu'est-ce que je suis pour toi?

Je répondais généralement:

— Après ma mère, c'est toi que j'aime le plus.

Ou encore:

— Tu es mon meilleur ami.

Ce qui était l'absolue vérité, car déjà, sans qu'il le sache, notre amitié avait été scellée° dans le sang d'un autre.

Au cours d'une de nos premières conversations, l'ours m'avait dit:

— Ne dis à personne que je te parle.

J'avais promis. Mais cette promesse a eu, paradoxalement, un effet tout contraire à celui qu'elle aurait dû avoir. Jusque là, en effet, l'idée

fort... very fortunately

par... afterward

si... however neutral it might be

mentir to lie

sceller to seal

effleuré crossed (my mind) /
quiconque anyone at all

le tiers third party

un interlocuteur interlocutor —
person to whom one speaks

se donner du mal to take the
trouble

D'un naturel... By nature very
trusting / **tarder à** to delay in
mettre... to inform, update

la récréation recess

le clin d-œil wink

atterré horror-stricken

Qu'allait-il...? What was going to
come of it?

interpeller to challenge, call
upon

Toujours... In any case

ne m'avait même pas effleuré° que je puisse parler à quiconque° du secret entre l'ours et moi. En promettant de n'en rien dire, m'apparaissait pour la première fois la possibilité de faire cette confidence à un tiers° — et je l'ai faite...

J'avais, à cette époque, à l'école, je n'ose pas dire un ami, mais... disons, un interlocuteur.° En général, j'inspirais à mes camarades de classe une antipathie instinctive, qui se manifestait le plus souvent par de l'éloignement, plus rarement par de la violence. Celui-là était le seul à s'être donné un peu de mal° pour se rapprocher de moi. En vérité, il ne m'était pas particulièrement sympathique, mais j'acceptais de bon cœur sa compagnie, et en conséquence j'estimais avoir des devoirs envers lui.

D'un naturel extrêmement confiant,° il n'avait pas tardé à° me mettre au courant° de toute sa vie de famille. J'écoutais sans me compromettre, mais il était bien évident que cela ne pouvait pas durer. En échange de ses confidences, il réclamait des miennes. Au désespoir de ne rien avoir à lui dire, un jour, à la récréation,° je lui confie mon secret:

— Tu ne sais pas? Chez nous, au château, il y a une peau d'ours. Tous les soirs je lui parle et elle me parle.

Je n'oublierai jamais sa réaction. En un clin d'œil,° il avait changé de visage. Il me regardait comme si je lui avais dit quelque chose de sale. Presque aussitôt, il me quittait sans dire un mot.

J'étais moi-même atterré.° J'avais trahi le secret (or pour moi la trahison signifiait la mort) — et, qui plus est, je l'avais trahi pour un petit imbécile, incapable de le comprendre et de le supporter. Qu'allait-il en advenir? °

Bien entendu, ce que je craignais est arrivé. Le soir même, à la sortie de l'école, en passant près d'un groupe de copains parmi lesquels se trouvait mon ex-camarade, je les vois rire en me regardant. Je m'arrête, et l'un d'eux m'interpelle:°

— Alors, Peau d'ours?

Qu'est-ce que j'ai fait, alors? Je suis incapable de me le rappeler. Toujours est-il que° je revois la tête de mon camarade, bien en face, à quelques centimètres de moi. Les autres sont là, tout autour, mais je ne vois que lui. Je lui souffle au visage:

— Tu m'as trahi. Tu mourras.

Cette phrase me semble aujourd'hui enfantine, d'une grandiloquence presque risible. Mais je l'avais dite sur le ton qu'il fallait. Sans un mot, sans un rire, le groupe se disperse — et plus jamais il n'a été question du surnom de Peau d'ours.

N'empêche que le secret m'avait échappé. Il ne dépendait plus de moi qu'il soit gardé ou non. Cette seule pensée me rendait malade. Tous les jours, à l'école, je retrouvais mon traître. Je lui en voulais° doublement: pour sa trahison d'abord, et pour la mienne ensuite. Je ne lui parlais plus. En sa présence, je me sentais diminué, humilié, lâche,° honteux, haineux — la haine prend chez moi toutes les apparences de la peur, je l'ai remarqué bien souvent.

en vouloir à to bear a grudge against

lâche cowardly

Cette situation a duré plusieurs mois, jusqu'au jour où je me suis trouvé débarrassé de lui d'une façon aussi simple qu'inattendue.° Ce jour-là, en arrivant le matin, je croise dans la cour de l'école la maîtresse en grande conversation avec une dame. Je salue et je passe. La dame tient un mouchoir à la main, et elle ne fait que répéter:

inattendu unexpected

— Il a vomi tout son sang, le pauvre petit! Il a vomi tout son sang et il est mort!

Quelques minutes plus tard, lorsqu'en entrant en classe la maîtresse nous annonce la mort de mon ennemi, je ne suis pas surpris — je savais.

La même histoire s'est reproduite deux ou trois fois dans ma vie. Chaque fois que, pour des raisons professionnelles ou autres, je me suis vu obligé de fréquenter régulièrement quelqu'un que je haïssais, ce quelqu'un-là est mort. De mort accidentelle, bien entendu, je n'ai jamais tué personne... — et pourtant il m'arrive de me demander parfois si je ne suis pas un assassin.

CONTROLE

1. Décrivez le premier souvenir d'enfance du narrateur.
2. Quelle sorte de garçon était le narrateur? Relevez les passages dans le texte qui révèlent ses sentiments vis-à-vis de sa mère.
3. Quels commentaires fait-il sur le caractère de sa mère?
4. Décrivez la routine quotidienne du jeune garçon.
5. Quel est le rôle de la peau d'ours dans la vie du narrateur? Comment expliquez-vous son attachement pour cet objet inanimé?
6. Quel changement est survenu quand Pierre avait huit ans?
7. Comment le narrateur explique-t-il que sa mère ne le voit pas souvent?
8. Qu'est-ce qui est arrivé d'extraordinaire un soir?
9. Quelle a été la réaction du narrateur après cet incident? Comment a-t-il réagi à la deuxième conversation?
10. En quoi toutes les conversations avec l'ours se ressemblent-elles?
11. Quelle semble être la préoccupation principale de l'ours? Semble-t-il avoir des sentiments humains?

12. Pourquoi Pierre est-il gêné par les questions de l'ours?
13. Quelle promesse le garçon avait-il faite à l'ours? Comment a-t-il été amené à la trahir?
14. Qu'est-ce qui s'est passé à la sortie de l'école ce jour-là?
15. Quels sentiments Pierre éprouve-t-il pendant les trois mois qu'il revoit le «traître»? Qu'est-ce qui est arrivé à ce garçon?
16. Pourquoi est-il arrivé au narrateur de se demander s'il est un assassin?

2

Mes conversations avec l'ours durent, cette année-là, jusqu'à la fin de l'été qui suit mon certificat d'études. L'automne suivant, ma mère m'envoie en pension° dans un collège,° en ville.

Je suis donc resté toute une année scolaire sans revoir le château, même à Noël, même à Pâques. Ma mère, dont la santé ne s'améliorait° pas, avait chargé un de ses parents° éloignés° de s'occuper de° moi les dimanches et les jours de congé.°

Mon oncle — c'est ainsi que je l'appelais — était l'homme le plus franchement cordial que j'aie jamais connu. Il m'avait tout de suite pris en affection, mais ma sauvagerie lui paraissait monstrueuse. En conséquence, il faisait tout son possible pour me distraire, pour me «dégeler»,° comme il disait. Il y réussissait, dans une certaine mesure, sa gaîté m'amusait — mais je ne la partageais pas. Je pensais à tout autre chose.

Croyez-vous qu'il soit possible de vivre avec une idée présente à l'esprit, jour et nuit, vingt-quatre heures sur vingt-quatre? Moi, je le crois. Il me semble que, cette année-là, même quand je travaillais, même quand je m'amusais, même quand je dormais, je n'ai pas oublié une seconde le château, ni la peau d'ours.

A la fin de l'année, j'étais fou de joie. Pour ne pas faire de peine à mon oncle, j'essayais de mettre cette joie sur le compte de° mes succès scolaires — mais le bonhomme n'était pas si bête...

Le jour de la distribution des prix, il me dit:

— Tu es heureux de retourner au château, hein?

Un peu honteux, je lui réponds:

— Oui...

Il éclate de rire, puis il ajoute:

— J'ai envie de te faire un cadeau. Dis-moi ce qui te ferait plaisir.

Je lui réponds sans hésiter:

— Un petit carnet pour mettre dans ma poche et écrire ce que je veux!

en pension as a boarder / **le collège** secondary school

s'améliorer to improve

le parent relative / **éloigné** distant / **s'occuper de** to take care of

le jour de congé day off

dégeler to thaw

mettre sur le compte de to attribute to

— C'est tout?

— Oui, mon oncle. Ca me ferait tellement plaisir!

Le jour même, il m'emmène dans une papeterie et me paie, non seulement un carnet, mais un stylo et un porte-mine.°

Deux jours plus tard, je repartais pour le château, mes trésors dans la poche.

Cassandre m'attendait à la gare. A peine descendu du train, elle me dit:

— Votre mère veut vous voir.

Nous faisons en silence les quelques kilomètres qui séparent la gare du château, et je monte aussitôt chez ma mère. Je la trouve en liseuse, comme d'habitude, assise sur son lit — visiblement très affaiblie. Elle me pose quelques questions, auxquelles je réponds aussitôt, sur la pension, sur mon oncle, puis elle me dit:

— Maintenant, va jouer, mon petit, je suis fatiguée.

Je n'attendais que cela pour descendre à la salle à manger. Je sors de chez ma mère, je referme doucement la porte, je dégringole° l'escalier, je m'engouffre° dans le hall... mais sur le seuil,° je m'arrête, sidéré:° la peau d'ours n'est plus là.

Je remonte quatre à quatre et je cours dans ma chambre, où Cassandre était en train de défaire ma valise. En entrant, je la vois, une chemise dans les mains, debout, face à la porte, comme si elle m'attendait.

Je me suis longtemps demandé quel rôle Cassandre pouvait jouer dans cette histoire. Aujourd'hui, je suis presque certain qu'elle *savait*.

Sans même reprendre mon souffle, je lui demande:

— Où est la peau d'ours?

Je vois le sourire mince° de Cassandre et je l'entends répondre:

— Votre mère m'a dit de la monter au grenier.°

— Pourquoi?

— Ça, monsieur Pierre, je suis incapable de vous le dire.

— Il me la faut, Cassandre, je la veux.

Toujours souriante, les yeux morts, elle me répond:

— Je ne peux pas prendre ça sous mon bonnet,° monsieur Pierre. Voyez votre mère et demandez-lui.

Là-dessus, je ne fais qu'un saut° de ma chambre à celle de ma mère. Le cœur battant, je frappe. J'entends:

— Entrez.

J'entre. Cette fois, elle n'est pas assise sur le lit, à m'attendre, mais couchée, la mine défaite,° et elle semble souffrir. Je ne l'ai jamais vue ainsi. Elle se redresse:°

— C'est toi?

---

le porte-mine mechanical pencil

dégringoler to tumble down

s'engouffrer to rush into / **le seuil** threshold / **sidéré** thunderstruck

mince thin

le grenier attic

prendre... *fam.* to accept responsibility for something

le saut bound, leap

la mine... with a discomposed expression
se redresser to sit up again

— Maman, donne-moi la peau d'ours.

— La peau d'ours? Quelle peau d'ours?

— Maman, donne-moi la peau d'ours.

— Pourquoi faire?

— Maman, il me faut la peau d'ours.

— Mais qu'est-ce que c'est que ce ton?

éviter to avoid

Elle évite° de répondre, elle essaye de fuir, elle se fâche, elle éclate en reproches — mais moi, avec une obstination dont je ne me serais jamais cru capable, je ne sais que° lui répéter:

je ne sais que all I can do is

— Maman, donne-moi la peau d'ours, il me la faut, je la veux...

Cette conversation dure longtemps, très longtemps. Mais à la fin, ma mère, vaincue, grimaçant de douleur, se laisse retomber sur l'oreiller et me crie, sur un ton de véritable désespoir:

— Eh bien fais ce que tu veux! Va-t'en et prends-la donc, ta peau d'ours!

Je n'ose même pas lui dire merci. Je prends la fuite et je retourne dans ma chambre. Je retrouve Cassandre, une chemise dans les mains, dans la même position, comme si elle n'avait pas bougé depuis mon départ.

vouloir bien to be willing

— Maman veut bien,° Cassandre.

Avec le même sourire absent, elle me répond:

— C'est bien, monsieur Pierre. Si vous voulez, je la mettrai ici, dans votre chambre.

Il me semble que, même alors, j'ai eu conscience de vivre la journée la plus importante de ma vie. C'était la première fois que ma mère cédait.° C'était aussi la première fois que j'avais voulu aussi intensément quelque chose, que j'avais été aussi impitoyablement° décidé à l'obtenir.

céder to yield
impitoyablement pitilessly

Le soir même, pendant le repas, en me servant mon potage,° Cassandre me dit de sa voix égale:°

le potage soup
de... in his/her even voice

— Votre mère vous demande de ne plus monter chez elle, monsieur Pierre. Elle est souffrante.° Aussitôt qu'elle ira mieux, elle vous le fera savoir.

souffrant not feeling well

Je reçois cette nouvelle avec une sorte de soulagement.° Dans quelle mesure ai-je alors pressenti° que je ne verrais plus ma mère?

le soulagement relief
pressentir to foresee

Aussitôt le repas fini, je monte dans ma chambre, et je vois, devant la cheminée, étendue sur le carrelage, la peau d'ours.

Et cette nuit-là, de nouveau, l'ours me parle:

— Pierre.

— Oui.

— Je te remercie.

— Je t'aime.

Avant de me coucher, je prends mon stylo, mon carnet, et je note soigneusement ces quatre répliques. Ce n'était pas pour autre chose que j'avais demandé ce cadeau à l'oncle.

Ce carnet, le voici. Cela fait vingt-cinq ans que je le traîne° partout, et je le garderai jusqu'à ma mort. A dater de ce jour, toutes mes conversations avec l'ours y sont notées, je n'ai plus qu'à vous les lire.

traîner to carry around

17 juillet:
— Pierre.
— Oui.
— Comment m'aimes-tu?
— Qui es-tu?

Ici, je ne me contente plus de répondre, je pose à mon tour des questions.

18 juillet:
— Pierre.
— Oui.
— On m'a tué par magie.
— Qui t'a tué?

19 juillet:
— Pierre.
— Oui.
— Je ne peux pas te le dire.
— Je t'aime plus que tout.

20 juillet:
— Pierre.
— Oui.
— Qu'est-ce que je suis pour toi?
— Tu es mon grand frère.

Le lendemain matin, en me levant, je m'aperçois que mon veston a disparu, avec le carnet et le stylo qui étaient dans la poche intérieure. Je crois que je n'ai jamais eu aussi peur de ma vie. Comment faire pour réclamer ce carnet, dont je voulais dissimuler° à tout le monde jusqu'à° l'existence? En quelles mains allait-il tomber? Qu'allait devenir le secret de l'ours?

Je descends prendre mon petit déjeuner, littéralement malade. Mais

dissimuler to conceal

jusqu'à even

voilà qu'en m'asseyant j'aperçois, posés à côté de mon assiette, le carnet, le stylo et le porte-mine. Cassandre est debout auprès de ma chaise:

— Je m'excuse, monsieur Pierre. Hier soir, j'ai oublié de vous demander votre veste pour le teinturier.° Je l'ai prise cette nuit pendant que vous dormiez. Il y avait ceci dans la poche intérieure gauche.

le teinturier cleaner

Je lève les yeux. Je la regarde. A-t-elle ouvert le carnet? J'essaie de deviner. Mais son visage n'exprime rien. Ses yeux n'expriment rien. Toujours le même sourire impersonnel.

A la date du 21 juillet, j'écris:
Carnet rendu par Cassandre, ce matin, au petit déjeuner.
Puis le dialogue suivant:
— Pierre.
— Oui.
— Est-ce que tu m'aimes?
L'ours n'est pas encore satisfait. La série des questions recommence. Je coupe court:
— Je t'aime plus que ma mère.

22 juillet:
— Pierre.
— Oui.
— Qu'est-ce que je suis pour toi?
— Tu es mon père.

23 juillet:
— Pierre.
— Oui.
— Je suis vraiment ton père?
— Oui, tu es mon père.

Le lendemain, le même dialogue se répète mot pour mot.

A la date du 25 juillet l'ours me demande:
— Es-tu capable de voler à la cuisine?
— Quoi?

26 juillet:
— Pierre.
— Oui.

— Un bol de lait et un bol de miel.
— Je vais essayer.

27 juillet:
— Pierre.
— Oui.
— Pose les deux bols devant moi ce soir.
— Je ne les ai pas encore.

28 juillet:
— Pierre.
— Oui.
— Tu poseras les deux bols devant ma tête.
— Quand je les aurai, oui.

29 juillet:
— Pierre.
— Oui.
— Tu poseras les deux bols par terre devant moi.
— Dès ce soir.

En fait, je n'avais toujours pas réussi à me les procurer. Mais j'avais mon idée. Je commence par noter cette dernière conversation, puis, au lieu de me coucher, j'attends que la nuit soit un peu avancée. Au bout d'une petite heure, je descends, en chaussettes,° à la cuisine, je prends deux bols, que j'emplis, l'un de lait, l'autre de miel, et je me dispose à remonter — quand tout à coup la cuisine s'éclaire. Je me retourne: Cassandre est devant moi, une lampe à pétrole à la main.

en... in stockinged feet

Je reste sur place, pétrifié, muet. Cassandre me regarde, regarde les deux bols... Quelle question va-t-elle me poser? Le silence s'éternise.° J'ai envie de crier.

s'éterniser to go on forever

Cassandre regarde les deux bols, me regarde... et elle me sourit. Pour de bon, cette fois. Franchement. Avec tout son visage. C'est la dernière fois que je la vois, elle aussi, mais jamais je n'oublierai ce sourire.

— Je vous souhaite une bonne nuit, monsieur Pierre.

Elle dit, et s'en va en emportant la lampe. Je reste seul, une bonne minute, dans l'obscurité, prêtant l'oreille — plus personne, plus rien. Je remonte l'escalier, pas à pas, lentement, mes deux bols dans les mains. Arrivé dans ma chambre, je les pose sur le carrelage, devant la tête de l'ours, et je me couche.

Et puis un baiser me réveille. Quelqu'un me tient la tête dans ses mains, et m'embrasse. En même temps j'entends à mon oreille une voix bien connue:

— Pierre.

— Oui.

— Je suis vraiment ton père?

— Oui.

Il... It is dim / **le petit...** break of day

J'ouvre les yeux. Il fait gris° dans la chambre. C'est le petit jour.° Un homme est assis sur le bord de mon lit. Je ne l'ai jamais vu, mais je le reconnais. C'est réellement mon père.

— Alors, viens. Je t'emmène.

Mal réveillé, je lui demande:

— Mais la peau d'ours?

Il sourit:

— C'est fini, la peau d'ours. Allons, viens; il faut partir tout de suite.

Je ne pose plus de questions. J'obéis. Je m'habille, et une minute plus tard, nous quittons le château, comme deux voleurs — ou comme

trempé soaked / **la rosée** dew

brumeux foggy

deux amoureux. L'herbe est trempée° de rosée,° le jour se lève — une aurore brumeuse° et piquante.

Ma vie avec mon père, pendant les vingt années qui ont suivi, je ne vais pas vous la raconter, c'est une tout autre histoire. Après sa mort, je suis retourné au pays. Cassandre était morte — malheureusement. Les gens ne m'ont pas reconnu. Je n'ai d'ailleurs pas cherché à me faire reconnaître, mais je les ai fait parler. Et c'est alors seulement que j'ai appris ce qui s'était passé cette nuit-là.

égorgé with throat slit

Le matin de notre départ, les gendarmes, alertés par Cassandre, étaient arrivés au château. Ils étaient montés dans la chambre de ma mère, et là, sur le lit, ils avaient trouvé ma mère morte, égorgée,° le visage à moitié dévoré, comme par une bête fauve.

CONTROLE

1. Quel changement a eu lieu dans la vie du garçon l'automne suivant?
2. Pourquoi n'a-t-il pas revu le château pendant toute l'année?
3. Comment sont les rapports entre Pierre et son «oncle»?
4. Pourquoi le garçon n'a-t-il pas pu partager la gaîté de son oncle?
5. Pourquoi était-il heureux à la fin de l'année?
6. Que lui a offert son oncle?
7. Racontez le retour au château.

8. Que fait Pierre quand il découvre que la peau d'ours n'est plus là? Où est-elle?
9. Pourquoi Pierre a-t-il eu la conscience de vivre la journée la plus importante de sa vie?
10. Quelle nouvelle Cassandre annonce-t-elle à Pierre au dîner? Pourquoi la reçoit-il avec une sorte de soulagement?
11. Quelle évolution semble avoir pris place dans les sentiments du narrateur vis-à-vis de sa mère et de l'ours?
12. A quoi sert le carnet que Pierre avait demandé à son oncle?
13. Pourquoi Pierre a-t-il eu très peur un matin en se levant?
14. Qu'est-ce que la peau d'ours demande à Pierre de faire?
15. Quelle est la réaction de Cassandre quand elle surprend Pierre à la cuisine?
16. Que se passe-t-il le lendemain matin?
17. Que découvre le narrateur quand il retourne au pays vingt ans plus tard?

CONVERSATION

Patron = pattern.

1. L'explication de la «magie» qui a transformé le père de Pierre en peau d'ours n'est jamais explicite, mais le texte est riche en suggestions. Quelles sont ces suggestions et comment les interprétez-vous?
2. L'auteur fait exprès de rendre obscure la nature de la maladie de la mère. Quelle explication peut-on offrir de cette dissimulation?
3. Quel était le rôle de Cassandre dans cette histoire? Que suggère ce nom que la mère du narrateur lui a donné?
4. Pourquoi l'auteur a-t-il choisi de donner aux conversations entre l'ours et Pierre une forme si brève?
5. Comment expliquez-vous que les histoires fantastiques plaisent à presque tout le monde?

ACTIVITE

Racontez en entier un conte, un roman ou un film que vous connaissez où l'imagination ou le surnaturel joue un rôle important.

Les Nouveaux magiciens de l'énergie «PSI»

REALITES

Dans certains films d'épouvante qui ont eu beaucoup de succès récemment (*The Exorcist, The Omen, Carrie,* etc.), certains personnages ont le pouvoir de déplacer des objets par le seul effet de leur énergie mentale. Existe-t-il réellement de tels individus? Et que dire des autres phénomènes psychiques que certains prétendent avoir documentés d'une façon incontestable: la clairvoyance, la télépathie et la précognition, par exemple? Il s'est développé dans notre siècle une nouvelle science qui s'adresse justement à ces questions. C'est la parapsychologie. Dans plusieurs des grandes universités du monde, il y a des départements de parapsychologie où l'on organise des recherches très rigoureuses sur les phénomènes psychiques, mais il n'en reste pas moins que les sceptiques sont nombreux. L'article qui suit examine plusieurs aspects du domaine de la parapsychologie et de ses implications.

MOTS A APPRENDRE

un appareil   *mechanical device, appliance* (**appareil photographique**
   still camera)
   Les laboratoires sont pleins d'appareils scientifiques.

constater   *to establish, ascertain (a fact)*
   Après bien des recherches sur le sujet, les scientifiques ont constaté
   que ce phénomène n'était pas une fraude.

le défi   *challenge* (**défier**   *to challenge, defy*)
   La question des phénomènes psychiques représente un défi important pour la science.

le dessin   *drawing, sketch* (**dessiner**   *to draw, outline*)
   Certaines personnes douées de pouvoirs psychiques sont capables
   de reproduire des dessins exécutés hors de leur présence.

entourer   *to surround*
   Le savant russe Kirlian a réussi à photographier le halo lumineux qui
   entoure toute chose vivante.

une épreuve   *proof, test, trial* (**éprouver**   *to put to the test*)
   Voici une des épreuves à laquelle les scientifiques ont soumis Uri
   Geller: on l'a placé devant dix boîtes métalliques et il a dû désigner
   celle qui contenait un film.

une expérience   *experiment*
   Les parapsychologues ont fait des expériences intéressantes sur les
   phénomènes psychiques.

parvenir à   *to succeed in, at* (conj. like **venir**)
   Les soviétiques sont parvenus à filmer en couleur le champ magnétique qui entoure le corps humain.

quelconque   *any, whatever; ordinary, commonplace*
   On a constaté qu'il n'y avait eu aucune fraude quelconque.
   La télékinésie et la précognition ne sont pas des phénomènes quel-
   conques.

le savant   *scientist* (**savoir**   *to know;* **le savoir**   *knowledge*)
   Les physiciens, les biologistes, les chimistes et les autres savants ne
   sont pas tous d'accord.

secouer   *to shake*
   On a mis un dé à jouer [*dice*] dans une boîte qu'on secouait avant
   de la poser sur une table: huit fois sur dix, Geller a deviné la face
   supérieure du dé.

subir *to undergo*
Uri Geller a subi beaucoup d'épreuves dans les laboratoires du Stanford Research Institute.

tordre *to twist, bend* (**la torsion** *bending*)
Uri Geller prétend être capable de tordre des objets métalliques par le seul effet de son énergie mentale.

la voie *way, means of access, track*
Certains savants croient qu'il existe une voie de communication extra-sensorielle.

PRATIQUE

Quels sont les mots tirés de la liste des Mots à apprendre qui correspondent aux définitions suivantes:

1. déformer, plier
2. machine, instrument
3. opération par laquelle on juge les qualités, la valeur d'une chose
4. représentation graphique d'objets par des lignes
5. moyen d'accès, route
6. établir la vérité ou la réalité de quelque chose
7. scientifique, personne qui s'y connaît en sciences
8. provocation, l'acte d'inviter quelqu'un à une compétition
9. être autour de quelque chose
10. réussir à, arriver à
11. remuer avec force dans tous les sens
12. le fait de provoquer une observation dans l'intention d'étudier certains phénomènes

TOURNURES A REPETER

à la main: *in one's hand*
Qu'est-ce que vous avez **à la main?**

trois sur quatre: *three out of four*
Dans une de ces expériences, le sujet a donné la bonne réponse **huit** fois **sur dix.**

soit... soit...: *either... or...*
Avant d'avoir lu cet article j'avais entendu parler de Geller, **soit** à la télévision, **soit** à la radio.

de la manière suivante: *in the following way*
d'une certaine **manière:** *in a certain way*
Ces expériences ont été conduites **d'une manière** rigoureuse.

dans la mesure où: *to the extent that*
Même si Geller est un imposteur, c'est un homme extraordinaire **dans la mesure où** il a pu tromper beaucoup de savants.

FAUX-AMIS

Il y a beaucoup de mots français qui ressemblent de très près à des mots anglais mais qui ont un sens très différent. En voici quelques-uns tirés de la lecture qui suit:

Français	Anglais	Anglais	Français
actuel	current	actual	réel, vrai
le procès	trial	process	le processus
la pièce	room	piece	le morceau
la balance	scale	balance	l'équilibre
la faculté	school, branch of a university	faculty	le corps enseignant
assister à	to attend, be present	to assist	aider
prétendre	to claim	pretend	faire semblant

PRATIQUE

Traduisez:

1. The scientist has a scale in his hand.
2. One person out of a thousand possesses psychic powers.
3. There are ten boxes in the room. One of the boxes contains a piece of wood.
4. The scientists will soon do either this experiment or the other.
5. Geller underwent many tests that were done in a scientific way.

Les Nouveaux magiciens de l'énergie «PSI»

1

précieux affected

remettre... to start up again

Le 14 novembre 1974, dans les studios d'Europe 1 [poste de radio très écouté], un jeune parachutiste israélien de vingt-huit ans, Uri Geller, annonce dans un anglais calme et légèrement précieux° qu'il va tordre clés, cuillères et remettre en marche° montres et réveils arrêtés. Tout cela par le seul effet de son énergie mentale. Le problème est que, quelques instants après, certaines clés étaient tordues, certaines montres fonctionnaient à nouveau. L'expérience était renouvelée peu après à la télévision. Il serait simple et rassurant de pouvoir conclure, sans autre forme de procès, à la supercherie.° Beaucoup de scientifiques aimeraient pouvoir le faire et classer Uri Geller dans la catégorie des illusionnistes particulièrement doués.° Mais cette facilité leur est interdite, car ils connaissent l'existence d'un document établi par deux chercheurs° du Stanford Research Institute, Russell Tart et Harold Puthoff. Il s'agit du protocole° détaillé des expériences menées pendant deux mois avec Uri Geller. Ils savent aussi qu'après bien des hésitations la direction de *Nature,* une des revues scientifiques les plus sérieuses du monde, a décidé de publier le résultat de ces recherches.

la supercherie hoax

doué talented

le chercheur researcher
le protocole account of proceedings

Voici quelques-unes des épreuves auxquelles a été soumis Uri Geller au Stanford Research Institute. Placé devant dix boîtes métalliques, il a désigné celle qui contenait un film. Des dessins exécutés hors de sa présence et contenus dans des enveloppes doublement scellées° lui ont été présentés; il a reproduit très précisément ces dessins. Séparé par une vitre° d'une pièce où était installée une balance de haute précision, il a fait pencher le fléau° d'un côté. Dernière expérience et non la moindre, on a enfermé un dé à jouer dans une boîte métallique que l'on secouait avant de la poser sur une table. Geller devait annoncer quelle était la face supérieure du dé. En dix essais, il passa deux fois, mais donna les huit autres fois la réponse exacte. Le calcul des probabilités ne lui accordait pas plus d'une chance sur dix de tomber juste.

sceller to seal

la vitre pane of glass
il... he tipped the balance (*lit.* beam)

Conclusion embarrassée de Tart et Puthoff: il semblerait qu'il existe une voie par laquelle de l'information peut être obtenue à distance grâce à un mode de perception non encore identifié.

Un défi crucial pour la science

Tart et Puthoff fascinés par leur sujet d'expérience au point d'en perdre toute rigueur scientifique? Hypothèse à envisager si Uri Geller n'avait

Le professeur John Taylor
et Uri Geller

secoué le cocotier° de nos certitudes dans d'autres laboratoires. En juin 74, au Birkbeck College, il plonge dans la perplexité un aréopage° de savants forts éminents. David Bohm, professeur de physique théorique, John Hasted, professeur de physique expérimentale, Keith Berkenshaw, Edward Bastin, Jack Sarfatt et les écrivains scientifiques Arthur Koestler (le Zéro et l'Infini) et Arthur C. Clarke (2001, l'Odyssée de l'espace) constatent que Geller tord un disque métallique sans le toucher, fait crépiter° un compteur Geiger qu'il tient à la main à la cadence de 100/150 bruits/seconde (la cadence normale étant de 1 bruit/seconde), effectue quelques dessins télépathiques et plie même la clef de l'appartement d'Arthur Clarke. Au cours du même mois de juin 74, Geller visite le laboratoire du professeur John Taylor, chef du département de mathématiques du King's College de l'université de Londres. Il met sens dessus dessous° ustensiles et les conceptions du très honorable John Taylor, tant et si bien que celui-ci déclare: «Il est évident que l'effet Geller (la torsion du métal) n'est pas obtenu frauduleusement. Et cela est tellement exceptionnel que c'en est un défi crucial pour la science.»

Avènement° de la parapsychologie

S'il n'était qu'exceptionnel, Geller serait sûrement plus facile à intégrer dans notre univers. Mais il trouble surtout parce qu'il survient° en plein° développement de la parapsychologie, au moment où de nom-

secouer... *lit.* to shake the coconut tree (*i.e.,* to upset the apple cart)
un aréopage areopagus — august assemblage of experts

crépiter to click, crackle

sens... topsy-turvy

un avènement advent

survenir to arise
en plein in the midst of

relever de to be derived from, be in a category with

la sorcellerie witchcraft / **un envoûtement** casting of spells
le bûcher burning at the stake

se heurter à to run, bump into

plaider to plead (a cause)

le complot conspiracy

les dires (*m.*) statements

un être creature, being
le sous-marin submarine
la fusée rocket ship

breux savants sont contraints, par l'évolution de leurs recherches, d'abandonner le matérialisme pur et simple. La parapsychologie s'attache aux phénomènes psychiques inexpliqués comme la télépathie, la voyance, ou la précognition, ce que William James appelait «les résidus non classifiés de notre expérience». On sépare le plus souvent ces phénomènes en deux groupes. Le premier relève° d'un type de perception s'exerçant par une autre voie que les organes sensoriels normaux, transmission de pensée (télépathie), voyance, précognition (vision de l'avenir), etc. Le second concerne l'action directe, physiquement inexplicable, de l'esprit humain sur des systèmes matériels, comme la torsion du métal, le déplacement d'objets, etc. On le désigne sous le nom de psychokinèse (P.K.) ou télékinésis. Pendant des siècles, tout cela a relevé de la sorcellerie,° de la magie, de l'envoûtement° et des démons, donc du bûcher.° Ce n'est qu'au début du siècle qu'on a commencé à étudier la télépathie avec sérieux, aux Pays-Bas à l'Institut psychologique de l'université de Groningue et en France où l'Institut métapsychique international se heurtait° cependant très vite à de multiples résistances. En 1934, J.-B. Rhine inaugurait ses travaux au Parapsychological Laboratory de la Duke University et, en 1965, prenait la direction de la Fondation de la recherche sur la nature de l'Homme. Des instituts et des chaires d'enseignement étaient créés en Allemagne, aux Etats-Unis, en Inde, en Grande-Bretagne.

C'est la célèbre anthropologue Margaret Mead qui plaida° et obtint l'admission de la Parapsychological Association de New York à l'AAAS (American Association for the Advancement of Science) en 1969. Et l'attitude à la fois prudente et ouverte des milieux de recherche anglosaxons est bien résumée par M. Eysenck, professeur de psychologie à l'université de Londres: «A moins d'un gigantesque complot° auquel participeraient une trentaine de facultés du monde et plusieurs centaines d'hommes de science respectés dans leurs diverses disciplines, et dont beaucoup furent d'abord hostiles aux dires° des parapsychologues, la seule conclusion que puisse tirer un observateur sans préjugé est qu'il existe certainement un petit nombre de gens qui perçoivent des informations existant soit dans l'esprit d'autrui, soit dans le monde extérieur par des moyens jusqu'ici inconnus de la science.»

Il faut reconnaître que, depuis quelques années, on assiste dans la pensée anglo-américaine à un véritable «boom» psychique, auquel *Time* consacrait récemment une étude. Un best-seller américain est consacré aux «sentiments» des plantes et à leurs réactions aux changements de l'environnement, aux souffrances, à la mort d'êtres° vivants. Les expériences de télépathie, réalisées en laboratoires, en sous-marins° atomiques ou à bord des fusées° Apollo se multiplient.

CONTROLE

1. Qu'a fait Uri Geller dans les studios d'Europe 1, et ensuite à la télévision?
2. Qu'est-ce qui tend à prouver qu'on ne peut pas classer Uri Geller dans la catégorie des illusionistes particulièrement doués?
3. Décrivez quelques-unes des épreuves auxquelles a été soumis Uri Geller au Stanford Research Institute.
4. Quelle est la conclusion embarrassée des deux savants Tart et Puthoff?
5. Qu'est-ce qui a eu lieu au Birkbeck College en juin 1974?
6. Qu'a fait Geller dans le laboratoire de John Taylor à King's College?
7. Qu'est-ce que c'est que la parapsychologie?
8. Expliquez les termes suivants: la télépathie, la précognition, la psychokinésis (télékinésis).
9. Tracez brièvement le développement de la nouvelle science de parapsychologie.
10. Comment Monsieur Eysenck, professeur de psychologie à l'université de Londres, résume-t-il l'attitude actuelle envers la parapsychologie en tant que science?
11. Quels indices peut-on observer de l'intérêt populaire croissant pour la parapsychologie?

2

Matérialisme dialectique et parapsychologie

Mais le boom actuel sur le «PSI» s'explique surtout par l'avance prise par les Soviétiques en ce domaine. La CIA en avait déjà informé les milieux militaires et officiels américains et, entre 1965 et 1968, deux journalistes, S. Ostrander et L. Schroeder, effectuaient une enquête en U.R.S.S. révélant les progrès considérables réalisés par les Soviétiques. De prime abord,° cela peut surprendre de voir des savants férus de° matérialisme dialectique s'intéresser au parapsychisme. Mais précisément le matérialisme, dans la mesure où il refuse le mystère, l'inexplicable et se veut système de compréhension total du monde, conduit à étudier aussi ce qu'on classait jadis° sous le nom de magie, sorcellerie, médiumnité, etc.

   Pour recruter de bons sujets les instituts de recherche de l'Armée soviétique procèdent de la manière suivante: on aligne tous les hommes d'une compagnie en bordure d'une plaine et on donne à chacun une baguette de coudrier.° Chaque homme doit s'arrêter dès que sa baguette commence à osciller. La compagnie se met en marche. Sur

de... at first glance / **féru de** passionate for, enthused about

jadis formerly

la baguette... hazelwood stick (*i.e.,* divining rod)

la nappe d'eau underground
sheet of water / le cours d'eau
stream

deux cents hommes, une dizaine s'arrêtent au bout d'un certain temps et dessinent le contour d'une nappe° ou d'un cours d'eau° souterrain dont on vérifie l'existence. Les dix sujets subissent alors une série de tests en laboratoire et sont soumis à d'autres expériences. Les meilleurs sont sélectionnés pour travailler au plus haut niveau dans les laboratoires de l'armée à Leningrad ou à Moscou. C'est en 1960, avec la publication des travaux du professeur Léonide Vassiliev, prix Lénine, professeur à l'université de Leningrad, sur la téléhypnose, que les militaires soviétiques commencent à s'intéresser aux extensions militaires possibles des facultés télépathiques. Ils découvrent notamment un sujet remarquable, Neyla Mikhailova, qui, comme Uri Geller, a le pouvoir de déplacer les objets par le seul pouvoir de la pensée. Le docteur Reydac, qui travaille à l'Institut militaire de Prague, a testé lui-même Neyla Mikhailova : «Je choisis dans le buffet des verres et de la vaisselle,

la salière saltshaker

des tasses, des petites assiettes et une salière° de verre. Le sujet n'avait pu leur faire subir une préparation quelconque. Ils pesaient environ 250 grammes pièce. Mme Mikhailova les fit mouvoir tous sans difficulté... La fraude était impossible puisqu'elle était assise dans une chambre très éclairée et soigneusement observée par les docteurs Evzrev, Sergeyev, Blazek et moi-même.»

Grâce à un ensemble d'appareils de détection ultra-sensibles, les Soviétiques ont pu amplifier trois ou quatre millions de fois les perturbations magnétiques se produisant au cours des expériences. Lorsque les objets placés devant Mme Mikhailova commencèrent à se déplacer, les détecteurs du Dr Sergeyev révélèrent l'existence des processus jamais observés. Ces détecteurs, capables d'enregistrer des

le rayon radius

«champs biologiques» dans un rayon° de quatre mètres, enregistrèrent une activité régulièrement rythmée dans les champs magnétiques. Le cerveau et le cœur finirent par adopter le même rythme que les vibrations du champ de force. Les détecteurs montrèrent ensuite que la force vibratoire se concentrait autour de l'axe du regard de Mme Mikhailova. Pour intéressants que soient ces résultats,° on ne sait pas

Pour... However interesting
these results may be

expliquer néanmoins la totalité du phénomène.

L'effet Kirlian Semyon

Non moins spectaculaire est ce qu'on appelle aujourd'hui l'effet Kirlian Semyon. Kirlian est un électronicien soviétique qui constata un jour qu'en plaçant sa main et un film photographique entre deux plaques métalliques parcourues par un courant de très haute fréquence, l'image de sa main se retrouvait au développement sur le film. Mais ses doigts étaient entourés d'une bande lumineuse. Avec sa femme Valentina, le

un instantané snapshot

jeune ingénieur s'intéressa au phénomène et multiplia ces instantanés°

sans appareil avec des plantes, des animaux et des êtres humains. Il découvrit des choses étonnantes. Le halo lumineux variait en intensité, en forme et en couleur selon l'état de santé et de vitalité des sujets photographiés. Lors d'une crise de nervosité ou d'angoisse, le halo autour de la main changeait de couleur et s'évanouissait.° En photographiant une feuille fraîchement coupée en deux, il obtenait le halo de la feuille tout entière, comme s'il existait un modèle «énergétique» ou «spirituel» de la feuille.

s'évanouir to evanesce, disappear

Kirlian était parvenu à photographier l' «aura», la fameuse «gloire» entourant les saints personnages dans les icônes orthodoxes ou les peintures moyenâgeuses. Les clairvoyants n'avaient pas tort de dire qu'ils apercevaient des rayons° ou des fluides émanant des êtres humains. Prudents, Kirlian et sa femme se contentèrent de baptiser cette radiation inconnue «énergie bioplasmique.» En 1970, les chercheurs soviétiques soumirent un célèbre guérisseur° de Tbilissi, Alexi Krivotorov, colonel en retraite, à l'effet Kirlian. Au moment où le guérisseur imposait les mains à ses patients, l'enregistrement photographique montra un flot° d'énergie sortant de la peau de son pouce et cette énergie avait une autre forme et une autre couleur que celle du reste de la main.

le rayon ray

le guérisseur faith healer

le flot surge

En 1972, les Soviétiques ont fait un nouveau bond en avant. Ils sont parvenus à filmer en couleur le champ magnétique entourant tout le corps humain. Ils se servent aujourd'hui de ces films pour diagnostiquer les maladies et notamment les tumeurs avant leur apparition physiologique.

Le chercheur américain Douglas Dean, président de la Société de parapsychologie de Jersey, assistait au Deuxième congrès international de parapsychologie de Moscou, lorsque fut projeté un film en couleurs où les deux mille personnes présentes distinguèrent nettement le champ coloré entourant le corps humain.

«Nous avions sans doute, sous les yeux, raconte Dean, la fameuse «aura» telle que les mystiques l'ont toujours décrite. S'épanchant° en vives couleurs du corps du sujet, vague après vague. Je contemplais fasciné ce spectacle, les couleurs succédant aux couleurs, chacune signifiant l'état corporel et mental du sujet.»

s'épancher to be effused

L'esprit et la matière

Bien sûr, tout cela est fort troublant. Si le refus de s'intéresser à des phénomènes qu'on juge incompréhensibles est le contraire même d'une attitude scientifique, une certaine complaisance° ne doit pas transformer les curieux en gogos.° Dans le cas de Geller, qui possède un sens remarquable du spectacle, il est très difficile de se prononcer.

la complaisance obligingness
le gogo dupe

la sommité leading person /
cautionner to stand behind,
back up

Les sommités° scientifiques qui le cautionnent?° Il se peut que leurs noms soient un peu vite prononcés. Et faire suivre un nom de la mention «de l'université de X...» n'est pas la garantie certaine de la véracité de tout ce qu'affirme la personne ainsi désignée. Quant aux travaux soviétiques, s'ils ne sont plus secrets (puisque deux journalistes américains y ont eu accès) et s'ils sont aussi extraordinaires qu'on le dit, comment se fait-il qu'ils n'aient pas reçu une plus grande publicité jusqu'à présent?

le phénomène... sideshow stunt

énoncer to state, set forth

Ce qui est en jeu ici n'est pas un quelconque phénomène de foire.° Si l'on admet ne serait-ce qu'une partie des faits examinés, et avec toutes les réserves que nous venons d'énoncer,° c'est l'ensemble des images que nous nous faisons de la réalité de l'univers (surtout en Occident), l'ensemble de nos concepts scientifiques (c'est-à-dire des formalisations rigoureuses de ces images, de leur mise en équation) qui sont radicalement remis en cause. Car avec les phénomènes parapsychologiques, quand bien même nous n'en retiendrons qu'une partie, ce n'est plus à un progrès, c'est à une révolution que nous sommes conduits. Car, ou bien ils sont tous faux et les centaines d'expériences et de témoignages ne sont que billevesées,° ou bien certains sont vrais et pour parler en termes simples nous devons conclure que *l'esprit peut agir sur la matière.* Ce qui va à l'encontre de° tout notre système de pensée. Sans doute serons-nous un jour amenés à revoir complètement les notions d'«esprit» et de «matière».

la billevesée crazy notion

aller à l'encontre de to be in
contradiction with

PHILIPPE LEFEVRE
Réalités
Janvier 1975

CONTROLE

1. Qui sont S. Ostrander et L. Schroeder? Qu'ont-ils fait?
2. Est-il surprenant que les soviétiques s'intéressent au parapsychisme? Comment peut-on expliquer les contradictions apparentes entre le matérialisme dialectique et la parapsychologie?
3. Par quels moyens les instituts de recherche de l'Armée soviétique parviennent-ils à trouver de bons sujets?
4. Qui est Neyla Mikhailova? Qu'a-t-elle fait de remarquable?
5. De quel appareil les savants soviétiques se sont-ils servi au cours des expériences avec Madame Mikhailova? Qu'a-t-on constaté?
6. Qui est Kirlian? Qu'a-t-il constaté un jour?
7. En poursuivant le phénomène qu'il avait observé, quelles autres découvertes surprenantes Kirlian a-t-il faites?

8. Expliquez ce qui s'est passé quand il a photographié une feuille fraîchement coupée en deux.
9. A quoi compare-t-on le halo lumineux que Kirlian est parvenu à photographier?
10. Quand on a soumis un célèbre guérisseur à l'effet Kirlian, quel en a été le résultat?
11. Quelle nouvelle avance a été accomplie par les Soviétiques en 1972? En quoi cette avance scientifique est-elle utile?
12. Quelles réservations le journaliste exprime-t-il?
13. Le journaliste trouve-t-il néanmoins que la parapsychologie soit importante?
14. Qu'est-ce qui est radicalement mis en cause par les phénomènes parapsychologiques?

CONVERSATION

1. Avez-vous eu l'expérience personnelle d'un phénomène psychique? Racontez-la.
2. Connaissez-vous des films, des livres, ou même des programmes à la télévision où il est question de pouvoirs psychiques?
3. Quelle est l'importance de la parapsychologie? Quelle application pratique peut-elle avoir?
4. Croyez-vous personnellement qu'il existe des gens qui ont le pouvoir de psychokinésis ou de clairvoyance?
5. Voudriez-vous posséder des pouvoirs psychiques? Lesquels? Comment vous en serviriez-vous?
6. L'article fait allusion à un «best-seller» américain consacré aux «sentiments» des plantes. En avez-vous entendu parler? Qu'en pensez-vous?

ACTIVITE

Mettez à contribution votre imagination et organisez parmi les membres de votre classe une expérience pour déterminer s'il y a parmi eux quelqu'un qui possède des pouvoirs psychiques.

4.
L'Amour

Le Vase étrusque

PROSPER MERIMEE

Né à Paris en 1803, Prosper Mérimée fréquenta dans sa jeunesse les écrivains de l'école romantique et son œuvre en porte certaines marques: goût pour les passions fortes, les hors-la-loi, l'exotisme et le pittoresque; sens de la fatalité. Mais Mérimée est surtout un écrivain réaliste dans la concision et la froideur de son style, et dans son emploi de l'ironie. Mérimée est un des grands maîtres de la nouvelle, qu'il aida à définir et à établir comme genre littéraire. Une nouvelle est le récit bref d'un événement dramatique ou comique dont l'effet produit doit être rapide et frappant.

Les nouvelles les plus célèbres de Mérimée sont *Carmen*, inspirée par un séjour en Espagne, et qui fut transformée plus tard en opéra par Bizet; et *Colomba*, l'histoire sanglante d'une lutte entre deux familles corses.

Dans *Le Vase étrusque*, un jeune mondain, Auguste Saint-Clair, est éperdument amoureux d'une jolie veuve, mais lorsqu'il entend dire qu'elle avait eu comme amant un homme fat et vulgaire, il devient torturé par la jalousie et la vanité. Sa jalousie est incarnée par un vase étrusque qui se trouve sur une cheminée chez sa maîtresse, et qu'il sait être un cadeau de l'autre homme. Comme dans la plupart des nouvelles de Mérimée, le dénouement est inattendu et brutal.

MOTS A APPRENDRE

baisser   *to lower*
Quand on parlait de sa maîtresse, le jeune homme baissait les yeux et rougissait.

coupable   *guilty*
Saint-Clair se sentait coupable d'avoir injustement soupçonné la comtesse.

le défaut   *fault, weakness of character*
Le plus grand défaut du protagoniste est sa vanité.

s'écrier   *to exclaim*
«Comme je suis heureux!» s'écria-t-il.

un esprit   *wit, intelligence, mind* (**spirituel**   *witty;* **faire de l'esprit**   *to say clever things*)
La comtesse de Coursy est une femme d'esprit que tout le monde admire.

la fatuité   *conceit, foolish self-satisfaction* (**fat**   *conceited*)
La marquise, qui n'aimait pas Saint-Clair, le pensait un prodige d'impertinence et de fatuité.

la lèvre   *lip*
Saint-Clair voulait contredire Thémines, mais ses lèvres tremblaient de fureur.

la liaison   *love affair; tie, link*
Thémines se doutait de la liaison secrète de Saint-Clair avec la comtesse.
Il n'y a pas de liaison entre ces deux idées.

ôter   *to take off*
La comtesse ôta son bouquet et le mit dans le vase étrusque.

sauter   *to jump up, leap* (**le saut**   *leap, bound*)
Il était si heureux qu'il sautait de joie.

la sensibilité   *sensitivity* (**sensible**   *sensitive*)
En réalité, Saint-Clair était d'une très grande sensibilité, mais il avait l'habitude de cacher ses sentiments, et tout le monde le croyait froid.

le sentier   *path*
Saint-Clair montait à pas lents le sentier qui conduisait à la porte du parc.

le sort   *fate*
L'amant malheureux avait un pressentiment de son sort, ainsi il se préparait à mourir.

soupirer *to sigh* (**le soupir** *sigh*)

«Ah», soupira-t-il, «je ne suis pas le seul qu'elle ait aimé.»

la veille *the night before*

Il avait été si heureux la veille. Comment pouvait-il être si profondément malheureux à présent?

PRATIQUE

Complétez les phrases suivantes en vous servant d'un mot tiré de la liste des Mots à apprendre (Attention à la forme.):

1. Mathilde et Auguste s'aiment, mais leur _____ est secrète.
2. Saint-Clair ne voulait pas qu'on voie son visage, c'est pourquoi il _____ la tête comme s'il regardait son assiette.
3. La fatuité est un _____ assez grave, car ceux qui sont trop satisfaits d'eux-mêmes ne se développent pas.
4. Dans une société où la conversation est un art, _____ est une qualité très admirée.
5. On dit que _____ des femmes est plus profonde que celle des hommes, mais c'est peut-être un mythe.
6. Pour arriver à la maison de campagne, il faut suivre _____ qui traverse les bois.
7. Un lapin ne «court» pas; un lapin _____.
8. Comme il faisait chaud, j'_____ mon manteau.
9. Après avoir bu un verre de champagne, Auguste s'est essuyé _____.
10. Il avait envie d'aller voir sa maîtresse, mais comme il venait de la voir _____, il a décidé d'attendre le lendemain.
11. C'est Thémines qui est _____ de la mort de cet homme, puisque c'est lui qui l'a provoqué en duel.
12. L'homme ne peut pas connaître son _____. D'ailleurs, la plupart des gens préférerait ne pas le connaître.
13. Quand on pense à quelque chose de triste, on a tendance à _____.
14. «Le vase étrusque! Le vase étrusque!» _____ Mathilde.

TOURNURES A REPETER

A. Dans le texte, vous trouverez les locutions de comparaison suivantes:

fraîche comme une rose: *fresh as a «rose»*
gaie comme un papillon: *gay as a «butterfly»*

En anglais, on dirait plutôt *fresh as a daisy* et *gay as a lark*. Voici quelques-unes de ces comparaisons qui font partie du langage de tous les jours. Traduisez littéralement l'expression française, et puis complétez l'expression anglaise qui en est l'équivalent.

1. **rapide comme** le vent: *as fast as* _____
2. **lent comme** un escargot: *as slow as* _____
3. **bête comme** ses pieds: *as stupid as* _____
4. **chauve comme** un œuf: *as bald as* _____
5. **doux comme** un mouton: *as gentle as* _____
6. **laid comme** un singe: *as ugly as* _____
7. **gros comme** une baleine: *as big as* _____
8. **fort comme** un Turc: *as strong as* _____
9. **dur comme** du bois: *as hard as* _____
10. **il boit comme** un trou: *he drinks like* _____
11. **j'ai dormi comme** un loir: *I slept like* _____
12. **ils se sont battus comme** des lions: *they fought like* _____

B. Notez que dans les expressions d'exclamation en français, il n'y a pas d'inversion de l'ordre des mots:

Que je suis heureux!   *How happy I am!*

Traduisez les phrases suivantes:

1. How sad it is!
2. How jealous he is!
3. How beautiful she is!
4. How surprised we are!
5. How conceited they are!
6. How witty you are!

Notez l'emploi des adjectifs interrogatifs (**quel, quelle, quels, quelles**) *sans article* pour faire des exclamations avec un substantif:

Quel miracle!   *What a miracle!*
Quelle folie!   *What madness!*

Traduisez:

1. What wit!
2. What red lips!
3. What a beautiful path!
4. What sad sighs!
5. What a horrible fate!
6. What an ending!

Le Vase étrusque[1]

PROSPER MERIMEE

1

Auguste Saint-Clair n'était point aimé dans ce qu'on appelle le monde;° la principale raison, c'est qu'il ne cherchait à plaire qu'aux gens qui lui plaisaient à lui-même. Il recherchait les uns et fuyait les autres. D'ailleurs il était distrait° et indolent. Un soir, comme il sortait du Théâtre-Italien, la marquise A*** lui demanda comment avait chanté Mlle Sontag. «Oui, madame», répondit Saint-Clair en souriant agréablement, et pensant à tout autre chose. On ne pouvait attribuer cette réponse ridicule à la timidité; car il parlait à un grand seigneur, à un grand homme, et même à une femme à la mode, avec autant d'aplomb que s'il eût entretenu son égal.° — La marquise décida que Saint-Clair était un prodige d'impertinence et de fatuité.

Mme B*** l'invita à dîner un lundi. Elle lui parla souvent; et, en sortant de chez elle, il déclara que jamais il n'avait rencontré de femme plus aimable. Mme B*** amassait de l'esprit chez les autres pendant un mois, et le dépensait chez elle en une soirée. Saint-Clair la revit le jeudi de la même semaine. Cette fois, il s'ennuya quelque peu. Une autre visite le détermina à ne plus reparaître dans son salon. Mme B*** publia que Saint-Clair était un jeune homme sans manières et du plus mauvais ton.°

Il était né avec un cœur tendre et aimant; mais, à un âge où l'on prend trop facilement des impressions qui durent toute la vie, sa sensibilité trop expansive lui avait attiré des railleries° de ses camarades. Il était fier, ambitieux; il tenait à° l'opinion comme y tiennent les enfants. Dès lors,° il se fit une étude de cacher tous les dehors° de ce qu'il regardait comme une faiblesse déshonorante. Il atteignit son but; mais sa victoire lui coûta cher. Il put celer° aux autres les émotions de son âme trop tendre; mais, en les renfermant° en lui-même, il se les rendit cent fois plus cruelles. Dans le monde, il obtint la triste réputation d'insensible et d'insouciant;° et, dans la solitude, son imagination inquiète lui créait des tourments d'autant plus affreux° qu'il n'aurait voulu en confier le secret à personne.

Il est vrai qu'il est difficile de trouver un ami!

le monde = la société

distrait absent-minded, inattentive

que s'il eût... as if he were speaking to a peer (equal)

de mauvais ton in bad taste

la raillerie mockery
tenir à + **noun** to value
dès lors from then on / **les dehors** = **les apparences**
celer = **cacher**
renfermer to lock up, shut up
insouciant uncaring
affreux terrible

---

[1] **étrusque** [*Etruscan*], d'Etrurie, ancienne civilisation en Italie qui a précédé celle des Romains

«Difficile! Est-ce possible? Deux hommes ont-ils existé qui n'eussent pas de secret l'un pour l'autre?» Saint-Clair ne croyait guère à l'amitié, et l'on s'en apercevait. On le trouvait froid et réservé avec les jeunes gens de la société. Jamais il ne les questionnait sur leurs secrets; mais toutes ses pensées et la plupart de ses actions étaient des mystères pour eux. Les Français aiment à parler d'eux-mêmes; aussi Saint-Clair était-il, malgré lui, le dépositaire de bien des confidences. Ses amis, et ce mot désigne les personnes que nous voyons deux fois par semaine, se plaignaient de sa méfiance à leur égard;° en effet, celui qui, sans qu'on l'interroge, nous fait part de° son secret, s'offense ordinairement de ne pas apprendre le nôtre. On s'imagine qu'il doit y avoir réciprocité dans l'indiscrétion.

°à leur égard   toward them
°faire part de   to inform of

«Il est boutonné jusqu'au menton, disait un jour le beau chef d'escadron° Alphonse de Thémines; jamais je ne pourrai avoir la moindre confiance dans ce diable de Saint-Clair.

°le chef d'escadron   major

— Je le crois un peu jésuite,° reprit Jules Lambert; quelqu'un m'a juré sa parole° qu'il l'avait rencontré deux fois sortant de Saint-Sulpice.[2] Personne ne sait ce qu'il pense. Pour moi, je ne pourrai jamais être à mon aise avec lui.»

°jésuite   belonging to a Catholic religious order reputed to be cunning
°jurer sa parole   to give one's word

Ils se séparèrent. Alphonse rencontra Saint-Clair sur le boulevard Italien, marchant la tête baissée et sans voir personne. Alphonse l'arrêta, lui prit le bras, et, avant qu'ils fussent arrivés à la rue de la Paix, il lui avait raconté toute l'histoire de ses amours avec Mme***, dont le mari est si jaloux et si brutal.

Le même soir, Jules Lambert perdit son argent à l'écarté.° Il se mit à danser. En dansant, il coudoya° un homme qui, ayant aussi perdu tout son argent, était de fort mauvaise humeur. De là quelques mots piquants: rendez-vous pris.° Jules pria Saint-Clair de lui servir de second et, par la même occasion, lui emprunta de l'argent, qu'il a toujours oublié de lui rendre.

°l'écarté (m.)   card game
°coudoyer   to jostle (with the elbow)
°rendez-vous...   an appointment (for a duel) was made

Après tout, Saint-Clair était un homme assez facile à vivre.° Ses défauts ne nuisaient° qu'à lui seul. Il était obligeant, souvent aimable, rarement ennuyeux. Il avait beaucoup voyagé, beaucoup lu, et ne parlait de ses voyages et de ses lectures que lorsqu'on l'exigeait.° D'ailleurs, il était grand, bien fait; sa physionomie° était noble et spirituelle, presque toujours trop grave; mais son sourire était plein de grâce.

°facile...   easy to get along with
°nuire à   to harm
°exiger   to require
°la physionomie   facial expression

J'oubliais un point important. Saint-Clair était attentif auprès de toutes les femmes, et recherchait leur conversation plus que celle des hommes. Aimait-il? C'est ce qu'il était difficile de décider. Seulement, si cet être si froid ressentait de l'amour, on savait que la jolie comtesse

---

[2] **Saint-Sulpice,** église jésuite à Paris

Mathilde de Coursy devait être l'objet de sa préférence. C'était une jeune veuve° chez laquelle on le voyait assidu.° Pour conclure à leur intimité, on avait les présomptions suivantes: d'abord la politesse presque cérémonieuse de Saint-Clair pour la comtesse, et *vice versa;* puis son affectation de ne jamais prononcer son nom dans le monde; ou, s'il était obligé de parler d'elle, jamais le moindre éloge;° puis, avant que Saint-Clair lui fût présenté, il aimait passionnément la musique, et la comtesse avait autant de goût pour la peinture. Depuis qu'ils s'étaient vus, leurs goûts avaient changé. Enfin, la comtesse ayant été aux eaux° l'année passée, Saint-Clair était parti six jours après elle.

> **la veuve** widow / **assidu** attentive
>
> **un éloge** praise
>
> **aux eaux** at a spa

Mon devoir d'historien[3] m'oblige à déclarer qu'une nuit du mois de juillet, peu de moments avant le lever du soleil, la porte du parc d'une maison de campagne s'ouvrit, et qu'il en sortit un homme avec toutes les précautions d'un voleur qui craint d'être surpris. Cette maison de campagne appartenait à Mme de Coursy, et cet homme était Saint-Clair. Une femme, enveloppée dans une pelisse,° l'accompagna jusqu'à la porte, et passa la tête en dehors pour le voir encore plus longtemps tandis qu'il s'éloignait en descendant le sentier qui longeait le mur du parc. Saint-Clair s'arrêta, jeta autour de lui un coup d'œil circonspect,

> **la pelisse** fur-lined cloak

---

[3] Notez l'intervention personnelle de l'auteur.

Prosper Mérimée

tantôt... tantôt... one time... an-other time
le buisson bush

bref in a word / on... one would have said

et de la main fit signe à cette femme de rentrer. La clarté d'une nuit d'été lui permettait de distinguer sa figure pâle, toujours immobile à la même place. Il revint sur ses pas, s'approcha d'elle et la serra tendrement dans ses bras. Il voulait l'engager à rentrer; mais il avait encore cent choses à lui dire. Leur conversation durait depuis dix minutes, quand on entendit la voix d'un paysan qui sortait pour aller travailler aux champs. Un baiser est pris et rendu, la porte est fermée, et Saint-Clair, d'un saut, est au bout du sentier.

Il suivait un chemin qui lui semblait bien connu. Tantôt° il sautait presque de joie, et courait en frappant les buissons° de sa canne; tantôt il s'arrêtait ou marchait lentement, regardant le ciel qui se colorait de pourpre du côté de l'orient. Bref,° à le voir, on eût dit° un fou enchanté d'avoir brisé sa cage. Après une demi-heure de marche, il était à la porte d'une petite maison isolée qu'il avait louée pour la saison. Il avait une clef: il entra, puis il se jeta sur un grand canapé, et là, les yeux fixes, la bouche courbée par un doux sourire, il pensait, il rêvait tout éveillé. Son imagination ne lui présentait alors que des pensées de bonheur. «Que je suis heureux! se disait-il à chaque instant. Enfin je l'ai rencontré ce cœur qui comprend le mien!... — Oui, c'est mon idéal que j'ai trouvé... J'ai tout à la fois un *ami* et une maîtresse... Quel caractère!... quelle âme passionnée!... Non, elle n'a jamais aimé avant moi...» Bientôt, comme la vanité se glisse toujours dans les affaires de ce monde: «C'est la plus belle femme de Paris», pensait-il. Et son imagination lui retraçait à la fois tous ses charmes. — «Elle m'a choisi entre tous. Elle avait pour admirateurs l'élite de la société. Ce colonel de hussards° si beau, si brave, — et pas trop fat; — ce jeune auteur qui fait de si jolies aquarelles° et qui joue si bien les proverbes;° — ce Lovelace[4] russe qui a vu le Balkan et qui a servi sous Diébitch;[5] — surtout Camille T***, qui a de l'esprit certainement, de belles manières, un beau coup de sabre sur le front... elle les a tous éconduits.° Et moi!...» Alors venait son refrain: «Que je suis heureux! que je suis heureux!» Et il se levait, ouvrait la fenêtre, car il ne pouvait respirer; puis il se promenait, puis il se roulait sur son canapé.

les hussards (m.) Hussars — military group
une aquarelle watercolor / les proverbes (f.) parlor game

éconduire to dismiss, reject

Un amant heureux est presque aussi ennuyeux qu'un amant malheureux. Un de mes amis, qui se trouvait souvent dans l'une ou l'autre de ces deux positions, n'avait trouvé d'autre moyen de se faire écouter que de me donner un excellent déjeuner pendant lequel il avait la liberté de parler des ses amours; le café pris, il fallait absolument changer de conversation.

---

[4] **Richard Lovelace** (1618–58), poète anglais
[5] **Diébitch** (1785–1831), maréchal russe

Comme je ne puis donner à déjeuner à tous mes lecteurs, je leur ferai grâce des° pensées d'amour de Saint-Clair. D'ailleurs, on ne peut pas toujours rester dans la région des nuages. Saint-Clair était fatigué, il bâilla,° étendit les bras, vit qu'il était grand jour;° il fallait enfin penser à dormir. Lorsqu'il se réveilla, il vit à sa montre qu'il avait à peine le temps de s'habiller et de courir à Paris, où il était invité à un déjeuner-dîner avec plusieurs jeunes gens de sa connaissance.

faire grace à quelqu'un de quelque chose to spare someone from something
bâiller to yawn / **le grand jour** broad daylight

CONTROLE

1. Pourquoi Auguste Saint-Clair n'était-il pas aimé dans le monde?
2. Racontez un incident qui révèle son inattention.
3. Saint-Clair est-il aussi insensible qu'il en a l'air?
4. Pourquoi Saint-Clair ne se confie-t-il pas aux autres?
5. Qu'est-ce que Alphonse de Thémines et Jules Lambert disent de Saint-Clair? Le fuient-ils pourtant? Qu'est-ce qui prouve qu'au fond, Saint-Clair est facile à vivre?
6. Qui est Mathilde de Coursy? Qu'est-ce qui porte à croire que Saint-Clair est amoureux d'elle?
7. Décrivez la scène qui a lieu une nuit du mois de juillet, peu avant le lever du soleil. Sur quel ton l'auteur raconte-t-il cette scène?
8. Comment l'auteur nous fait-il comprendre que l'amour de Saint-Clair et de Madame de Coursy est ardent?
9. Quelles sont les pensées de Saint-Clair après son rendez-vous nocturne avec Madame de Coursy?

2

On venait de déboucher° une autre bouteille de vin de Champagne; je laisse au lecteur à en déterminer le numéro. Qu'il lui suffise de savoir° qu'on en était venu à ce moment, qui arrive assez vite dans un déjeuner de garçons, où tout le monde veut parler à la fois, où les bonnes têtes commencent à concevoir des inquiétudes pour les mauvaises.

«Je voudrais, dit Alphonse de Thémines, qui ne perdait jamais une occasion de parler de l'Angleterre, je voudrais que ce fût la mode à Paris comme à Londres de porter chacun un toast à sa maîtresse. De la sorte° nous saurions au juste pour qui soupire° notre ami Saint-Clair»; et, en parlant ainsi, il remplit son verre et ceux de ses voisins.

Saint-Clair, un peu embarrassé, se préparait à répondre; mais Jules Lambert le prévint:

déboucher to uncork

Qu'il... Let it suffice for him to know

de... in that way / **soupirer pour quelqu'un = être amoureux de quelqu'un**

la modiste milliner — girl who makes hats
le/la borgne person blind in one eye / **le (la) boiteux(-se)** man (woman) who limps

toutefois however, yet

parer une botte to parry, ward off, a thrust (*fencing term*) / **hors...** out of difficulty

alléguer to allege

le (la) bossu(e) hunchback

être en passe de to be in a strong position to / **droit** straight

se brûler la cervelle to put a bullet through one's head

soit... soit... either... or...

peindre to paint, depict

tâcher to attempt / **apitoyer (quelqu'un) sur** to arouse (someone's) pity for

«J'approuve fort cet usage, dit-il, et je l'adopte»; et, levant son verre: «A toutes les modistes° de Paris! J'en excepte celles qui ont trente ans, les borgnes° et les boiteuses,° etc.

— Hourra! hourra!» crièrent les jeunes anglomanes.

Saint-Clair se leva, son verre à la main:

«Messieurs, dit-il, je n'ai point un cœur aussi vaste que notre ami Jules, mais il est plus constant. Or ma constance est d'autant plus méritoire que, depuis longtemps, je suis séparé de la dame de mes pensées. Je suis sûr cependant que vous approuvez mon choix, si toutefois° vous n'êtes pas déjà mes rivaux. A Judith Pasta, messieurs! Puissions-nous revoir bientôt la première tragédienne de l'Europe!»

Thémines voulait critiquer le toast; mais les acclamations l'interrompirent. Saint-Clair ayant paré cette botte° se croyait hors d'affaire° pour la journée.

La conversation tomba d'abord sur les théâtres. La censure dramatique servit de transition pour parler de la politique. De Lord Wellington,[6] on passa aux chevaux anglais, et, des chevaux anglais, aux femmes par une liaison d'idées facile à saisir; car, pour des jeunes gens, un beau cheval d'abord et une jolie maîtresse ensuite sont les deux objets les plus désirables.

Alors, on discuta les moyens d'acquérir ces objets si désirables. Les chevaux s'achètent, on achète aussi des femmes; mais, de celles-là, n'en parlons point. Saint-Clair, après avoir modestement allégué° son peu d'expérience sur ce sujet délicat, conclut que la première condition pour plaire à une femme, c'est de se singulariser, d'être différent des autres. Mais y a-t-il une formule générale de singularité? Il ne le croyait pas.

«Si bien qu'à votre sentiment, dit Jules, un boiteux ou un bossu° sont plus en passe de° plaire qu'un homme droit° et fait comme tout le monde?

— Vous poussez les choses bien loin, répondit Saint-Clair, mais j'accepte, s'il le faut, toutes les conséquences de ma proposition. Par exemple, si j'étais bossu, je ne me brûlerais pas la cervelle° et je voudrais faire des conquêtes. D'abord, je ne m'adresserais qu'à deux sortes de femmes, soit° à celles qui ont une véritable sensibilité, soit aux femmes, et le nombre en est grand, qui ont la prétention d'avoir un caractère original, *eccentric,* comme on dit en Angleterre. Aux premières, je peindrais° l'horreur de ma position, la cruauté de la nature à mon égard. Je tâcherais° de les apitoyer° sur mon sort, je saurais leur

_____

6 **le duc de Wellington,** archennemi de Napoléon

faire soupçonner que je suis capable d'un amour passionné. Je tuerais en duel un de mes rivaux, et je m'empoisonnerais avec une faible dose de laudanum.° Au bout de quelques mois on ne verrait plus ma bosse,° et alors ce serait mon affaire° d'épier° le premier accès de sensibilité. Quant aux femmes qui prétendent à l'originalité, la conquête en est facile. Persuadez-leur seulement que c'est une règle bien et dûment° établie qu'un bossu ne peut avoir de bonne fortune; elles voudront aussitôt donner le démenti° à la règle générale.

le laudanum laudanum (a poison)
la bosse hump
ce serait mon affaire de it would be up to me to / épier to watch for
dûment duly

donner... to give the lie

— Quel don Juan! s'écria Jules.

— Cassons-nous les jambes, messieurs, dit le colonel Beaujeu, puisque nous avons le malheur de n'être pas nés bossus.

— Je suis tout à fait de l'avis de Saint-Clair, dit Hector Roquantin, qui n'avait pas plus de trois pieds et demi de haut; on voit tous les jours les plus belles femmes et les plus à la mode se rendre à des gens dont vous autres beaux garçons vous ne vous méfierez jamais...

— Hector, levez-vous, je vous en prie, et sonnez pour qu'on nous apporte du vin», dit Thémines de l'air du monde le plus naturel.

Le nain° se leva, et chacun se rappela en souriant la fable du renard qui a la queue coupée.

le nain dwarf

«Pour moi, dit Thémines reprenant la conversation, plus je vis, et plus je vois qu'une figure passable», et en même temps il jetait un coup d'œil complaisant sur la glace qui lui était opposée, «une figure passable et du goût dans la toilette sont la grande singularité qui séduit les plus cruelles»; et, d'une chiquenaude,° il fit sauter une petite miette° de pain qui s'était attachée au revers° de son habit.

la chiquenaude flick of the finger
la miette crumb / le revers lapel

«Bah! s'écria le nain, avec une jolie figure et un habit de Staub,[7] on a des femmes que l'on garde huit jours et qui vous ennuient au second rendez-vous. Il faut autre chose pour se faire aimer, ce qui s'appelle aimer... Il faut...

— Tenez, interrompit Thémines, voulez-vous un exemple concluant? Vous avez tous connu Massigny, et vous savez quel homme c'était. Des manières comme un groom° anglais, de la conversation comme son cheval... Mais il était beau comme Adonis[8] et mettait sa cravate comme Brummel.[9] Au total, c'était l'être° le plus ennuyeux que j'aie connu.

le groom stableboy

un être creature, being

— Il a pensé me tuer d'ennui, dit le colonel Beaujeu. Figurez-vous° que j'ai été obligé de faire deux cents lieues° avec lui.

Figurez-vous Just imagine
la lieue league (4 kilometers)

— Savez-vous, demanda Saint-Clair, qu'il a causé la mort de ce pauvre Richard Thornton, que vous avez tous connu?

---

[7] **Staub,** tailleur à la mode
[8] **Adonis,** dieu mythologique connu pour sa beauté
[9] **Beau Brummel,** dandy anglais célèbre au XIXᵉ siècle

Aussitôt... As soon as Thornton found out / **prendre les devants** to go ahead / **d'effroi** out of fright

s'il en fut if ever there was one

faire chez quelqu'un la pluie... to be all-important to someone's decisions

le prévenu accused person / **la cour...** criminal court

le sang-froid cold-bloodedness **désespérant** heart-breaking

vif, vive lively

la bonté goodness; *here*, sexual favors

— Mais, répondit Jules, ne savez-vous donc pas qu'il a été assassiné par les brigands auprès de Fondi? [10]

— D'accord; mais vous allez voir que Massigny a été au moins complice du crime. Plusieurs voyageurs, parmi lesquels se trouvait Thornton, avaient arrangé d'aller à Naples tous ensemble de peur des brigands. Massigny voulut se joindre à la caravane. Aussitôt que Thornton le sut,° il prit les devants,° d'effroi,° je pense, d'avoir à passer quelques jours avec lui. Il partit seul, et vous savez le reste.

— Thornton avait raison, dit Thémines; et, de deux morts, il choisit la plus douce. Chacun à sa place en eût fait autant.»

Puis, après une pause:

«Vous m'accordez donc, reprit-il, que Massigny était l'homme le plus ennuyeux de la terre?

— Accordé! s'écria-t-on par acclamation.

— Ne désespérons personne, dit Jules; faisons une exception en faveur de ***, surtout quand il développe ses plans politiques.

— Vous m'accorderez présentement, poursuivit Thémines, que Mme de Coursy est une femme d'esprit s'il en fut.»°

Il y eut un moment de silence. Saint-Clair baissait la tête et s'imaginait que tous les yeux étaient fixés sur lui.

«Qui en doute? dit-il enfin, toujours penché sur son assiette et paraissant observer avec beaucoup de curiosité les fleurs peintes sur la porcelaine.

— Je maintiens, dit Jules élevant la voix, je maintiens que c'est une des trois plus aimables femmes de Paris.

— J'ai connu son mari, dit le colonel. Il m'a souvent montré des lettres charmantes de sa femme.

— Auguste, interrompit Hector Roquantin, présentez-moi donc à la comtesse. On dit que vous faites chez elle la pluie et le beau temps.°

— A la fin de l'automne, murmura Saint-Clair, quand elle sera de retour à Paris... Je... je crois qu'elle ne reçoit pas à la campagne.

— Voulez-vous m'écouter?» s'écria Thémines.

Le silence se rétablit. Saint-Clair s'agitait sur sa chaise comme un prévenu° devant une cour d'assises.°

«Vous n'avez pas vu la comtesse il y a trois ans, vous étiez alors en Allemagne, Saint-Clair, reprit Alphonse de Thémines avec un sang-froid° désespérant.° Vous ne pouvez vous faire une idée de ce qu'elle était alors: belle, fraîche comme une rose, vive° surtout, et gaie comme un papillon. Eh bien, savez-vous, parmi ses nombreux adorateurs, lequel a été honoré de ses bontés?° Massigny! Le plus bête des hommes et le

---

[10] **Fondi,** ville italienne

plus sot° a tourné la tête de la plus spirituelle des femmes. Croyez-vous qu'un bossu aurait pu en faire autant? Allez, croyez-moi, ayez une jolie figure, un bon tailleur, et soyez hardi.»°

    Saint-Clair était dans une position atroce. Il allait donner un démenti formel au narrateur; mais la peur de compromettre la comtesse le retint. Il aurait voulu pouvoir dire quelque chose en sa faveur; mais sa langue était glacée. Ses lèvres tremblaient de fureur, et il cherchait en vain dans son esprit quelque moyen détourné° d'engager une querelle.

    «Quoi! s'écria Jules d'un air de surprise, Mme de Coursy s'est donnée à Massigny! *Frailty, thy name is woman!*

    — C'est une chose si peu importante que la réputation d'une femme! dit Saint-Clair d'un ton sec et méprisant.° Il est bien permis de la mettre en pièces pour faire un peu d'esprit, et...»

    Comme il parlait il se rappela avec horreur un certain vase étrusque qu'il avait vu cent fois sur la cheminée de la comtesse à Paris. Il savait que c'était un présent de Massigny à son retour d'Italie; et, circonstance accablante!° ce vase avait été apporté de Paris à la campagne. Et tous les soirs, en ôtant son bouquet, Mathilde le posait dans le vase étrusque.

    La parole expira sur ses lèvres; il ne vit plus qu'une chose, il ne pensa plus qu'à une chose: le vase étrusque!

    La belle preuve!° dira un critique: soupçonner sa maîtresse pour si peu de chose!

    Avez-vous été amoureux, monsieur le critique?

    Thémines était en trop belle humeur pour s'offenser du ton que Saint-Clair avait pris en lui parlant. Il répondit d'un air de légèreté° et de bonhomie:°

    «Je ne fais que répéter ce que l'on a dit dans le monde. La chose passait pour certaine quand vous étiez en Allemagne. Au reste, je connais assez peu Mme de Coursy; il y a dix-huit mois que je ne suis allé chez elle. Il est possible qu'on se soit trompé et que Massigny m'ait fait un conte.° Pour en revenir à ce qui nous occupe, quand l'exemple que je viens de citer serait faux,° je n'en aurais pas moins raison. Vous savez tous que la femme de France la plus spirituelle, celle dont les ouvrages...»

    La porte s'ouvrit, et Théodore Néville entra. Il revenait d'Egypte.

[L'éditeur a supprimé ici une conversation de trois pages sur le voyage de Néville en Egypte.]

    Saint-Clair sortit presque aussitôt après son arrivée, et reprit le chemin de sa maison de campagne. Le galop impétueux de son cheval

---

sot foolish, silly

hardi bold

détourné indirect

méprisant scornful

accablant overwhelming

la belle preuve fine proof

la légèreté levity, frivolity
la bonhomie good-naturedness

faire un conte to tell a story (of no truth)
quand... even if the example I have cited were false

nettement clearly

s'en prendre à to blame

l'empêchait de suivre nettement° ses idées. Mais il sentait vaguement que son bonheur en ce monde était détruit à jamais, et qu'il ne pouvait s'en prendre qu'à° un mort[11] et à un vase étrusque.

CONTROLE

1. Décrivez l'ambiance du déjeuner de garçons auquel est invité Saint-Clair.
2. Quelle mode anglaise Alphonse de Thémines voudrait-il qu'on adopte à Paris? Pourquoi?
3. Comment Saint-Clair évite-t-il de révéler le secret de sa liaison avec Madame de Coursy?
4. Quels sont les sujets de conversation des convives?
5. Selon Saint-Clair, quelle est la première condition pour plaire à une femme? Quelle interprétation exagérée Jules fait-il de cette idée?
6. Comment Saint-Clair s'y prendrait-il pour séduire les femmes s'il était bossu?
7. Selon Thémines, qu'est-ce qui suffit pour plaire à une femme? Quel exemple cite-t-il pour prouver ses idées?
8. Qui était Massigny? Quelle sorte de personnalité avait-il? Comment est-il indirectement responsable de la mort de Richard Thornton d'après ce que raconte Thémines?
9. Quelle est l'opinion générale des convives sur Madame de Coursy?
10. Décrivez la réaction de Saint-Clair en entendant dire que sa maîtresse s'était donnée à Massigny.
11. Que Saint-Clair se rappelle-t-il au moment où il prend la défense de sa maîtresse?
12. Qu'est-ce qui a interrompu la conversation?
13. A quoi Saint-Clair pense-t-il sur le chemin de sa maison de campagne?

3

Arrivé chez lui, [Saint-Clair] se jeta sur le canapé où, la veille, il avait si longuement et si délicieusement analysé son bonheur. L'idée qu'il avait caressée le plus amoureusement, c'était que sa maîtresse n'était pas une femme comme une autre, qu'elle n'avait aimé et ne pourrait jamais aimer que lui. Maintenant ce beau rêve disparaissait dans la triste et cruelle réalité. «Je possède une belle femme, et voilà tout. Elle

---

[11] **un mort,** i.e., Massigny

a de l'esprit: elle en est plus coupable, elle a pu aimer Massigny!... Il est vrai qu'elle m'aime maintenant... de toute son âme... comme elle peut aimer. Etre aimé comme Massigny l'a été!... Elle s'est rendue à mes soins, à mes cajoleries, à mes importunités. Mais je me suis trompé. Il n'y avait pas de sympathie entre nos deux cœurs. Massigny ou moi, ce lui est tout un.° Il est beau, elle l'aime pour sa beauté. J'amuse quelquefois madame. «Eh bien, aimons Saint-Clair, s'est-elle dit, puisque l'autre est mort! Et si Saint-Clair meurt ou m'ennuie, nous verrons.»

ce lui est tout un it's all the same to her

Je crois fermement que le diable est aux écoutes,° invisible auprès d'un malheureux qui se torture ainsi lui-même. Le spectacle est amusant pour l'ennemi des hommes; et, quand la victime sent ses blessures° se fermer, le diable est là pour les rouvrir.

être aux écoutes to be listening

la blessure wound

Saint-Clair crut entendre une voix qui murmurait à ses oreilles:

> L'honneur singulier
> D'être le successeur...

Il se leva sur son séant° et jeta un coup d'œil farouche° autour de lui. Qu'il eût été heureux de trouver quelqu'un dans sa chambre! Sans doute il l'eût déchiré.°

se lever... to sit up / **farouche** wild

il... he would have torn him apart

La pendule° sonna huit heures. A huit heures et demie, la comtesse l'attend. — S'il manquait au rendez-vous! «Au fait, pourquoi revoir la maîtresse de Massigny?» Il se recoucha sur son canapé et ferma les yeux. «Je veux dormir», dit-il. Il resta immobile une demi-minute, puis sauta en pieds et courut à la pendule pour voir le progrès du temps. «Que je voudrais qu'il fût huit heures et demie! pensa-t-il. Alors il serait trop tard pour me mettre en route.» Dans son cœur, il ne se sentait pas le courage de rester chez lui; il voulait avoir un prétexte. Il aurait voulu être bien malade. Il se promena dans la chambre, puis s'assit, prit un livre, et ne put lire une syllabe. Il se plaça devant son piano, et n'eut pas la force de l'ouvrir. Il siffla,° il regarda les nuages et voulut compter les peupliers° devant ses fenêtres. Enfin il retourna consulter la pendule, et vit qu'il n'avait pu parvenir à passer trois minutes. «Je ne puis m'empêcher de l'aimer, s'écria-t-il en grinçant° les dents et frappant du pied; elle me domine, et je suis son esclave,° comme Massigny l'a été avant moi! Eh bien, misérable, obéis, puisque tu n'as pas assez de cœur pour briser une chaîne que tu hais!»

la pendule clock

siffler to whistle
le peuplier poplar tree

grincer les dents to gnash one's teeth
un esclave slave

Il prit son chapeau et sortit précipitamment.°

précipitamment hurriedly

Quand une passion nous emporte, nous éprouvons quelque consolation d'amour-propre° à contempler notre faiblesse du haut de notre orgueil. «Il est vrai que je suis faible, se dit-on, mais si je voulais!»

un amour-propre self-love, self-esteem

Il montait à pas lents le sentier qui conduisait à la porte du parc, et de loin il voyait une figure blanche qui se détachait sur la teinte

foncé dark

étouffer to stifle, smother /
faire éclater to make (something) explode, burst
la bougie candle

la gravure engraving

le bijou jewel

le collier necklace

la bague jewelled ring
le boucle d'oreilles ear-ring

avoir des manies to have inveterate habits / **sur ce chapitre** on this score / **une averse** rain shower
mouillé wet
le bas de soie silk stocking

enjoué playful

en laque... enamelled

raccommodé repaired (playful and precious use)

espiègle mischievous / **mordre** to bite

foncée° des arbres. De sa main, elle agitait un mouchoir comme pour lui faire signe. Son cœur battait avec violence, ses genoux tremblaient; il n'avait pas la force de parler, et il était devenu si timide, qu'il craignait que la comtesse ne lût sa mauvaise humeur sur sa physionomie.

Il prit la main qu'elle lui tendait, lui baisa le front, parce qu'elle se jeta sur son sein, et il la suivit jusque dans son appartement, muet, et étouffant° avec peine des soupirs qui semblaient devoir faire éclater° sa poitrine.

Une seule bougie° éclairait le boudoir de la comtesse. Tous deux s'assirent. Saint-Clair remarqua la coiffure de son amie; une seule rose dans ses cheveux. La veille, il lui avait apporté une belle gravure° anglaise, la duchesse de Portland d'après Lesly (elle est coiffée de cette manière), et Saint-Clair n'avait dit que ces mots: «J'aime mieux cette rose toute simple que vos coiffures compliquées.» Il n'aimait pas les bijoux,° et il pensait comme ce lord qui disait brutalement: «A femmes parées, à chevaux caparaçonnés, le diable ne connaîtrait rien.»[12] La nuit dernière, en jouant avec un collier° de perles de la comtesse (car, en parlant, il fallait toujours qu'il eût quelque chose entre les mains), il avait dit: «Les bijoux ne sont bons que pour cacher des défauts. Vous êtes trop jolie, Mathilde, pour en porter.» Ce soir, la comtesse, qui retenait jusqu'à ses paroles les plus indifférentes, avait ôté bagues,° colliers, boucles d'oreilles° et bracelets. — Dans la toilette d'une femme il remarquait, avant tout, la chaussure, et, comme bien d'autres, il avait ses manies° sur ce chapitre.° Une grosse averse° était tombée avant le coucher du soleil. L'herbe était encore toute mouillée;° cependant la comtesse avait marché sur le gazon humide avec des bas de soie° et des souliers de satin noir... Si elle allait être malade?

«Elle m'aime», se dit Saint-Clair.

Et il soupira sur lui-même et sur sa folie, et il regardait Mathilde en souriant malgré lui, partagé entre sa mauvaise humeur et le plaisir de voir une jolie femme qui cherchait à lui plaire par tous ces petits riens qui ont tant de prix pour les amants.

Pour la comtesse, sa physionomie radieuse exprimait un mélange d'amour et de malice enjouée° qui la rendait encore plus aimable. Elle prit quelque chose dans un coffre en laque du Japon,° et, présentant sa petite main fermée et cachant l'objet qu'elle tenait:

«L'autre soir, dit-elle, j'ai cassé votre montre. La voici raccommodée.»°

Elle lui remit la montre, et le regardait d'un air à la fois tendre et espiègle,° en se mordant° la lèvre inférieure, comme pour s'empêcher

---

12 «Between bejewelled women and outfitted horses, the devil wouldn't know the difference.»

de rire. Vive Dieu! que ses dents étaient belles! comme elles brillaient blanches sur le rose ardent de ses lèvres! (Un homme a l'air bien sot quand il reçoit froidement les cajoleries d'une jolie femme.)

Saint-Clair la remercia, prit la montre et allait la mettre dans sa poche:

«Regardez donc, continua-t-elle, ouvrez-la, et voyez si elle est bien raccommodée. Vous qui êtes si savant, vous qui avez été à l'Ecole polytechnique,[13] vous devez voir cela.

— Oh! je m'y connais fort peu»,° dit Saint-Clair.

Et il ouvrit la boîte de la montre d'un air distrait. Quelle fut sa surprise! le portrait en miniature de Mme de Coursy était peint sur le fond de la boîte. Le moyen de bouder encore?° Son front s'éclaircit; il ne pensa plus à Massigny; il se souvint seulement qu'il était auprès d'une femme charmante, et que cette femme l'adorait.

L'alouette,° cette messagère de l'aurore,° commençait à chanter, et de longues bandes de lumière pâle sillonnaient° les nuages à l'orient. C'est alors que Roméo dit adieu à Juliette; c'est l'heure classique où tous les amants doivent se séparer.

Saint-Clair était debout devant une cheminée, la clef du parc à la main, les yeux attentivement fixés sur le vase étrusque dont nous avons déjà parlé. Il lui gardait encore rancune° au fond de son âme. Cependant il était en belle humeur, et l'idée bien simple que Thémines avait pu mentir commençait à se présenter à son esprit. Pendant que la comtesse, qui voulait le reconduire jusqu'à la porte du parc, s'enveloppait la tête d'un châle, il frappait doucement de sa clef le vase odieux, augmentant progressivement la force de ses coups, de manière à faire croire qu'il allait bientôt le faire voler en éclats.°

«Ah! Dieu! prenez garde!° s'écria Mathilde; vous allez casser mon beau vase étrusque.»

Et elle lui arracha° la clef des mains.

Saint-Clair était très mécontent, mais il était résigné. Il tourna le dos à la cheminée pour ne pas succomber à la tentation, et, ouvrant sa montre, il se mit à considérer le portrait qu'il venait de recevoir.

«Quel est le peintre? demanda-t-il.

— M. R... Tenez, c'est Massigny qui me l'a fait connaître. (Massigny, depuis son voyage à Rome, avait découvert qu'il avait un goût exquis pour les beaux-arts, et s'était fait le Mécène° de tous les jeunes artistes.) Vraiment, je trouve que ce portrait me ressemble, quoique un peu flatté.»

---

[13] **Ecole polytechnique,** Grande Ecole d'ingénieurs à Paris, équivalente à M.I.T. aux Etats-Unis

---

je... I don't know much about it

Le moyen...? How could he go on sulking

une alouette lark / **une aurore** dawn
sillonner to streak

la rancune bitterness, grudge

voler en éclats to shatter
prendre garde to watch out

arracher to grab

faire le Mécène to play the rich patron

Saint-Clair avait envie de jeter la montre contre la muraille, ce qui l'aurait rendue bien difficile à raccommoder. Il se contint pourtant et la remit dans sa poche; puis, remarquant qu'il était déjà jour, il sortit de la maison, supplia Mathilde de ne pas l'accompagner, traversa le parc à grands pas, et, dans un moment, il fut seul dans la campagne.

«Massigny! Massigny! s'écriait-il avec une rage concentrée, te trouverai-je donc toujours!... Sans doute, le peintre qui a fait ce portrait en a peint un autre pour Massigny!... Imbécile que j'étais! J'ai pu croire un instant que j'étais aimé d'un amour égal au mien... et cela parce qu'elle se coiffe avec une rose et qu'elle ne porte pas de bijoux!... elle en a plein un secrétaire...° Massigny, qui ne regardait que la toilette des femmes, aimait tant les bijoux!... Oui, elle a un bon caractère, il faut en convenir. Elle sait se conformer aux goûts de ses amants. Morbleu!° j'aimerais mieux cent fois qu'elle fût une courtisane et qu'elle se fût donnée pour de l'argent. Au moins pourrais-je croire qu'elle m'aime, puisqu'elle est ma maîtresse et que je ne la paie pas.»

Bientôt une autre idée encore plus affligeante° vint s'offrir à son esprit. Dans quelques semaines, le deuil° de la comtesse allait finir, Saint-Clair devait l'épouser aussitôt que l'année de son veuvage serait révolue. Il l'avait promis. Promis? Non. Jamais il n'en avait parlé. Mais telle avait été son intention, et la comtesse l'avait comprise. Pour lui, cela valait° un serment.° La veille, il aurait donné un trône pour hâter le moment où il pourrait avouer publiquement son amour; maintenant il frémissait° à la seule idée de lier son sort à l'ancienne maîtresse de Massigny.

«Et pourtant je le dois! se disait-il, et cela sera. Elle a cru sans doute, pauvre femme, que je connaissais son intrigue passée. Ils disent que la chose a été publique. Et puis, d'ailleurs, elle ne me connaît pas... Elle ne peut me comprendre. Elle pense que je ne l'aime que comme Massigny l'aimait.»

Alors il se dit non sans orgueil:

«Trois mois elle m'a rendu le plus heureux des hommes. Ce bonheur vaut bien le sacrifice de ma vie entière.»

Il ne se coucha pas, et se promena à cheval dans les bois pendant toute la matinée. Dans une allée du bois de Verrières,[14] il vit un homme monté sur un beau cheval anglais qui de très loin l'appela par son nom et l'accosta sur-le-champ.° C'était Alphonse de Thémines. Dans la situation d'esprit où se trouvait Saint-Clair, la solitude est particulièrement agréable: aussi la rencontre de Thémines changea-t-elle sa mauvaise humeur en une colère° étouffée. Thémines ne s'en apercevait pas,

---

[14] **Verrières,** petite ville au sud de Paris

---

elle... she has a whole desk full of them

Morbleu! Heavens! The deuce

affligeant distressing
le deuil period of mourning

valoir to be as good as / **le serment** promise, oath

frémir to shudder

sur-le-champ at once

la colère anger

ou bien se faisait un malin° plaisir de le contrarier. Il parlait, il riait, il plaisantait sans s'apercevoir qu'on ne lui répondait pas. Saint-Clair voyant une allée étroite y fit entrer son cheval aussitôt, espérant que le fâcheux° ne l'y suivrait pas; mais il se trompait; un fâcheux ne lâche° pas facilement sa proie.° Thémines tourna bride° et doubla le pas pour se mettre en ligne avec Saint-Clair et continuer la conversation plus commodément.

J'ai dit que l'allée était étroite. A toute peine° les deux chevaux pouvaient y marcher de front;° aussi n'est-il pas extraordinaire que Thémines, bien que très bon cavalier, effleurât° le pied de Saint-Clair en passant à côté de lui. Celui-ci, dont la colère était arrivée à son dernier période, ne put se contraindre plus longtemps. Il se leva sur ses étriers° et frappa fortement de sa badine° le nez du cheval de Thémines.

«Que diable avez-vous,° Auguste? s'écria Thémines. Pourquoi battez-vous mon cheval?

— Pourquoi me suivez-vous? répondit Saint-Clair d'une voix terrible.

— Perdez-vous le sens, Saint-Clair? Oubliez-vous que vous me parlez?

— Je sais bien que je parle à un fat.

— Saint-Clair!... vous êtes fou, je pense... Ecoutez: demain, vous me ferez des excuses, ou bien vous me rendrez raison de votre impertinence.

— A demain donc, monsieur.»

Thémines arrêta son cheval; Saint-Clair poussa le sien; bientôt il disparut dans le bois.

Dans ce moment, il se sentit plus calme. Il avait la faiblesse de croire aux pressentiments. Il pensait qu'il serait tué le lendemain, et alors c'était un dénouement tout trouvé à sa position. Encore un jour à passer; demain, plus d'inquiétudes, plus de tourments. Il rentra chez lui, envoya son domestique avec un billet au colonel Beaujeu,[15] écrivit quelques lettres, puis il dîna de bon appétit, et fut exact à se trouver à huit heures et demie à la petite porte du parc.

CONTROLE

1. Dans quel état d'esprit Saint-Clair attend-il l'heure de son rendez-vous avec Madame de Coursy?
2. Comment la comtesse l'a-t-elle accueilli ce soir-là?

---

[15] pour lui demander de servir de second

Glosses (right margin):

malin sly, malicious

le fâcheux bothersome person / **lâcher** to let go
la proie prey / **la bride** bridle

à toute... only with great difficulty
de front abreast
effleurer to graze, brush against

un étrier stirrup / **la badine** switch, light cane (for horses)

Que...? What the devil's the matter with you?

3. Par quels indices la comtesse révèle-t-elle qu'elle aime Saint-Clair et veut lui plaire?
4. Quel cadeau la comtesse fait-elle à son amant?
5. Pourquoi Saint-Clair frappe-t-il le vase étrusque de sa clef en attendant de sortir? Comment la comtesse réagit-elle à ce geste?
6. Pourquoi Saint-Clair voudrait-il jeter la montre contre la muraille?
7. Que doit-il se passer dans quelques semaines? Comment l'attitude de Saint-Clair envers cet événement a-t-elle changé?
8. Quel incident a lieu dans les bois de Verrières? Pour quelle raison Saint-Clair et Thémines vont-ils se battre en duel?
9. Saint-Clair semble-t-il s'inquiéter du risque qu'il court de mourir?

4

«Qu'avez-vous donc aujourd'hui, Auguste? dit la comtesse. Vous êtes d'une gaieté étrange, et pourtant vous ne pouvez me faire rire avec toutes vos plaisanteries. Hier, vous étiez tant soit peu° maussade,° et, moi, j'étais si gaie! Aujourd'hui, nous avons changé de rôle. — Moi, j'ai un mal de tête affreux.

— Belle amie, je l'avoue, oui, j'étais bien ennuyeux hier. Mais, aujourd'hui, je me suis promené, j'ai fait de l'exercice; je me porte à ravir.°

— Pour moi, je me suis levée tard, j'ai dormi longtemps ce matin, et j'ai fait des rêves fatigants.

— Ah! des rêves? Croyez-vous aux rêves?

— Quelle folie!

— Moi, j'y crois; je parie° que vous avez fait un rêve qui annonce quelque événement tragique.

— Mon Dieu, jamais je ne me souviens de mes rêves. Pourtant, je me rappelle... dans mon rêve j'ai vu Massigny; ainsi vous voyez que ce n'était rien de bien amusant.

— Massigny? J'aurais cru, au contraire, que vous auriez beaucoup de plaisir à le revoir?

— Pauvre Massigny!

— Pauvre Massigny?

— Auguste, dites-moi, je vous en prie, ce que vous avez ce soir. Il y a dans votre sourire quelque chose de diabolique. Vous avez l'air de vous moquer de vous-même.

— Ah! voilà que vous me traitez aussi mal que me traitent les vieilles douairières,° vos amies.

— Oui, Auguste, vous avez aujourd'hui la figure que vous avez avec les gens que vous n'aimez pas.

tant soit peu a little bit / **maussade** glum

se porter à ravir to be in splendid shape

parier to bet

la douairière dowager

— Méchante! allons, donnez-moi votre main.»

Il lui baisa la main avec une galanterie ironique, et ils se regardèrent fixement pendant une minute. Saint-Clair baissa les yeux le premier et s'écria:

«Qu'il est difficile de vivre en ce monde sans passer pour méchant! Il faudrait ne jamais parler d'autre chose que du temps ou de la chasse,° ou bien discuter avec vos vieilles amies le budget de leurs comités de bienfaisance.»°

Il prit un papier sur une table:

«Tenez, voici le mémoire° de votre blanchisseuse de fin.° Causons là-dessus,° mon ange: comme cela, vous ne direz pas que je suis méchant.

— En vérité, Auguste, vous m'étonnez...

— Cette orthographe° me fait penser à une lettre que j'ai trouvée ce matin. Il faut vous dire que j'ai rangé° mes papiers, car j'ai de l'ordre de temps en temps. Or donc, j'ai retrouvé une lettre d'amour que m'écrivait une couturière° dont j'étais amoureux quand j'avais seize ans. Elle a une manière à elle d'écrire chaque mot, et toujours la plus compliquée. Son style est digne° de son orthographe. Eh bien, comme j'étais alors tant soit peu fat, je trouvai indigne de moi d'avoir une maîtresse qui n'écrivît pas comme Sévigné.[16] Je la quittai brusquement. Aujourd'hui, en relisant cette lettre, j'ai reconnu que cette couturière devait avoir un amour véritable pour moi.

— Bon! une femme que vous entreteniez?...°

— Très magnifiquement: à cinquante francs par mois. Mais mon tuteur ne me faisait pas une pension trop forte, car il disait qu'un jeune homme qui a de l'argent se perd et perd les autres.

— Et cette femme, qu'est-elle devenue?

— Que sais-je?... Probablement elle est morte à l'hôpital.

— Auguste... si cela était vrai, vous n'auriez pas cet air insouciant.

— S'il faut dire la vérité, elle s'est mariée à un *honnête homme;* et, quand on m'a émancipé,° je lui ai donné une petite dot.°

— Que vous êtes bon!... Mais pourquoi voulez-vous paraître méchant?

— Oh! je suis très bon... Plus j'y songe, plus je me persuade que cette femme m'aimait réellement... Mais alors je ne savais pas distinguer un sentiment vrai sous une forme ridicule.

— Vous auriez dû m'apporter votre lettre. Je n'aurais pas été jalouse... Nous autres femmes, nous avons plus de tact que vous, et

la chasse hunting

le comité... charitable organization

le mémoire bill / **la blanchisseuse** linen laundress
Causons... Let's talk about that

une orthographe spelling
ranger to put in order

la couturière seamstress

digne worthy

entretenir to keep, support

quand... when I came of age / **la dot** dowry

---

[16] **Marie de Rabutin-Chantal, Marquise de Sévigné** (1626–96), écrivain célèbre pour ses lettres spirituelles

feindre to feign, pretend

roué sly

vous... you can smell a fool a mile away

comme... as if they were his own work

divertissant amusing

jouer... to play a trick

nous voyons tout de suite au style d'une lettre, si l'auteur est de bonne foi, ou s'il feint° une passion qu'il n'éprouve pas.

— Et cependant combien de fois vous laissez-vous attraper par des sots ou des fats!»

En parlant il regardait le vase étrusque, et il y avait dans ses yeux et dans sa voix une expression sinistre que Mathilde ne remarqua point.

«Allons donc! vous autres hommes, vous voulez tous passer pour des don Juan. Vous vous imaginez que vous faites des dupes, tandis que souvent vous ne trouvez que des *doña Juana,* encore plus rouées° que vous.

— Je conçois qu'avec votre esprit supérieur, mesdames, vous sentez un sot d'une lieue.° Aussi je ne doute pas que votre ami Massigny, qui était sot et fat, ne soit mort vierge et martyr...

— Massigny? Mais il n'était pas trop sot; et puis il y a des femmes sottes. Il faut que je vous conte une histoire sur Massigny... Mais ne vous l'ai-je pas déjà contée, dites-moi?

— Jamais, répondit Saint-Clair d'une voix tremblante.

— Massigny, à son retour d'Italie, devint amoureux de moi. Mon mari le connaissait; il me le présenta comme un homme d'esprit et de goût. Ils étaient faits l'un pour l'autre. Massigny fut d'abord très assidu; il me donnait comme de lui° des aquarelles qu'il achetait chez Schroth, et me parlait musique et peinture avec un ton de supériorité tout à fait divertissant.° Un jour, il m'envoya une lettre incroyable. Il me disait, entre autres choses, que j'étais la plus honnête femme de Paris; c'est pourquoi il voulait être mon amant. Je montrai la lettre à ma cousine Julie. Nous étions deux folles alors, et nous résolûmes de lui jouer un tour.° Un soir, nous avions quelques visites, entre autres Massigny. Ma cousine me dit: «Je vais vous lire une «déclaration d'amour que j'ai reçue ce matin.» Elle prend la lettre et la lit au milieu des éclats de rire... Le pauvre Massigny.»

Saint-Clair tomba à genoux en poussant un cri de joie. Il saisit la main de la comtesse, et la couvrit de baisers et de larmes. Mathilde était dans la dernière surprise, et crut d'abord qu'il se trouvait mal. Saint-Clair ne pouvait dire que ces mots: «Pardonnez-moi! pardonnez-moi!» Enfin il se releva. Il était radieux. Dans ce moment, il était plus heureux que le jour où Mathilde lui dit pour la première fois: «Je vous aime.»

«Je suis le plus fou et le plus coupable des hommes, s'écria-t-il; depuis deux jours, je te soupçonnais... et je n'ai pas cherché une explication avec toi...

— Tu me soupçonnais!... Et de quoi?

— Oh! je suis un misérable!... On m'a dit que tu avais aimé Massigny, et...

— Massigny!» et elle se mit à rire; puis, reprenant aussitôt son sérieux: «Auguste, dit-elle, pouvez-vous être assez fou pour avoir de pareils soupçons, et assez hypocrite pour me les cacher!»

Une larme roulait dans ses yeux.

«Je t'en supplie, pardonne-moi.

— Comment ne te pardonnerais-je pas, cher ami?... Mais d'abord laisse-moi te jurer...

— Oh! je te crois, je te crois, ne me dis rien.

— Mais au nom du Ciel, quel motif a pu te faire soupçonner une chose aussi improbable?

— Rien, rien au monde que ma mauvaise tête... et... vois-tu, ce vase étrusque, je savais qu'il t'avait été donné par Massigny...»

La comtesse joignit les mains d'un air d'étonnement; puis elle s'écria, en riant aux éclats:

«Mon vase étrusque! mon vase étrusque!»

Saint-Clair ne put s'empêcher de rire lui-même, et cependant de grosses larmes coulaient le long de ses joues. Il saisit Mathilde dans ses bras, et lui dit:

«Je ne te lâche pas que° tu ne m'aies pardonné.   que = avant que

— Oui, et te pardonne, fou que tu es! dit-elle en l'embrassant tendrement. Tu me rends bien heureuse aujourd'hui; voici la première fois que je te vois pleurer, et je croyais que tu ne pleurais pas.»

Puis, se dégageant de ses bras, elle saisit le vase étrusque et le brisa en mille pièces sur le plancher. (C'était une pièce rare et inédite.° On   inédit   original
y voyait peint, avec trois couleurs, le combat d'un Lapithe[17] contre un Centaure.[18])

Saint-Clair fut, pendant quelques heures, le plus honteux et le plus heureux des hommes.

«Eh bien, dit Roquantin, au colonel Beaujeu qu'il rencontra le soir chez Tortoni, la nouvelle est-elle vraie?

— Trop vraie, mon cher, répondit le colonel d'un air triste.

— Contez-moi donc comment cela s'est passé.

— Oh! fort bien. Saint-Clair a commencé par me dire qu'il avait tort, mais qu'il voulait essuyer le feu° de Thémines avant de lui faire des   essuyer...   to come under fire
excuses. Je ne pouvais que l'approuver. Thémines voulait que le sort

---

[17] **un Lapithe,** membre d'une race grecque mythologique
[18] **le Centaure,** être fabuleux, moitié homme, moitié cheval

tirer to shoot

tomber raide mort to drop dead stiff

décidât lequel tirerait° le premier. Saint-Clair a exigé que ce fût Thémines. Thémines a tiré: j'ai vu Saint-Clair tourner une fois sur lui-même, et il est tombé raide mort.° J'ai déjà remarqué, dans bien des soldats frappés de coups de feu, ce tournoiement étrange qui précède la mort.

    — C'est fort extraordinaire, dit Roquantin. Et Thémines, qu'a-t-il fait?

    — Oh! ce qu'il faut faire en pareille occasion. Il a jeté son pistolet

le chien hammer in the cock of a firearm

un arquebusier gunsmith

à terre d'un air de regret. Il l'a jeté si fort, qu'il en a cassé le chien.° C'est un pistolet anglais de Manton; je ne sais s'il pourra trouver à Paris un arquebusier° qui soit capable de lui en refaire un.»

la mulâtresse mulatto maid-servant

    La comtesse fut trois ans entiers sans voir personne; hiver comme été, elle demeurait dans sa maison de campagne, sortant à peine de sa chambre, et servie par une mulâtresse° qui connaissait sa liaison avec Saint-Clair, et à laquelle elle ne disait pas deux mots par jour. Au bout de trois ans, sa cousine Julie revint d'un long voyage; elle força la porte et trouva la pauvre Mathilde si maigre et si pâle, qu'elle crut voir le cadavre de cette femme qu'elle avait laissée belle et pleine de vie. Elle parvint à peine à la tirer de sa retraite, et à l'emmener à Hyères. La comtesse y languit encore trois ou quatre mois, puis elle mourut d'une maladie de poitrine causée par des chagrins domestiques, comme dit le docteur M..., qui lui donna des soins.

CONTROLE

1. De qui la comtesse a-t-elle rêvé la veille?
2. Pourquoi Saint-Clair a-t-il rangé ses papiers ce matin-là? Quelle lettre a-t-il trouvée parmi ses papiers? Qu'est-ce que cette lettre lui a appris?
3. Quel tour la comtesse et sa cousine Julie ont-elles joué à Massigny?
4. Quelle est la réaction de Saint-Clair quand il entend cette histoire?
5. Définissez le ton des propos entre les deux amants après que Saint-Clair a découvert qu'il n'avait aucune raison d'être jaloux.
6. Pourquoi la comtesse brise-t-elle le vase étrusque?
7. Comment le duel entre Thémines et Saint-Clair s'est-il déroulé?
8. Comment la comtesse est-elle morte? Qu'est-ce que l'auteur fait comprendre?

CONVERSATION

1. Relevez dans le texte les passages où l'auteur interrompt le récit pour donner son avis personnel. Quel est l'effet de ce procédé?
2. La vanité est le trait le plus important de la personnalité de Saint-Clair. Discutez cette observation.
3. Quel a été le rôle de Thémines dans cette nouvelle? Pensez-vous qu'il a fait exprès de provoquer le malheur de Saint-Clair? (Citez des évidences dans le texte pour soutenir votre thèse.)
4. Sur quel ton le Colonel Beaujeu raconte-t-il la mort de Saint-Clair en duel? Quel détail de son récit semble être aussi important que

la mort de Saint-Clair? Quelle est la réaction du lecteur à ce passage? Pourquoi l'auteur a-t-il fait raconter cette scène par un personnage comme Beaujeu, au lieu d'en faire le récit directement?

5. Trouvez-vous que le portrait d'un homme jaloux que Mérimée peint ici est d'une grande vraisemblance psychologique, ou le trouvez-vous plutôt exagéré?

6. Peut-on être amoureux sans être jaloux? Peut-on être jaloux sans être amoureux?

7. Que pensez-vous du dénouement de cette histoire? Une heureuse conclusion aurait-elle nui à l'effet dramatique de la nouvelle?

ACTIVITE

Le tableau à la p. 155 s'appelle tout simplement «Le Balcon». C'est une œuvre d'Edouard Manet peinte en 1868. Imaginez l'histoire des trois personnes qui sont représentées. Ecrivez un conte qui expliquera la situation qu'on voit dans ce tableau.

Courrier du cœur:
Marcelle Ségal

ELLE

Avez-vous des problèmes personnels? N'y a-t-il personne à qui vous pouvez vous adresser pour demander conseil? Ecrivez donc à Marcelle Ségal. Sous la rubrique «Courrier du Cœur», elle répond aux lettres des lecteurs et lectrices de la revue *Elle*. L'une se demande pourquoi elle n'a pas de succès avec les hommes; l'autre veut savoir si elle doit faire confiance à son fiancé; une autre encore demande conseil pour ses deux filles qui ont fait de mauvais mariages. La plupart des correspondantes sont malheureuses et veulent que Marcelle Ségal leur dise ce qu'elles doivent faire.

Beaucoup d'Américains, aussi bien que de Français, lisent fidèlement le «courrier du cœur». Pénétrer dans la vie intime des autres a toujours une certaine fascination, bien que ces autres soient anonymes, et que cette introduction dans leur vie intime soit superficielle, comme c'est le cas dans le courrier du cœur. Les Français ont même une expression pour ce genre de curiosité: cela s'appelle «avoir l'esprit de concierge».[1] En vérité, nous l'avons presque tous.

---

[1] Dans les vieux immeubles français, et même dans quelques immeubles modernes, le concierge est la personne qui s'occupe de l'entretien du bâtiment. D'habitude, il ou elle occupe une loge près de la porte d'entrée d'où on peut surveiller les allées et venues de tous les locataires et de leurs visiteurs. Il doit aussi, dans certains cas, distribuer le courrier. Il acquiert ainsi une connaissance assez intime de la vie des locataires.

MOTS A APPRENDRE

aîné   *elder, eldest*
La fille aînée de Madame Thibault a épousé un médecin.

un avis   *opinion* (**changer d'avis**   *to change one's mind*)
Germaine avait beaucoup admiré son fiancé, mais quand elle a découvert que c'était un Don Juan, elle a changé d'avis.

se consacrer   *to dedicate oneself*
Cette femme s'est consacrée uniquement à ses enfants et maintenant qu'ils ont grandi et ont quitté la maison, elle se sent seule et inutile.

conseiller   *to advise*
Beaucoup de femmes perplexes sur leurs problèmes demandent que Marcelle Ségal les conseille.

dépensier   *extravagant, thriftless*
Monsieur Dubois est très économe, mais sa femme, elle, est dépensière.

la fête   *celebration, holiday, party*
La principale fête de l'année est Noël.

gâcher   *to spoil*
Cette dame gâche tout son plaisir en pensant toujours qu'il ne peut pas durer.

la lessive   *washing*
Aujourd'hui, avec les machines à laver modernes, ce n'est plus une corvée [*heavy chore*] de faire la lessive.

menacer   *to threaten*
Quand Madame Albert a appris l'infidélité de son mari, elle a menacé de divorcer d'avec lui.

le ménage   *household, housekeeping* (**le jeune ménage**   *young couple;* **la ménagère**   *housewife*)
Marcelle Ségal conseille à ses correspondantes de partager le travail du ménage avec leurs maris.

paresseux(-se)   *lazy*
Christine est paresseuse; elle ne se lève jamais avant midi, et elle passe tout l'après-midi à regarder la télévision.

le remords   *remorse, regret*
Michèle est infidèle à son mari, mais elle n'en a aucun remords.

rompre   *to break off* (**la rupture**   *break*)
Jeanette a rompu avec Pierre parce qu'il ne voulait pas l'épouser.

tromper   *to deceive, be unfaithful to*
A en juger par la correspondance de Marcelle Ségal, il y a beaucoup de femmes qui trompent leurs maris.

la vaisselle   *the dishes*
Ce jeune ménage partage le travail: c'est la femme qui prépare la cuisine et le mari qui fait la vaisselle.

PRATIQUE

Refaites les phrases suivantes en substituant aux mots en italique un synonyme tiré de la liste des Mots à apprendre. Faites tous les autres changements nécessaires.

1. Monsieur Albert est très jaloux; il croit que sa femme *lui est infidèle*.
2. Les amies de Michèle lui *ont recommandé* d'oublier le jeune homme qui lui a causé tant de chagrin.
3. D'un accord mutuel, les deux amants *se sont quittés*.
4. Marianne *n'a pas profité* de ses vacances parce qu'elle ne faisait que penser à Georges.
5. La jalousie insensée de son épouse *met en danger* leur bonheur conjugal.
6. Après avoir quitté son mari, il ne restait à Thérèse que *des regrets*.
7. *La plus âgée de mes sœurs* a un mari qui la traite mal.
8. Cette ménagère est *cossarde;* elle ne fait jamais la cuisine; elle achète toujours des plats tout préparés, et sa maison est toujours en désordre.
9. Henri est *prodigue:* il dépense deux fois plus qu'il ne gagne et il est criblé de dettes.
10. Le fiancé de Sylvie a promis de *se vouer* uniquement à elle.

TOURNURES A REPETER

A. Notez l'omission du «pas» dans la négation des verbes **cesser, savoir** et **oser:**

Il **n'**a cessé de me tromper.
Peut-on lui faire confiance? Je **ne** sais.
Elle aurait voulu épouser Michel, mais elle **n'**osait lui demander de quitter sa femme.

Refaites les phrases suivantes au négatif:

1. Depuis son mariage, Janine a cessé de voir ses anciens amis.
2. Marie ose-t-elle dire à sa mère qu'elle est enceinte?
3. Elle saurait le rendre heureux.
4. Son nouveau mari cesse de lui parler de sa première épouse.
5. Josette a osé avouer à son fiancé qu'elle sortait avec d'autres hommes.

B. Notez la tournure utile **pour ce qui est de** [*as for*]. Répétez les phrases suivantes en substituant **pour ce qui est de** à la tournure **quant à:**

1. Quant à la cuisine, n'importe qui peut la faire.
2. Quant au budget, c'est le mari qui s'en occupe.
3. Quant à la lessive, c'est la bonne qui la fait.
4. Quant au divorce, c'est elle qui l'a demandé.
5. Quant à l'amour, je n'y crois plus.

Courrier du cœur: Marcelle Ségal

 *ELLE*

Don Juan est fatigué

cracher to spit

énième «umteenth»

faire confiance à to have trust in

Depuis quatre ans, mon fiancé n'a cessé de me tromper. J'ai fini par le quitter après lui avoir craché° au visage. Il est revenu en pleurant, disant que c'est moi qu'il aime, que sans moi, il était perdu. J'ai pardonné pour la énième° fois. Il a promis de m'épouser dans quelques mois, de se consacrer à moi mais il dit qu'il faut que je l'aide, que moi seule arriverai à le calmer. Puis-je lui faire confiance?° Que me conseillez-vous?

le faiblard weakling

en avoir ras-le-bol (*pop.*) to be fed up / **tarder** to take a while

[De voir les choses comme elles sont. Il vous aime, c'est vrai mais il est infidèle et le restera sans doute parce que c'est un faible. «Aide-moi, sans toi je suis perdu, toi seule peux me calmer.» C'est un langage de faible. Vous l'aimez? Il faudra l'aimer infidèle, faiblard.° Vous n'acceptez pas d'être trompée? Il faudra le quitter. Pas tout de suite. Quand vous en aurez «ras-le-bol»,° ce qui ne tardera° pas.]

Michèle

Nous avons vécu ensemble un an, cahin-caha.° Il refusait d'envisager le mariage. J'ai rompu, suis partie sans lui en vacances. Il a rencontré une jeune femme mais leurs caractères ne s'accordaient pas. Ils se reverront pourtant. Depuis la fin des vacances, nous avons passé ensemble quelques jours heureux. Son intention est de nous voir de temps en temps. Il me désire toujours mais n'envisage toujours pas de m'épouser. Je vis dans l'attente de ses coups de téléphone. Je n'arrive pas à admettre qu'il ne m'aime pas d'un grand amour. Nous sommes si heureux ensemble quand nous nous rencontrons.

> **cahin-caha** *(fam.)* lamely, with the good and the bad

[Le seriez-vous autant si vous viviez ensemble? Non et vous le savez bien: votre année de vie commune a été si cahotante° et c'est vous qui avez rompu parce qu'il vous refusait le grand amour et le mariage dont vous rêvez. C'est votre droit. Et c'est le sien de rêver de liberté assaisonnée° d'intermèdes° amoureux. En les refusant, vous vous priveriez des° moments de bonheur que le destin vous offre. Et de voir peut-être votre ami s'attacher à vous et changer d'avis au sujet du mariage car il est de ceux qui changent plus vite de femme que d'avis. Il l'a prouvé, non?]

> **cahotant** bumpy, jolting
>
> **assaisonné** seasoned / **un intermède** interlude
> **se priver de** to deprive oneself of

Désemparée°

> **désemparé** in distress

J'ai 25 ans, mariée à un homme gentil qui n'a qu'un défaut mais énorme: la jalousie. Il voit le mal partout. Pour rien ce sont des histoires à n'en plus finir.° Un jour j'ai rencontré un homme qui m'a plu tout de suite. Depuis un an je suis sa maîtresse, moi qui n'avais jamais trompé mon mari. Je ne suis heureuse qu'auprès de lui. Il est marié et ne m'a pas caché que jamais il ne quitterait sa femme surtout pour sa petite fille qu'il adore. Où cela nous mènera-t-il? J'en ai fait une dépression nerveuse et j'ai peur de retomber malade. Nous avons essayé de rompre. Ce fut terrible et 15 jours plus tard, nous nous retrouvions. Nous nous voyons de temps en temps et nous nous téléphonons souvent. Si mon mari venait à l'apprendre j'ai peur non pour moi mais pour mon amant et pour sa petite fille. Je suis très, très malheureuse.

> **histoires...** never-ending stories

[Pas tout le temps. Il y a de bons moments... que vous gâchez en ne pensant qu'à ce qui les menace. Résultat: insomnies, larmes, dépression nerveuse. Vous ne semblez pas douée pour l'adultère comme ces voluptueuses qui se régalent° du fruit défendu et, la fête terminée, se lèchent les babines° en rêvant à la fête suivante. En somme, vous ne savez être ni fidèle ni infidèle et pour ce qui est du remords, vous n'en parlez même pas. Je voudrais vous aider mais... à quoi?]

> **se régaler de** to feast on
>
> **se lécher les babines** to lick one's chops

Les femmes en ont assez.

J'ai deux filles. L'aînée a été une femme battue, bafouée,° menacée de meurtre par son incapable de mari qui ne pouvait accepter sa supériorité mais se refusait à en perdre les bénéfices concrets. Quatre ans après son divorce, ses enfants, dont elle assumait la charge, continuaient d'être prétextes à litiges° et menaces. Elle m'a confié qu'elle ne peut littéralement plus se trouver face à la cuisine, à la lessive, aux torchons,° barreaux mortels de sa prison. Sa sœur, chargée de recherches dans une faculté,° se heurte à° un mandarin° misogyne.° Son mari trouve naturel qu'elle assume toutes les obligations maternelles, ménagères et mondaines. Alors ça craque° et le voilà lui tout quinaud° car il sent qu'il va perdre. Les hommes ne savent plus où ils en sont. Ils perdent la boule° face à ces jeunes femmes indociles aux vieux statuts. Il y a dix ans, elles n'auraient même pas songé à se révolter.

[Aujourd'hui, on en voit qui ne pensent plus qu'à cela. Elles en perdent la boule, elles aussi au point de considérer leur jolie cuisine comme «une prison aux barreaux mortels.» Doucement,° mesdames, n'appuyons pas sur le dramatiseur.° Pourquoi parler de lessives, de torchons, de vaisselle, de planche à repasser° alors que, dans votre «prison», les machines ronronnent° et que les chemises de Monsieur ne se repassent plus! La tambouille?° Il suffit de vous voir, chez le charcutier,° Mesdames, dévaliser° le rayon° des plats cuisinés. Ou bien c'est bifteck-patates, escalope°-nouilles!° Vos maris vous exploitent, vous insultent, vous brutalisent? Pas de chance, vous êtes mal tombées: on voit tant de maris exploités, insultés, et même cocufiés° par une mégère° paresseuse, dépensière et stupide. Mesdames, Messieurs, je vous en prie, cessons de nous monter les uns contre les autres et partageons-nous les corvées° comme cela se fait dans beaucoup de jeunes ménages. Les vieux? Laissons Madame à ses «humbles travaux qui veulent beaucoup d'amour» et Monsieur à ses illusions d'autorité et de supériorité; ils sont heureux comme ça.

P.S. Une phrase mérite d'être soulignée dans votre lettre: «Quatre ans après le divorce, les enfants sont encore prétextes à litiges et à menaces.» Avis° aux couples qui songent à se séparer. Qu'ils sachent bien qu'une fois divorcés, ils ne seront pas sortis de l'auberge.°]

CONTROLE

Don Juan est fatigué

1. Pourquoi la femme qui a écrit la première lettre appelle-t-elle son fiancé un «Don Juan»?

---

bafoué flouted

le litige law suit

le torchon dishrag
la faculté branch (school) of a university / **se heurter à** to run up against / **le mandarin** intellectual / **misogyne** misogynous — woman-hating
ça... things are falling apart / **quinaud** (*old slang*) crestfallen
perdre la boule (*pop.*) to lose one's head

Doucement Take it easy

n'appuyons pas... (*pop.*) let's not get too dramatic (*lit.* let's not press the drama button)
la planche... ironing board
ronronner to hum (*i.e.*, run smoothly)
la tambouille (*pop.*) = **la cuisine**
le charcutier pork butcher / **dévaliser** to rifle through / **le rayon** shelf
une escalope veal cutlet / **la nouille** noodle
cocufié cuckolded
la mégère shrew

la corvée chore

un avis *here,* warning

être sorti... to be out of the woods (*lit.* to have left the inn)

2. Pourquoi ce fiancé veut-il épouser la correspondante?
3. Quel conseil la correspondante demande-t-elle à Marcelle Ségal?
4. Selon Marcelle Ségal, à quoi faut-il que la jeune femme s'attende si elle épouse ce Don Juan?

Michèle

1. Pourquoi Michèle a-t-elle rompu avec l'homme avec qui elle a vécu pendant un an?
2. Que s'est-il passé pendant que Michèle était en vacances?
3. Michèle est-elle toujours attachée à ce jeune homme? Comment cet attachement se manifeste-t-il?
4. Selon Marcelle Ségal, comment Michèle pourrait-elle faire changer d'avis à son ami?

Désemparée

1. Quel est le seul défaut du mari de celle qui s'appelle «désemparée»?
2. Le mari a-t-il une bonne raison d'être jaloux?
3. Pourquoi la correspondante a-t-elle fait une dépression nerveuse?
4. De quoi a-t-elle peur?
5. Comment Marcelle Ségal caractérise-t-elle le problème de la correspondante?

Les femmes en ont assez

1. Comment la correspondante décrit-elle le mariage de ses deux filles?
2. Comment les attitudes et la conduite de ces deux femmes auraient-elles été différentes il y a dix ans?
3. Marcelle Ségal a-t-elle de la sympathie pour les femmes qui se plaignent des travaux ménagers?
4. Marcelle Ségal pense-t-elle que ce sont uniquement les femmes qui souffrent?
5. Qu'est-ce que Marcelle Ségal exhorte ses lectrices de faire?
6. Pourquoi souligne-t-elle une certaine phrase de la lettre?

CONVERSATION

1. Aimez-vous lire le courrier du cœur tel que «Dear Abby», «Ann Landers», etc.? Expliquez pourquoi.
2. Pensez-vous que les gens qui demandent conseil aux courriéristes du cœur soient sincères?

3. Que pensez-vous des réponses de Marcelle Ségal? Semble-t-elle sympathiser avec les correspondantes? Semble-t-elle pénétrer la réalité du problème?
4. Imaginez des lettres écrites du point de vue des personnes dont les correspondantes parlent dans leurs lettres. Qu'écriraient probablement ces autres personnes?

ACTIVITE

La moitié de la classe devra composer plusieurs lettres, demandant conseil sur un problème du cœur ou un autre, qu'il soit imaginaire ou réel. Chacun des étudiants dans l'autre moitié de la classe devra rédiger la réponse à l'une de ces lettres, comme s'il était courriériste du cœur. Ensuite, tout le monde devra les discuter ensemble.

L'Amour et l'Occident

DENIS DE ROUGEMONT

L'amour tel que nous le concevons aujourd'hui, le grand amour-passion qui est le ressort principal de tant de romans, de pièces de théâtre, et de films, est une invention du XIIe siècle provençal: telle est essentiellement la thèse de Denis de Rougemont. Dans son livre sur cette forme spéciale de la passion, *L'Amour et l'Occident,* de Rougemont essaie de montrer que le roman de *Tristan et Iseut* est l'archétype d'une longue succession de romans d'amour dans la littérature occidentale. Tristan et Iseut, pour avoir bu un philtre magique, s'aiment d'un amour intense, éternel et fatal. Iseut est la femme du roi Marc, et Tristan son chevalier fidèle, ainsi leur amour est impossible, mais en même temps il est irrésistible. L'amour est donc étroitement lié à la souffrance, car l'essence même de cet amour est de ne jamais pouvoir posséder parfaitement celui ou celle qu'on aime. Selon de Rougemont, cette forme d'amour n'existe pas dans la culture orientale, mais il exerce même aujourd'hui une influence profonde sur nos idées et nos sentiments, parce que depuis des siècles, c'est le modèle de l'amour idéal.

MOTS A APPRENDRE

accéder à   *to accede to, reach the position of*
Dans la Provence du douzième siècle, l'amour avait une telle importance que les troubadours qui le chantaient accédaient socialement à l'aristocratie.

un au-delà   *beyond, state of transcendency*
Selon la thèse de Denis de Rougemont, l'amour-passion est une forme de mysticisme: c'est une expérience à travers laquelle le sujet accède à un au-delà spirituel.

céder   *to yield*
Pour entretenir une passion intense, il faut qu'il y ait des obstacles, mais dans notre ordre social, comme les obstacles cèdent trop facilement, la passion n'est guère possible.

comblé   *fulfilled*
Quand nos désirs sont comblés, la passion meurt-elle?

la douleur   *pain*
La douleur joue un rôle important dans l'amour, car ce n'est qu'en souffrant que l'on ressent l'amour dans toute son intensité.

une échelle   *ladder, scale*
Dans le célèbre roman *Le Rouge et le noir,* Julien Sorel se sert souvent d'échelles pour entrer dans les chambres des femmes qu'il aime.

s'efforcer de   *to strive to*
Beaucoup de femmes s'efforcent de ressembler à la vedette du moment en imitant sa coiffure et son style de vêtements.

s'évanouir   *to vanish, disappear*
Les barrières sociales s'évanouissent pour ceux qui aiment véritablement, ainsi le tzigane [*gypsy*] peut enlever la princesse, et le mécano épouse l'héritière.

la foi   *faith*
Selon la doctrine de la foi chrétienne, l'amour divin est le plus grand amour qui soit.

le lien   *tie, bond*
Les liens qui unissent les hommes et les femmes sont subtils et complexes.

valoir   *to be worth* **(je vaux, tu vaux, il vaut, nous valons, vous valez, ils valent, il vaudra, il a valu)**
Cet exemple est inutile; il ne vaut rien.

PRATIQUE

Complétez les phrases suivantes par la forme correcte d'un mot tiré de la liste des Mots à apprendre:

1. Selon la doctrine catholique, l'enfer, le purgatoire et le paradis constituent les trois domaines de _____.
2. Si on a _____ en Dieu, on supporte plus facilement les malheurs.
3. Certains disent que la _____ psychologique est plus forte que la _____ physique.
4. Quand on est faible, il est facile de _____ à la tentation.
5. Pour _____ au sommet de la montagne, il faut escalader une falaise.
6. Tristan _____ de résister à sa passion criminelle, mais cela lui était impossible.
7. Quand Henri de Navarre, qui était protestant, accéda au trône français, il lui fallut se convertir au catholicisme. C'est à cette occasion qu'il prononça les paroles célèbres: «Paris _____ bien une messe.»
8. Dans les contes de fées, quand le prince met une bague magique à son doigt, il peut _____ dans les airs, ce qui lui permet de passer partout.
9. En montant sur une haute _____, l'ouvrier a perdu son équilibre, et il est tombé.
10. Après avoir bu un philtre d'amour, Tristan et Iseut ont été unis par des _____ surnaturels.

TOURNURES A REPETER

Notez l'emploi du subjonctif dans les propositions indépendantes pour indiquer un impératif, ou un souhait ardent:

Qu'il vive!
May he live! Let him live!

Traduisez les phrases suivantes en employant cette construction:

1. May she be happy!
2. Let them come in!
3. Let him die!
4. If she needs money, let her work!
5. May they always love each other!

«Aimer, c'est vivre!»

 DENIS DE ROUGEMONT

Dès As early as

ennoblir to make noble / **anoblir** to admit to the aristocracy

une équivoque ambiguity, misunderstanding
le roturier man of low birth
la dérogation... departure from custom

prendre au pied... to interpret literally

le Prix... beauty queen

la primauté primacy, predominance

le lieu commun cliché / **usé** worn out

la nuance shade (of difference)

le relent after-taste

Dès° le douzième siècle provençal, l'amour était considéré comme noble. Non seulement il ennoblissait° mais encore il anoblissait:° les troubadours accédaient socialement au niveau de l'aristocratie, qui les traitait comme des égaux. On peut citer de très nombreux exemples de vilains[1] armés chevaliers parce qu'ils savaient chanter l'Amour. Et c'est pourquoi certains auteurs ont pu parler d'une féodalité[2] démocratique en Languedoc.[3] Il est clair qu'un tel jugement se fonde sur une équivoque:° car l'Amour dont il s'agissait n'était rien d'autre que la foi cathare,[4] et l'accession d'un roturier° à la chevalerie était un symbole mystique bien plutôt qu'une dérogation aux coutumes° du droit féodal. Mais là-dessus se produisit la confusion dont nous avons longuement parlé; on prit le symbole au pied de la lettre,° on «mystifia» l'amour profane. Et c'est de là que nous vient, par la littérature, cette idée toute moderne et romantique que la passion est une noblesse morale, qu'elle nous met au-dessus des lois. Celui qui aime de passion accède à une humanité plus haute, où les barrières sociales, entre autres, s'évanouissent. Le tzigane peut enlever la princesse, le mécano épouser l'héritière. De même, le Prix de Beauté° a quelque chance de devenir comtesse ou milliardaire. C'est une «adaptation» moderne — pour parler le langage du cinéma, seul adéquat en l'occurrence — de la primauté° de l'amour sur l'ordre social établi.

Que la passion profane soit une absurdité, une forme d'intoxication, une «maladie de l'âme» comme pensaient les Anciens, tout le monde est prêt à le reconnaître, c'est un des lieux communs° les plus usés° des moralistes: mais personne ne peut plus le *croire*, à l'âge du film et du roman — nous sommes tous plus ou moins intoxiqués, — et cette nuance° est décisive.

Le moderne, l'homme de la passion, attend de l'amour fatal quelque révélation, sur lui-même ou la vie en général: dernier relent° de la mystique primitive. De la poésie à l'anecdote piquante, la passion c'est toujours *l'aventure*. C'est ce qui va changer ma vie, l'enrichir d'im-

---

[1] **le vilain,** paysan
[2] **la féodalité,** système social [*feudalism*] du moyen âge
[3] **Languedoc,** partie méridionale de l'ancienne France
[4] **la foi cathare,** secte religieuse qui date de la fin du XIIIe siècle dans le midi de la France. Selon la doctrine des cathares, il y a une dualité entre le bien et le mal: tout ce qui est charnel vient du principe du mal. L'adhésion au Dieu du bien exige une abstinence absolue.

prévu,° de risques exaltants, de jouissances° toujours plus violentes ou flatteuses. C'est tout le possible qui s'ouvre, un destin qui acquiesce au désir! Je vais y entrer, je vais y monter, je vais y être «transporté»! La sempiternelle° illusion, la plus naïve et — j'ai beau dire!° — la plus «naturelle» pensera-t-on... Illusion de liberté. Et illusion de plénitude.°

Je nommerai libre un homme qui se possède. Mais l'homme de la passion cherche au contraire à être possédé, dépossédé, jeté hors de soi, dans l'extase. Et de fait, c'est déjà sa nostalgie qui le «démeine»° — dont il ignore l'origine et la fin. Son illusion de liberté repose sur cette double ignorance.

Le passionné, c'est l'homme qui veut trouver son «type de femme» et n'aimer qu'elle. Souvenez-vous du rêve de Nerval,[5] l'apparition d'une noble Dame dans le paysage des souvenirs d'enfance:

> Blonde, aux yeux noirs, en ses habits anciens
> Que dans une autre existence peut-être
> J'ai déjà vue, et dont je me souviens...

Image de la mère, sans nul doute, et la psychanalyse nous apprend quels empêchements° tragiques cela peut signifier. Mais l'exemple d'un poète ne vaut rien ou vaut trop. J'entends décrire une illusion *apprise* par la majorité des hommes du vingtième siècle: or plus encore que l'image de la Mère, ce qui les tyrannise, c'est la «beauté standard».

De nos jours, — et ce n'est qu'un début — un homme qui se prend de passion pour une femme qu'il est *seul* à voir belle, est présumé neurasthénique.° (Dans x années, on le fera soigner). Certes,° la standardisation des types de femmes admis pour «beaux» se produit normalement dans chaque génération, de même que chaque époque de la mode préfère soit la tête, soit le buste, soit la croupe,° soit la ligne sportive. Mais le panurgisme esthétique° atteint de nos jours une puissance inconnue, développée par tous les moyens techniques, et bientôt politiques, en sorte que le choix d'un type de femme échappe de plus en plus au mystère personnel, et se trouve déterminé par Hollywood — et bientôt par l'Etat. Double influence de la beauté-standard: elle définit d'avance l'objet de la passion, — dépersonnalisé dans cette mesure,° — et disqualifie le mariage, si l'épouse ne ressemble pas à la star la plus obsédante. (Encore la femme pourra-t-elle s'efforcer de se faire une tête à la Garbo,° mais alors il s'agit que le mari ressemble à Gable ou à Taylor!) Ainsi la «liberté» de la passion relève des° statistiques publicitaires. L'homme qui croit désirer «son» type de femme se trouve intimement déterminé par des facteurs de mode ou de commerce qui changent au moins tous les six mois.

---

[5] **Gérard de Nerval** (1808–55), écrivain français d'inspiration romantique

l'imprévu (*m.*)   the unexpected /
la jouissance   pleasure

sempiternel   never-ceasing / **j'ai...**
I try in vain to convince (people)
la plénitude   fulfillment

démeiner   (*arch.*) to cause to lose one's reason

un empêchement   obstacle

neurasthénique   psychotic /
certes = bien sûr

la croupe   rump, buttocks

le panurgisme...   diversity in the concept of what is beautiful

dans...   to this extent

se faire...   to make oneself look like (Greta) Garbo
relever de   to stem from

un **épanouissement** blossoming,

plus... nothing else matters compared to

un **entourage** circle of friends or followers

rejoint overtaken, reached

fuyant fleeting
éveiller to awaken
une **avidité** ardent desire
en proie à fallen prey to

s'acharner à to work hard to
dépayser to remove from familiar surroundings / **se nouer** to develop
la durée... steady continuity

une **épée** sword

sournois sly

écoeurant sickening / **romanesque** romantic, as in a novel

Supposons, comme il est probable, qu'il se fixe enfin sur un type, compromis entre ce qu'il aime et ce que le film le persuade d'aimer. Il rencontre cette femme, il la reconnaît. C'est elle, la femme de son désir et de sa plus secrète nostalgie, l'Iseut du rêve;* elle est mariée, naturellement. Qu'elle divorce, et il l'épousera! Avec elle, ce sera la «vraie vie», ce sera l'épanouissement° de ce Tristan qu'il porte en soi comme son génie caché! Et plus rien ne compte en regard de° la révélation mythique. (Pas même la couronne s'il est roi). Voilà le vrai «mariage d'amour» moderne: le mariage avec la passion!

Mais aussitôt paraît une anxiété dans l'entourage° (ou le public): l'amant comblé va-t-il encore aimer cette Iseut une fois *épousée?* Une nostalgie que l'on chérissait est-elle encore désirable une fois rejointe?°

Car Iseut, c'est toujours l'étrangère, l'étrangeté même de la femme, et tout ce qu'il y a d'éternellement fuyant,° évanouissant et presque hostile dans un être, cela même qui invite à la poursuite et qui éveille° l'avidité° de posséder, plus délicieuse que toute possession au cœur de l'homme en proie au° mythe. C'est la femme-dont-on-est-séparé: on la perd en la possédant.

Alors commence une «passion» nouvelle. On s'ingénie à renouveler l'obstacle et le combat. On imagine différente la femme que l'on tient dans ses bras, on la déguise et on l'éloigne en rêve, on s'acharne à° dépayser° les sentiments qui sont en train de se nouer° dans une durée étale° et trop sereine. C'est qu'il faut recréer des obstacles pour pouvoir de nouveau désirer et pour exalter ce désir aux proportions d'une passion consciente, intense, infiniment intéressante... Or c'est la douleur seule qui rend consciente la passion, et c'est pourquoi l'on aime souffrir, et faire souffrir. Lorsque Tristan emmène Iseut dans la forêt, où plus rien ne s'oppose à leur union, le génie de la passion dépose entre leurs corps une épée° nue.[6] Descendons quelques siècles et toute l'échelle qui va de l'héroïsme religieux à la confusion sans grandeur où se débattent les hommes du temps profane: au lieu de l'épée du chevalier, entre le bourgeois et sa femme, voici le rêve sournois° du mari qui ne peut plus désirer sa femme qu'en l'imaginant sa maîtresse (Balzac déjà donne la recette, dans sa *Physiologie du mariage*).[7] Une innombrable et écoeurante° littérature romanesque° nous peint ce type

---

* Le titre d'un roman de Max Brod, *Die Frau nach der man sich sehnt* (la femme que l'on désire, la femme de notre nostalgie) est la meilleure définition d'Iseut. L'amour-passion veut «la Princesse *lointaine»* tandis que l'amour chrétien veut «le *prochain»*
[6] Allusion à un épisode célèbre du roman de *Tristan et Iseut*: Iseut a quitté son mari, le roi Marc, et s'est réfugiée avec Tristan dans la forêt. Un jour, ils dorment côte à côte quand le roi Marc les découvre, mais il y a une épée nue entre eux que le roi interpète comme un signe de la chasteté de leurs rapports. L'épée symbolise aussi tous les obstacles qui les séparent.
[7] **Honoré de Balzac** (1799–1850), romancier français

du mari qui redoute° la «platitude», le train-train° des liens légitimes où la femme perd son «attrait», parce qu'il n'est plus d'obstacles entre elle et lui. Pitoyables° victimes d'un mythe dont l'horizon mystique s'est refermé depuis longtemps. Pour Tristan, Iseut n'était rien que le symbole du Désir lumineux: son au-delà, c'était la mort divinisante, libératrice des liens terrestres. Mais pour celui que le mythe vient tourmenter sans lui révéler son secret, il n'est d'au-delà de la passion que dans une passion nouvelle, — dans le tourment nouveau de la poursuite d'apparences toujours plus fugitives.° Il était de la nature essentielle de la passion mystique d'être *sans fin* — et c'est par là que cette passion se détachait des rythmes du désir charnel; mais tandis que pour Tristan l'infini, c'est l'éternité sans retour où s'évanouit la conscience douloureuse — pour le moderne, ce n'est plus que le retour sempiternel d'une ardeur constamment déçue.°

Le mythe décrivait une fatalité dont ses victimes ne pouvaient se délivrer qu'en échappant au monde fini. Mais la passion dite «fatale» — c'est l'alibi — où se complaisent° les modernes, ne sait plus même être *fidèle,* puisqu'elle n'a plus pour fin la transcendance. Elle épuise° l'une après l'autre les illusions que lui proposent divers objets, trop faciles à saisir. Au lieu de mener à la mort, elle se dénoue en° infidélité. Qui ne sent la dégradation d'un Tristan qui a *plusieurs* Iseut? Or ce n'est pas lui qu'il convient d'accuser, mais il est la victime d'un ordre social où les obstacles se sont dégradés. Ils cèdent trop vite, ils cèdent avant que l'expérience ait abouti. Sans cesse, il faut recommencer cette ascension de l'âme dressée contre le monde. Mais alors le Tristan moderne glisse vers° le type contraire du Don Juan, de l'homme aux amours successives. Les catégories se détruisent, l'aventure n'est plus même exemplaire.

Seul, le Don Juan mythique échappait à cette consommation. Mais Don Juan ne connaît pas d'Iseut, ni de passion inaccessible, ni de passé ni d'avenir, ni de déchirements voluptueux. Il vit toujours dans l'immédiat, il n'a jamais le temps d'aimer — d'attendre et de se souvenir — et rien de ce qu'il désire ne lui résiste, puisqu'il n'*aime* pas ce qui lui résiste.

Aimer, au sens de la passion, c'est alors le contraire de vivre! C'est un appauvrissement de l'être, une ascèse[8] sans au-delà, une impuissance à aimer le présent sans l'imaginer comme absent, une fuite° sans fin devant la possession.

---

[8] **une ascèse,** *ascesis,* aspiration au perfectionnement spirituel

redouter to dread / **le train-train** dull routine

Pitoyable Pitiful

fugitif fleeting

déçu disappointed, disillusioned

se complaire to take pleasure in
épuiser to exhaust

se dénouer en to end up in

glisser vers to slide toward

la fuite escape

CONTROLE

1. Quelle était l'importance de l'amour en Provence au douzième siècle?
2. Selon de Rougemont, de quoi l'accession d'un roturier à la chevalerie était-elle un symbole?
3. De quoi dérive notre idée moderne et romantique de l'amour, qui est une glorification de la passion?
4. Quelles sont les conséquences morales et sociales de l'idée moderne de la passion?
5. Quel est un des lieux communs les plus usés des moralistes? Acceptons-nous cette conception de la passion profane aujourd'hui?
6. Quelle idée nous faisons-nous de la passion, selon de Rougement?
7. Pourquoi l'homme de la passion a-t-il seulement l'illusion de la liberté?
8. Quelle importance la standardisation de la beauté a-t-elle sur le concept de l'amour aujourd'hui?
9. Quel problème se pose dans le «mariage avec la passion»?
10. Que représente Iseut, archétype de la femme qu'on aime avec passion?
11. Par quels subterfuges l'homme moderne réussit-il à renouveler sa passion?
12. Quelle est l'importance de la douleur dans l'amour-passion?
13. Quelle est l'importance des obstacles dans l'amour-passion?
14. Quelle est la différence entre l'amour mythique de Tristan et Iseut et l'amour moderne dont il a fourni le modèle?
15. Dans le roman de *Tristan et Iseut,* la passion mène à la mort. A quoi aboutit la passion moderne, selon de Rougemont?
16. Quel autre personnage littéraire et quasi mythique de Rougemont évoque-t-il? Comment celui-ci est-il le contraire de Tristan?
17. Pourquoi, selon de Rougemont, l'amour-passion est-il le contraire de vivre?

CONVERSATION

1. Si vous connaissez soit le roman soit l'opéra de Tristan et Iseut, résumez-en l'intrigue.
2. Connaissez-vous l'histoire de Don Juan? Racontez-la.
3. Que pensez-vous des constatations suivantes qui font partie de la thèse de Denis de Rougemont?

a) La douleur est indispensable à l'amour, selon le concept occidental de ce sentiment.

b) Ce sont les obstacles qui entretiennent la passion; une fois que nous possédons l'objet de notre passion, celle-ci s'évanouit.

c) L'amour-passion et le mariage sont incompatibles.

4. Dans son ouvrage *L'Amour et l'Occident,* de Rougemont parle d'un amour particulier — l'amour-passion de la littérature et du cinéma. N'y a-t-il pas d'autres formes du sentiment que nous appelons «l'amour»? Lesquelles? Comment les définissez-vous?

5. Est-il vrai que nous sommes très influencés par l'idée courante de la beauté qui règne, ce que de Rougemont appelle «la beauté standard»?

ACTIVITE

Faites une collection d'images qui révèlent l'idéal de la beauté féminine à travers les siècles. Essayez de définir la beauté idéale d'aujourd'hui. Montrez comment cet idéal s'est évolué.

5. Le Mariage

Pourquoi se marier?

L'EXPRESS

Mariage: «union légitime d'un homme et d'une femme» dit le dictionnaire. Une des institutions les plus anciennes et les plus vénérées de l'homme, le mariage revêt de nombreuses formes dans différentes sociétés, comme nous le verrons à la fin de cette anthologie, dans «Un Jugement», conte de l'écrivain sénégalais, Birago Diop. Comme toute institution humaine, le mariage est constamment en train d'évoluer. Perd-il de son prestige et de sa vigueur aujourd'hui, comme le suggèrent certains observateurs de la société contemporaine? Certes, il y a de plus en plus de divorces, mais la majorité des divorcés se remarient, ce qui indique une certaine confiance dans l'institution même. Dans les sociétés primitives, le mariage est presque indispensable à la survie, ce qui est le sujet de l'extrait, tiré d'une des œuvres du grand anthropologue Claude Lévi-Strauss, que nous présenterons plus loin. Même dans notre culture technologique, la vaste majorité des gens se marient ou espèrent se marier, et presque tous estiment que le choix d'un partenaire est la décision la plus importante qu'on fasse de la vie.

Pour sonder l'opinion de la nouvelle génération, *L'Express* a interrogé deux mille couples de jeunes mariés ou de futurs jeunes mariés. Voici les résultats et l'analyse de ce sondage.

MOTS A APPRENDRE

le comportement   *behavior*
La psychologie est la science du comportement humain.

la contrainte   *constraint, restriction* (**contraignant**   *confining, constricting*)
Maurice a l'habitude d'être seul et libre; il ne veut pas se marier parce qu'il redoute les contraintes de la vie conjugale.

croissant   *growing* (**croître**   *to grow*)
Il y a un pourcentage croissant de divorces chaque année.

la démarche   *step (of a procedure)*
Pour se marier, il faut faire plusieurs démarches officielles: il faut obtenir un permis, subir un examen du sang, et passer par une période d'attente.

un écart   *divergence, distance between two things*
Il y a un écart de deux ans entre l'âge moyen du marié [*groom*] et de la mariée [*bride*].

à l'égard de   *with respect to, concerning*
Somme toute, il n'y a pas eu de changement radical dans les idées des jeunes à l'égard du mariage.

une enquête   *inquiry, investigation*
La revue *L'Express* a initié une enquête sur l'attitude des jeunes couples envers le mariage.

une entente   *understanding, rapport, agreement*
Les jeunes couples pensent que l'entente sexuelle est d'une importance capitale dans le mariage.

moyen, moyenne   *average* (**la moyenne**   *the average*)
L'âge moyen des mariées en France est vingt-deux ans.

net, nette   *clear, clear-cut*
Il y a une différence très nette entre l'attitude envers l'importance de la sexualité dans le mariage aujourd'hui et ce qu'elle était autrefois.

en revanche   *on the other hand*
Une bonne entente sexuelle est considérée un élément indispensable à la réussite d'un mariage; que les deux partenaires aient la même origine sociale, en revanche, ne l'est plus.

la taille   *size*
La taille moyenne de la famille française a beaucoup diminué depuis la deuxième guerre mondiale.

le taux   *rate*

   Le taux de divorce en France est de quinze pour cent; c'est-à-dire, un mariage sur huit ne dure pas.

le tiers   *third*

   Un tiers des femmes interrogées disent avoir un peu peur de la vie en commun.

PRATIQUE

Complétez les phrases suivantes avec imagination et de façon logique:

1. L'enquête dirigée par le gouvernement a montré que...
2. Il y a un taux croissant de divorces parce que...
3. La première démarche qu'on doit faire pour obtenir un divorce est...
4. Il y un certain nombre de femmes qui se marient avant l'âge de vingt ans; les hommes, en revanche,...
5. Voici un problème sur l'arithmétique des fractions: un tiers et un quart font...
6. Il y a un écart net entre...
7. Après son mariage, il y a eu un grand changement dans le comportement d'Henri: il avait été sérieux et réservé, maintenant...
8. La taille de la famille moyenne dans les pays technologiquement avancés a diminué récemment parce que...
9. La société nous impose certaines contraintes, par exemple,...
10. Les nouveaux mariés ne sont pas arrivés à une bonne entente parce que...
11. Les hommes et les femmes sont généralement d'accord à l'égard de...

TOURNURES A REPETER

Notez la construction elliptique dont on doit se servir après des verbes comme **dire, croire, penser** et **déclarer** quand le sujet de la proposition secondaire est le même que le sujet de la proposition principale:

Au lieu de dire:
   Ils disent/déclarent qu'**ils** sont d'accord.
Dites plutôt:
   Ils se disent/déclarent d'accord.

Au lieu de dire:

Marie croit/pense qu'**elle** est belle.

Dites plutôt:

Marie se croit/pense belle.

Refaites les phrases suivantes selon les exemples précédents:

1. Ce jeune homme dit qu'il est riche.
2. Eve croit qu'elle est réellement amoureuse.
3. Rémi pense qu'il est le mari idéal.
4. Ces jeunes gens déclarent qu'ils sont innocents.
5. Anne dit qu'elle est pratiquante [*religious*].
6. La mariée croit qu'elle est aussi heureuse qu'on peut l'être.
7. Les divorcés pensent qu'ils sont méprisés.
8. Tous les couples déclarent qu'ils sont persuadés que leur mariage durera.

Pourquoi se marier?

 *L'EXPRESS*

Le mariage reste-t-il un lien sacré? Ou est-il devenu une survivance archaïque? Répondant au questionnaire L'Express-RTL [Recherches Téléphonique des Lecteurs], deux mille jeunes couples donnent une image inattendue° et rassurante de l'engagement conjugal.

    «Voilà trente ans,° la question était: pourquoi ne se marient-ils pas? Aujourd'hui, on demanderait plutôt: pourquoi se marient-ils?» Cette constatation d'un expert, M. Louis Roussel, de l'Institut national d'études démographiques, résume un débat auquel l'enquête lancée il y a quinze jours par *L'Express* et RTL apporte, cette semaine, une contribution importante.

    Le mariage reste-t-il un lien sacré, indéfectible?° Est-il devenu une survivance archaïque, vouée à° la disparition? Entre ces extrêmes, personne ne sait plus très bien où l'on en est. Bien des certitudes ont été bousculées.° Il y aura moins de mariages, en France, en 1976 qu'en 1975. On compte aujourd'hui un divorce sur huit mariages, au lieu de un sur quinze il y a vingt ans. Le nombre d'enfants par foyer° baisse° régulièrement. Le renouvellement de la population pourrait être compromis.

Margin glosses:

inattendu unexpected

Voilà... = il y a trente ans

indéfectible not liable to defect or failure
voué à doomed to

bousculé jostled, upset

le foyer home / **baisser** to go down

Et, en plus, cette information venue la semaine dernière des Etats-Unis, qui servent si souvent de modèle à l'évolution des mœurs en Europe: Reno (Nevada), capitale du divorce rapide, s'est transformée en métropole du mariage facile. Parce que le divorce est devenu la chose la plus aisée du monde dans les autres Etats, alors que le mariage exige un nombre croissant de démarches et de conditions. Peut-on imaginer symbole plus éloquent?

Près de 2 000 couples de jeunes mariés ou de futurs jeunes mariés de 1976 ont répondu au questionnaire de *L'Express*. Et à cette interrogation qui pouvait leur apparaître saugrenue:° pourquoi vous mariez-vous? Leurs réponses (*voir ci-après les résultats complets de l'enquête L'Express-RTL*), comme d'ailleurs les plus récentes enquêtes des spécialistes de l'Ined, montrent avec éclat que le mariage reste un acte essentiel de la vie d'un homme et d'une femme. Mais que celui-là comme celle-ci ne le considèrent plus tout à fait comme avant.

saugrenu preposterous, absurd

L'âge moyen des jeunes mariés qui ont répondu à *L'Express* (presque 24 ans pour les hommes, presque 22 ans pour les femmes) est proche de celui des statistiques officielles: un peu plus de 24 ans pour les hommes, un peu plus de 22 ans pour les femmes. Ces chiffres indiquent d'abord que l'écart entre l'âge du marié et de la mariée s'amenuise° régulièrement: tout juste deux ans, au lieu de trois il y a trente ans. Ensuite, que l'âge moyen du mariage se stabilise après une baisse rapide — de trois ans pour les hommes, de deux ans pour les femmes — entre 1938 et 1968.

s'amenuiser to become smaller

Selon les experts de l'Ined, «cette stabilisation ne semble pas traduire une modification dans le comportement des générations les plus jeunes à l'égard du mariage». Mais elle indique peut-être un changement de «calendrier»: l'union libre — le «concubinage» dans le langage officiel — ou le mariage à l'essai° se développe. Selon les estimations les plus sérieuses, 15% des futurs couples — 30% à Paris — pratiquent la «cohabitation prénuptiale».

le mariage... trial marriage

«Autrefois, explique Mme Odile Bourguignon, maître assistant de psychologie à l'université Paris-VII, le mariage était avant tout un événement social, une manière de structurer la société, un échange entre familles. Aujourd'hui, le mariage représente surtout la consécration publique de relations affectives° et sexuelles entre deux individus. Il est donc logique qu'ils aient envie d'essayer avant.»

affectif emotional

L'enquête de *L'Express* montre, sur plusieurs points, une certaine permanence dans les intentions des jeunes face au mariage.

La plupart des jeunes couples interrogés — 89% — ont décidé de se marier religieusement. Ce chiffre est supérieur aux statistiques officielles, qui fixent le taux de mariage religieux à 75%. Mais les réponses au questionnaire de *L'Express* montrent que, parmi ceux qui «passent devant M. le Curé», un homme sur trois, une femme sur quatre le font «parce que leurs parents le souhaitent». C'est le signe d'une contrainte sociale dont une minorité croissante est consciente.

La plupart des jeunes couples ont aussi décidé d'avoir des enfants: en moyenne, 2,19 enfants pour les hommes, 2,26 pour les femmes. Ces chiffres correspondent à la baisse régulière des enfants désirés par les couples français: 2,88 en 1947, 2,50 en 1975. Ils confirment une autre remarque des spécialistes: la taille de la famille jugée idéale est plus faible pour les jeunes générations que pour les plus âgées.

Cette constatation n'inquiète pourtant pas trop les démographes. Dans un rapport sur «le mariage dans la société française», qui vient d'être publié par les Presses universitaires de France, M. Roussel étudie les résultats de plusieurs enquêtes et conclut: «Plus des deux tiers des populations interrogées estiment qu'une union ne peut être considérée comme réussie si les conjoints n'ont pas d'enfants.» Et, mercredi soir, à la télévision, dans la première émission° d'une série sur le mariage, M. Alain Girard, professeur à la Sorbonne, constatait: «Ce n'est pas par hasard qu'une famille désire avoir un nombre x d'enfants. Autrefois, il fallait une moyenne de cinq enfants par famille pour que la natalité° se maintienne. Et l'on avait cinq enfants. Aujourd'hui, il n'en faut que deux... On en a deux.» Comme si l'homme et la femme réalisaient inconsciemment ce qui était nécessaire pour assurer leur survie à travers les générations suivantes.

Simple formalité

Mais, au-delà de ces caractéristiques du mariage traditionnel — à l'église, et pour avoir des enfants — apparaissent des évolutions importantes. Dans l'attitude des couples face à la démarche officielle qu'est le mariage, dans l'importance qu'ils accordent à la sexualité, dans leurs réactions à l'éventualité du divorce.

Répondant à la question n° 6, une nette majorité des hommes — 64% — et des femmes — 60% — se disent d'accord pour affirmer que «le mariage est *une simple formalité juridique* qui permet à un couple de vivre en conformité avec les habitudes de la société». Une étude de 1972, citée dans le rapport Roussel, donne, à une question semblable, des taux inférieurs à ceux-là 37%. Mais la question s'adressait à toutes les classes d'âge de la population française. Un sondage de la Sofres [Société française d'enquêtes par le sondage], publié par *L'Express* à la même époque, indiquait que 55% des jeunes de 15 à 20 ans considéraient le mariage comme «pas forcément° nécessaire», ou même «inutile» pour un homme et une femme vivant ensemble.

une émission broadcast

la natalité birthrate

forcément necessarily

Il y a donc, parmi les nouvelles générations, une prise de conscience° très nette de l'aspect contraignant du mariage tel qu'il existe actuellement. Mais cette remise en cause° ne va pas, pour la majorité, jusqu'au refus.°

M. Roussel a expliqué à *L'Express* cette attitude: «Pour un nombre de plus en plus grand de jeunes, le mariage est une concession aux contraintes de la vie sociale. L'essentiel se joue ailleurs. L'acte de se marier est simplement l'enregistrement d'une décision, d'un contrat privé. On se marie parce que la société est ainsi faite qu'il est difficile de ne pas rendre public ce contrat privé. Il y a donc une opposition entre la recherche d'une vie affective spontanée et l'entrée dans un cadre, qui comporte° des rôles, des devoirs auxquels on n'a pas forcément envie de se conformer.»

Deuxième évolution spectaculaire: la part de la bonne entente sexuelle dans la solidité du couple. Plus de 70% des hommes et des femmes la considèrent comme un des éléments les plus indispensables (question n° 5). Sans doute Mme Bourguignon a-t-elle raison de nuancer° ces chiffres massifs. «On peut parler du sexe aujourd'hui, dit-elle. Un interdit a été levé sur les mots concernant la sexualité. Mais on peut douter que cela ait profondément bouleversé la vie sexuelle de chacun.»

Les réponses faites à *L'Express* montrent, en tout cas, que ce qui était, il n'y a pas si longtemps encore, un élément quasi° honteux de la vie du couple, est avancé aujourd'hui comme une exigence.° C'est donc une attitude propre à développer l'information, la compréhension et le bonheur.

Par hasard

«La même origine sociale» n'est pas considérée, en revanche, comme un élément indispensable à ce bonheur. On ne peut pas tirer de cette réponse la conclusion qu'il n'existe pratiquement plus de barrière sociale lorsqu'un homme et une femme s'aiment. Les couples interrogés au cours de l'émission de télévision de mercredi dernier se sont tous déclarés persuadés qu'ils s'étaient rencontrés par hasard. Pour une infirmière et un électricien, par exemple, cette rencontre avait eu lieu dans un bal. Ce «hasard», le Pr Girard a précisé aussitôt qu'il n'y croyait pas. «S'il y a une loterie, a-t-il dit, elle se situe dans le contexte très précis d'une société qui veille à ce que° les choses ne se passent pas n'importe comment.» Une statistique toute bête vient illustrer ce scepticisme: la distance moyenne entre les lieux d'origine des membres des couples français est de 11 km. A l'époque des jet!

Reste l'attitude des jeunes mariés devant l'éventualité du divorce. Leur poser cette question au moment où ils «voient la vie en rose»°

---

la prise... realization

la remise... action of reexamining a problem
le refus rejection

comporter to involve

nuancer to explain subtle differences

quasi = presque
une exigence requirement

veiller... to see to it that

voir la vie... to see the world through rose-colored glasses

pouvait paraître provocant. C'était indispensable puisque, à l'heure actuelle, près de 15% des mariages, en France, se terminent par un divorce. Et que cette proportion pourrait monter rapidement à 20%. De plus, le divorce interviendrait plus tôt dans la vie des couples.

Là encore, il semble que la lucidité° des futurs mariés soit grande. La proportion, d'abord, est infime,° de ceux qui excluent le divorce pour une question de principe, ou de ceux qui l'acceptent comme une perspective banale. Près de la moitié des jeunes couples l'excluent parce qu'ils ont confiance dans la décision qu'ils viennent de prendre de s'unir l'un à l'autre: Proportion bien normale à quelques semaines d'un mariage. Mais plus de un homme sur trois et près de une femme sur deux n'excluent pas l'échec.° C'est sans doute que la vie d'un couple leur apparaît difficile.

A en croire les spécialistes, ils ont raison. Au cours d'une enquête menée par le ministère de la Justice et l'Ined, on a demandé à un échantillon représentatif de la population française si les conditions générales de la vie moderne leur semblaient plutôt favoriser la vie conjugale, ou plutôt la défavoriser. Les deux tiers des personnes interrogées ont estimé qu'elles la défavorisaient. Le sentiment est donc

la lucidité clear-sightedness
infime minuscule

un échec failure

largement répandu° qu'une menace croissante plane sur° la vie du couple.

    Cette menace est d'autant plus grave que le couple est devenu, dans une vie sociale traumatisante, un refuge privilégié. Et même unique, puisque la quasi-totalité des hommes et des femmes de tous âges, interrogés à l'initiative des Caisses d'allocations familiales,[1] estiment que «dans la société actuelle, la famille reste *le seul endroit* où l'on est vraiment ensemble et détendu».°

Bonheurs évanouis

«La loi du mariage est aujourd'hui *celle du tout ou rien,* explique M. Roussel. Autrefois, on pouvait avoir un mariage un peu malheureux, mais un certain nombre de choses étaient maintenues: on allait transmettre un patrimoine,° une culture. Et puis, on existait ailleurs que dans la famille. On pouvait être en même temps un mari malheureux et un villageois honoré.»

    Mais les relations de camaraderie, de quartier, de famille élargie ont pratiquement disparu. La vie est devenue anonyme. «Ce n'est pas, conclut M. Roussel, le mariage qui a attiré tous les bonheurs à lui. Ce sont les autres bonheurs qui se sont évanouis.»

    Voilà qui replace le débat dans son véritable cadre: s'il y a une crise de la vie conjugale, et de la famille, elle n'est que la conséquence, peut-être la plus grave, d'une crise de société.

    L'enquête de *L'Express* et de RTL donne une image rassurante: les jeunes croient au mariage. Ou, en tout cas, au couple. Et ils placent même dans ce choix tant d'espoirs, qu'ils veulent le voir dégagé° des contraintes inutiles. Il serait dramatique de les décevoir.°

ALBERT du ROY
et JACQUELINE REMY

largement... widespread / **planer sur** to hover over

détendu relaxed

le patrimoine patrimony, heritage

dégagé released
décevoir to disappoint

MARIAGE: LES REPONSES DES LECTEURS DE L'EXPRESS

1. L'âge des mariés

	LUI	ELLE
• 17 ans ou moins	......	1,38%
• de 18 à 23 ans	54,73%	75,48%
• de 24 à 26 ans	28,96%	16,20%
• 27 ans ou plus	16,29%	6,94%

Age moyen LUI: 23 ans, 9 mois, 21 jours
          ELLE: 21 ans, 10 mois, 15 jours

2. La décision

Depuis combien de temps vous connaissez-vous?

- 6 mois ou moins 3,36%
- entre 6 mois et 2 ans 51,30%
- entre 2 et 5 ans 39,62%
- plus de 5 ans 5,72%

(suite à la p. 186)

---

[1] **caisses d'allocations familiales:** A la naissance de chaque enfant, le gouvernement français donne une somme d'argent (une prime) à la famille. Le bureau qui s'occupe de ces paiements s'appelle la Caisse d'allocations familiales.

MARIAGE: LES REPONSES DES LECTEURS DE L'EXPRESS (Suite)

3. La peur

La vie en commun vous fait-elle...

	LUI	ELLE
• très peur	1%	2%
• un peu peur	23%	36%
• pas peur du tout	76%	62%

4. La religion

Vous mariez-vous religieusement?

OUI 89%

NON 11%

	LUI	ELLE
si oui		
• par conviction person-nelle	64%	74%
• parce que vos parents le souhaitent	36%	26%

5. Un couple heureux

Qu'est-ce qui vous semble le plus indispensable pour qu'un couple soit solide et heureux?

	LUI	ELLE
• la bonne entente sexuelle	72%	71%
• la même origine sociale	12%	13%
• l'égalité intellectuelle ..	23%	26%
• l'aisance matérielle	16%	15%
• les enfants	38%	41%
• l'indépendance finan-cière de l'un par rapport à l'autre	6%	7%

6. Le mariage, pourquoi?

Pour chacune de ces affirmations, dites si vous êtes plutôt d'accord ou plutôt pas d'accord:

a) quand un homme et une femme veulent vivre ensemble, ils doivent se marier pour respecter les règles morales et religieuses.

	LUI	ELLE
• plutôt d'accord	38%	42%
• plutôt pas d'accord	62%	58%

b) le mariage est une simple formalité juridique qui permet à un couple de vivre en conformité avec les habitudes de la société.

	LUI	ELLE
• plutôt d'accord	64%	60%
• plutôt pas d'accord	36%	40%

c) le mariage est un acte inutile lorsqu'un couple ne veut pas avoir d'enfants.

	LUI	ELLE
• plutôt d'accord	32%	30%
• plutôt pas d'accord	68%	70%

7. Les enfants

Avez-vous décidé d'avoir des enfants?

OUI .... 89%   NON 3%

si oui, combien?	LUI	ELLE
1	16%	7%
2	53%	60%
3	25%	27%
plus	7%	6%

8. Le divorce

Vous allez vous marier. Est-ce que, aujourd'hui, pour vous, le divorce est

	LUI	ELLE
• une perspective exclue parce que vous en condamnez le principe	7%	5%
• une perspective exclue parce que vous avez la certitude que votre couple durera toute la vie	47%	47%
• une éventualité que vous redoutez, mais que vous n'excluez pas	38%	41%
• une éventualité que vous ne redoutez pas	7%	8%

CONTROLE

1. Quelle est la question que l'on se posait autrefois à propos d'un couple? Aujourd'hui, que demande-t-on plutôt? Quel changement d'attitude envers le mariage ces questions révèlent-elles?
2. Citez quelques-unes des statistiques sur l'évolution du mariage en France.
3. Pourquoi les journalistes citent-ils le cas de Reno, Nevada?
4. Qui a-t-on interrogé dans l'enquête initiée par *L'Express*? Quel était l'âge moyen des personnes interrogées?
5. Aujourd'hui en France a-t-on tendance à se marier plus tôt ou plus tard qu'autrefois? Expliquez votre réponse.
6. Qu'est-ce que c'est que le «concubinage» dans le langage officiel? Selon les estimations, combien de futurs couples le pratiquent?
7. Comment la conception du mariage a-t-elle évolué selon une maître assistant de psychologie de l'université de Paris?
8. Sur quels points les intentions des jeunes face au mariage n'ont-elles pas changé?
9. Citez une attitude importante en ce qui concerne les unions sans enfants. A quoi correspond la baisse du nombre d'enfants que désirent les jeunes couples d'aujourd'hui selon un professeur à la Sorbonne?

Simple formalité

10. Il y a trois points précis sur lesquels l'attitude des couples vis-à-vis du mariage a changé. Précisez.

Par hasard

11. Selon le sondage, on ne considère pas la même origine sociale un facteur important dans le choix d'un partenaire. De là peut-on conclure qu'il n'existe plus de barrière sociale lorsqu'un homme et une femme s'aiment?
12. Citez des statistiques concernant le divorce en France. Caractérisez l'attitude des jeunes couples envers le divorce selon les résultats du sondage.
13. Croit-on que les conditions générales de la vie moderne semblent favoriser la vie conjugale ou plutôt la défavoriser?
14. Que représente la famille pour la plus grande partie des personnes interrogées?

Bonheurs évanouis

15. Expliquez ce que veut dire la rubrique «bonheurs évanouis».
16. Somme toute, quelle semble être l'attitude des jeunes vis-à-vis du mariage à en juger par les résultats du sondage?

CONVERSATION

1. Pensez-vous vous marier? Si oui, à quel âge? Désirez-vous avoir des enfants? Combien en voudriez-vous avoir?
2. Soixante-dix pour-cent des Français considèrent que les enfants sont un élément indispensable au bonheur d'un mariage. Qu'en pensez-vous?
3. Que pensez-vous du mariage à l'essai? Doit-on vivre ensemble pendant quelque temps avant de se marier?
4. Faites une liste dans l'ordre de leur importance des qualités les plus importantes à la solidité et au bonheur d'un mariage. Considérez les facteurs cités dans la cinquième question et s'il y a d'autres facteurs que vous estimez importants, ajoutez-les.
5. Déplorez-vous le taux croissant de divorces? Pensez-vous que cela indique une dégradation dans l'institution de la famille dans notre société?
6. Est-on moins heureux dans le mariage aujourd'hui qu'on ne l'était autrefois, on y a-t-il d'autres raisons pour le taux croissant de divorces?
7. Quels peuvent être les facteurs importants dans la dissolution des mariages aujourd'hui? Les conjoints se marient-ils trop jeunes? Le climat culturel est-il défavorable au mariage? Y a-t-il d'autres raisons possibles?

ACTIVITE

Menez une enquête semblable à celle de *L'Express* en faisant un sondage parmi vos amis ou vos camarades de classe. Ecrivez vos commentaires sur les résultats.

Les Structures élémentaires de la parenté

CLAUDE LEVI-STRAUSS

Claude Lévi-Strauss est sans doute un des ethnologues les plus célèbres du monde. Ses livres ont tous été d'une importance capitale dans le développement de la science de l'ethnologie, l'étude théorique des usages de tous les genres des groupes d'hommes vivant en société. Les œuvres principales de Lévi-Strauss sont *Tristes Tropiques, Anthropologie structurale I* et *II, Le Totémisme aujourd'hui, Pensée sauvage* et *Les Mytho-logiques.*

  La clé de l'étude des phénomènes humains dans l'œuvre de Lévi-Strauss est le concept de structure. Cette façon d'aborder les problèmes que pose l'ethnologie a été developpée dans *Les Structures élémentaires de la parenté* (1949), un des premiers livres de Lévi-Strauss. Dans cet ouvrage, il donne une explication rationnelle de l'interdiction quasi universelle de l'inceste, et il cherche les éléments fondamentaux et in-variables dans les systèmes complexes de parenté. L'extrait présenté ici traite de l'importance du mariage dans les sociétés primitives.

MOTS A APPRENDRE

le célibataire *unmarried person*
Dans beaucoup de sociétés primitives, les célibataires sont considérés comme des personnes contre nature.

la chasse *hunting*
La chasse et la pêche sont des activités très importantes parmi les tribus qui n'ont pas d'agriculture.

convenable *appropriate*
Quand le mariage est gouverné par des traditions rigoureuses, il est parfois difficile de trouver un partenaire convenable.

un indigène *native, person indigenous to a region*
Certains indigènes de l'Amazone pratique le cannibalisme.

mépriser *to scorn, despise*
Les autres membres de la tribu méprisent cet individu parce qu'il ne s'est pas marié à l'âge convenable.

la nourriture *food*
Chez bien des peuples primitifs, il n'y a que les femmes qui puissent préparer certains types de nourriture; ainsi, pour avoir une alimentation complète, il faut se marier.

le péché *sin*
Les sept péchés capitaux sonts: l'avarice, la colère, l'envie, la gourmandise, l'orgeuil, la luxure et la paresse.

prêter *to lend* (**le prêt** *loan*)
Dans certaines sociétés primitives, la coutume veut qu'un mari prête sa femme à un hôte.

signaler *to point out, draw attention to*
Les indigènes nous ont signalé cette personne comme dangereuse parce qu'elle était célibataire.

supporter *to tolerate* (**insupportable** *unbearable*)
Dans les rites d'initiation de cette tribu, un homme doit prouver qu'il est capable de supporter la douleur, même extrême.

la tâche *task*
Chez les Wolofs, certaines tâches sont réservées aux hommes et d'autres aux femmes; un homme mourrait plutôt que de subir l'humiliation de faire le travail d'une femme.

PRATIQUE

A. Expliquez en français ce que veulent dire les mots suivants :

1. le célibataire
2. la nourriture
3. la tâche
4. la chasse
5. un indigène
6. le péché

B. Employez les mots suivants dans des phrases qui suggèrent leur signification :

1. supporter
2. mépriser
3. prêter
4. signaler
5. convenable

TOURNURES A REPETER

A. Notez l'emploi de l'adjectif **tel (telle, tels, telles)** dans les phrases suivantes :

Un tel individu est dangereux.
Such an individual is dangerous.

Dans **de telles** sociétés, il faut se marier.
In such societies, one must marry.

Beaucoup d'hommes, **tel que** lui, avaient pris femme.
Many men, like him, had taken a wife.

Telle était l'unique raison de cette malédiction.
Such was the only reason for this curse.

En vous référant aux exemples précédents, refaites la partie de la phrase en italique en employant la forme correcte de **tel :**

1. Je n'ai jamais rencontré une femme *comme elle.*
2. *Une expérience comme celle-là* donne à réfléchir.
3. Dans *cette* sorte *de société,* les femmes ont plus d'un mari.
4. *Cela* était la théorie de Lévi-Strauss.
5. Beaucoup de femmes, *comme elles,* auraient voulu rester célibataire.

B. Notez l'expression utile **avoir de quoi** + **infinitif** *to have what is necessary to do (something)*:

Ils **ont** à peine **de quoi ne pas mourir de faim.**
They have just barely enough in order not to starve.

Lisez à haute voix, et traduisez les phrases suivantes:

1. Nous n'avons pas de quoi préparer un bon repas.
2. Avez-vous de quoi écrire?
3. Ce pauvre homme n'a pas de quoi vivre.
4. Ils ont apporté de quoi faire un pique-nique.
5. Il faut trouver de quoi acheter une voiture.

L'Importance du mariage dans les sociétés primitives

CLAUDE LEVI-STRAUSS

au sein de in the heart of
le déséquilibre imbalance

la polyandrie polyandry — the practice of having more than one husband

le statut status

la garde-robe wardrobe

Des considérations exclusivement tirées de l'étude des relations entre les sexes au sein de° notre société ne pourraient faire comprendre le caractère véritablement tragique de ce déséquilibre° [entre le nombre de femmes et d'hommes] au sein des sociétés primitives. Ses implications sexuelles sont secondaires. La société primitive dispose en effet, plus encore que la nôtre, de multiples moyens pour résoudre cet aspect du problème. L'homosexualité dans certains groupes, la polyandrie° et le prêt de femmes dans d'autres, presque partout enfin l'extrême liberté des relations prémaritales, permettraient aux adolescents d'attendre aisément une épouse, si la fonction de l'épouse se limitait aux gratifications sexuelles. Mais, comme on l'a souvent remarqué, le mariage dans la plupart des sociétés primitives (comme aussi — mais à un moindre degré — dans les classes rurales de notre société), présente une toute autre importance, non pas érotique, mais économique. La différence entre le statut° économique du célibataire et celui de l'homme marié, dans notre société, se réduit presque exclusivement au fait que le premier doit, plus fréquemment, renouveler sa garde-robe.° La situation est toute autre dans des groupes où la satisfaction des besoins économiques repose entièrement sur la société conjugale et sur la division du travail entre les sexes. Non seulement l'homme et la femme n'ont pas la même spécialisation technique, et dépendent donc l'un de l'autre pour la fabrication des objets nécessaires aux tâches quotidiennes, mais ils se consacrent à la production de types différentes de nourriture. Une alimentation° complète, et surtout régulière, dépend donc de cette véritable «coopérative de production» que constitue un ménage. «Plus il y a de femmes, plus il y a à manger», disent les Pygmées qui considèrent les femmes et les enfants comme la partie la plus précieuse de l'actif du groupe familiale.* De même les femmes Hottentotes, au cours de la cérémonie de mariage, célèbrent en chœur° le fiancé et les hommes qui tel que lui, «cherchent femme, bien qu'aujourd'hui, ils aient assez à manger».**

Surtout aux niveaux les plus primitifs, où la rigueur du milieu géographique et l'état rudimentaire des techniques rendent hasardeux, aussi bien la chasse et le jardinage, que le ramassage° et la cueillette,° l'existence serait presque impossible pour un individu abandonné à lui-même. Une des impressions les plus profondes que nous gardions de nos premières expériences sur le terrain° est celle du spectacle, dans un village indigène du Brésil central, d'un homme jeune, accroupi° des heures entières dans le coin d'une hutte, sombre, mal soigné, effroyablement° maigre et, semblait-il, dans l'état de déjection la plus complète. Nous l'avons observé plusieurs jours de suite: il sortait rarement, sauf pour chasser, solitaire, et quand autour des feux, commençaient les repas familiaux, il aurait le plus souvent jeûné° si, de temps à autre, une parente n'avait déposé à ses côtés un peu de nourriture qu'il absorbait en silence. Lorsque, intrigués par ce singulier destin, nous demandâmes enfin quel était ce personnage, auquel nous prêtions° quelque grave maladie, on nous répondit, en riant de nos suppositions: «c'est un célibataire»; telle était en effet l'unique raison de cette malédiction° apparente. Cette expérience s'est souvent renouvelée depuis lors. Le célibataire misérable, privé de nourriture les jours où, après des expéditions de chasse ou de pêche malheureuses, le menu se borne aux fruits de la collecte et du ramassage, parfois du jardinage, féminins, est un spectacle caractéristique de la société indigène. Et ce n'est pas seulement la victime directe qui se trouve placée dans une situation difficilement supportable: les parents ou amis dont elle dépend, dans de pareils cas, pour sa subsistence, supportent avec humeur° sa muette anxiété; car chaque famille retire, des effets conjugés du mari et de la femme, souvent à peine de quoi ne pas mourir de faim. Il n'est donc pas exagéré de dire que, dans de telles sociétés, le mariage présente une importance vitale pour chaque individu. Car chaque indi-

une alimentation nutrition, food supply

le chœur chorus

le ramassage (food) gathering / **la cueillette** picking of fruit, berries, etc.

sur... in the field
accroupi squatting

effroyablement frightfully

jeûner to fast

prêter *here,* attribute

la malédiction curse

une humeur *here,* ill-humor

---

* P. Schebesta: *Among Congo Pygmies.* Londres, 1933, p. 128; et *Revisiting My Pygmy Hosts,* Londres, 1936, p. 138.
** I. Scapera: *The Khoisan People of South Africa.* Londres, 1930.

vidu est doublement intéressé, non seulement à trouver pour soi-même un conjoint, mais aussi à prévenir à l'occurrence, dans son groupe, de ces deux calamités de la société primitive: le célibataire et l'orphelin.

On nous excusera d'accumuler ici les citations. Mais il importe d'illustrer, sinon la généralité de ces attitudes que personne, sans doute, ne contestera, mais plutôt le ton de véhémence et de conviction avec lequel la pensée primitive les exprime partout: «Chez ces Indiens», écrit Colbacchini à propos des Bororo chez lesquels nous avons fait l'observation citée au paragraphe précédent, «le célibat n'existe pas, et n'est même pas imaginé, car on n'admettrait pas sa possibilité.»* De même, «les Pygmées méprisent et raillent° les célibataires comme des êtres contre nature.»**

railler to jeer at

Radcliffe-Brown note: «Tel individu m'a été signalé comme une personne dangereuse parce qu'il avait refusé de prendre femme à un âge où on considère convenable pour un homme de se marier.»*** En Nouvelle Guinée, «le système économique et les règles traditionnelles de la division de travail entre homme et femme font la vie commune entre les sexes une nécessité. En vérité, tout le monde doit atteindre cet état, sauf les infirmes.»† «Chez les Chukchee du Rennes, nul ne peut mener une vie supportable sans une maison à soi et une femme pour en prendre soin... Un adulte célibataire n'inspire qu'un mépris général. C'est un bon-à-rien, un paresseux, un vagabond qui traîne de campement en campement.»††

Gilhodes écrit des Katchin de Birmanie: «Quant au célibat volontaire, ils ne semblent pas en avoir l'idée. C'est un grand gloire pour un Katchin, de se marier et d'avoir des enfants et c'est une honte que de mourir sans postérité. On peut voir cependant quelques rares vieux garçons° et vieilles filles;° mais ce sont presque toujours des simples d'esprit, ou des personnes de caractère impossible,° et quand ils meurent, on leur réserve une caricature d'enterrement...° On connaît quelques rares vieux célibataires des deux sexes. Pendant leur vie durant, ils ont honte de leur condition, et au moment de leur mort, ils font peur, particulièrement aux jeunes gens... Ceux-ci ne prennent aucune part aux cérémonies funéraires, de peur d'être incapables de s'établir en ménage... les rites sont observés surtout par les vieillards des

le vieux... bachelor / **la vieille...** spinster
de caractère... of difficult temperament
un enterrement burial

---

* A. Colbacchini: *Os Bororos orientais*, trad. portug. São Paulo, 1942, p. 31.
** P. Schebesta: *Revisiting...*, p. 138.
*** A. R. Radcliffe-Brown: *The Andaman islanders*. Cambridge, 1937, pp. 50–51.
† R. Thurnwald: «Banaro society. Social organization and kinship system of a tribe in the interior of New Guinea». *Memoirs of the American Anthropological Association*, vol. 3, no. 4, 1916, p. 384.
†† W. Bogoras: *The Chukchee*, p. 569.

deux sexes, et de façon ridicule... toutes les danses sont exécutées à l'envers.»* °

à l'envers   in reverse

Terminons par l'Orient ce tour d'horizon: «Pour un homme sans femme, il n'y a pas de Paradis au ciel et pas de Paradis sur terre... Si la femme n'avait pas été créée, il n'y aurait ni soleil ni lune; il n'y aurait pas d'agriculture et pas de feu. Comme les Juifs orientaux et les anciens Babyloniens, les Mandéens font du célibat un péché. Les célibataires de l'un ou de l'autre sexe (et tout particulièrement les moines° et les nonnes) sont livrés sans défense au commerce des démons, d'où naissent les mauvais esprits et les génies malfaisants qui persécutent l'espèce humaine.»** Les Indiens Navaho partagent la même théorie: même dans les trois premiers des Quatre Mondes inférieurs subsistent la distinction des sexes et leurs rapports, «tant les indigènes ont du mal à imaginer une forme d'existence, fût-elle la plus basse et la plus misérable, qui n'en eût pas le bénéfice.» Mais les sexes sont séparés dans le quatrième monde, et les monstres sont le fruit de la masturbation à quoi chaque sexe se trouve réduit.***

le moine   monk

A cette attitude générale, on connaît sans doute quelques exceptions. Le célibat paraît avoir une certaine fréquence en Polynésie,† peut-être parce que la production de la nourriture ne constitue pas, dans cette région du monde, un problème critique. Ailleurs, comme chez les Karen de Birmanie et les Tangouses,†† il est plutôt la conséquence de la rigueur avec laquelle ces peuplades appliquent leurs règles exogamiques:[1] quand le conjoint prescrit fait l'objet d'une détermination stricte, le mariage devient impossible en l'absence d'un parent occupant plus exactement la position requise. Dans ce dernier cas au moins, l'exception confirme vraiment la règle.

CONTROLE

1. De quels moyens les sociétés primitives disposent-elles pour résoudre le problème sexuel que présente le déséquilibre entre le nombre de femmes et d'hommes?

---

* C. Gilhodes: *The Kachins: Their religion and Mythology.* Calcutta, 1922, pp. 225 et 227.
** E. S. Drowe: *The Mandaeans of Iraq and Iran.* Oxford, 1937, pp. 17 et 59.
*** G. A. Reichard: «Navaho Religion: A Study in Symbolism», ms. p. 662.
† Raymond Firth: *We, the Tikopia.* Londres et New York, 1936.
†† W. Bogoras: *The Chukchee,* p. 570. — Sir J. G. Frazer: *Folklore in the Old Testament.* Londres, 1919, vol. 2, p. 138.
[1] **exogamique,** terme anthropologique décrivant la coutume de prendre femme en dehors du village natal ou de la tribu d'origine

2. Pourquoi donc le mariage est-il tellement important dans la plupart des sociétés primitives?
3. Quelle est l'importance de la femme parmi certains groupes indigènes?
4. Décrivez une des impressions les plus profondes que Lévi-Strauss retient de ses premières expériences sur le terrain.
5. Quelle explication l'anthropologue donnait-il du spectacle étrange qu'il avait vu? Quelle en était la vraie raison.
6. L'expérience que l'auteur décrit était-elle exceptionnelle?
7. Quelles sont les deux «calamités» de la société primitive? Pourquoi dit-on des calamités?
8. Citez quelques observations faites par des anthropologues qui ont étudié la question de l'importance du mariage parmi les peuples primitifs.
9. Chez les Katchin de Birmanie comment regarde-t-on les célibataires?
10. Selon la mythologie mandéenne, quelle serait l'origine des «mauvais esprits»?
11. Sur quel point la mythologie des Indiens Navaho ressemble-t-elle à la mythologie Mandéenne?
12. Pourquoi le célibat paraît-il assez fréquent en Polynésie?

CONVERSATION

1. Bien que le mariage soit moins important dans notre société technologique que dans les sociétés primitives, existe-t-il néanmoins un mépris subtil à l'égard des célibataires? Si vous pensez que oui, comment ce mépris se manifeste-t-il?
2. Décrivez les coutumes de mariage de notre société comme si vous étiez un ethnologue. Essayez de vous détacher de votre culture et de faire des observations objectives.
3. L'ethnologie est-elle une science au même titre que la biologie ou la physique?
4. En quoi l'ethnologie peut-elle être utile?

ACTIVITE

En faisant des recherches à la bibliothèque, étudiez les coutumes d'une société autre que la nôtre (chinoise, japonaise, indienne, esquimau, etc.) et faites en classe un exposé sur le sujet.

Les Contes d'Amadou Koumba

BIRAGO DIOP

Quand Birago Diop était enfant dans un village du Sénégal,
il écoutait avec fascination les histoires des griots, ces conteurs,
chanteurs et généologistes qui savent par cœur toute l'histoire
et le folklore de leur tribu. (C'est grâce à un griot, par exemple, qu'Alex Haley, l'auteur de *Roots,* est parvenu à retrouver
le village de ses ancêtres et d'apprendre l'histoire de sa famille
qui remontait à des siècles et à des douzaines de générations.)
Amadou Koumba était le nom du griot de la famille de Birago
Diop. En écrivant *Les Contes d'Amadou Koumba,* Diop a pré-
servé ces histoires et légendes de la tradition orale, passées de
génération en génération par les griots et les grand'mères des
pays noirs. Mais les contes de Birago Diop ne sont pas que la
simple traduction en français des récits du griot. L'écrivain les
a repensées «en artiste nègre et français en même temps»,
comme l'a signalé Léopold Senghor.[1] Ainsi, Diop a produit
une œuvre personnelle et originale, marquée par le charme
d'un style très individuel.

A part les deux volumes des *Contes d'Amadou Koumba,*
Birago Diop a écrit *Leurres et lueurs,* un recueil de poèmes, et
Contes et lavanes, qui a reçu en 1964 le Grand Prix littéraire
de l'Afrique noire d'expression française.

---

[1] **Léopold Senghor,** le Président-poète sénégalais qui a défini l'esprit de la
littérature noire, qu'il nomma «la négritude»

MOTS A APPRENDRE

la case   *hut, small dwelling*
Les cases du village de Maka-Kouli étaient faites de paille.

la dot   *dowry*
Dans la tribu de Demba et de Koumba, l'homme doit payer une dot aux beaux-parents.

éclaircir   *to explain, enlighten, clear up (a mystery)*
Pour éclaircir l'affaire de ce couple, il a fallu les interroger tous les deux.

s'écouler   *(of time) to pass, elapse*
Un mois s'est écoulé depuis que Demba a répudié sa femme.

les fesses (f.)   *buttocks*
Selon un proverbe sénégalais, «L'on ne connaît l'utilité des fesses que quand vient l'heure de s'asseoir.»

gâter   *to spoil*
Quand Koumba est retournée dans sa famille, tous ses frères et ses soeurs la gâtaient parce qu'ils avaient pitié d'elle.

justement   *precisely, exactly*
— Vous avez oublié votre sac.
— Justement, c'est pourquoi je suis revenu.

ramasser   *to pick up, gather together*
Les hommes ont ramassé du bois et des feuilles sèches pour faire un feu.

saccager   *to sack, pillage, lay waste to*
Des animaux sauvages ont saccagé pendant la nuit le champ cultivé.

le seuil   *threshold*
Dès que Demba a franchi le seuil da sa case, il s'est mis à gronder sa femme.

le singe   *monkey*
Dans les contes d'Amadou Koumba, les animaux sont personnifiés; le chef de la tribu des singes s'appelle Golo.

PRATIQUE

Complétez les phrases suivantes par la forme correcte d'un mot tiré de la liste des Mots à apprendre:

1. ——— sont amusants à voir parce qu'ils ressemblent beaucoup aux êtres humains.

2. Selon une vieille tradition européenne, le mari doit franchir ———— de la maison en portant sa mariée dans ses bras.

3. Chez les Mandinkas, tribu de l'Afrique de l'ouest, quand un garçon atteint l'âge d'homme, il ne doit plus habiter avec sa mère; il a droit à sa propre ————.

4. Il n'est pas bon de ———— un enfant, parce qu'il faut qu'un enfant se rende compte des difficultés de la vie.

5. Chantal a laissé tomber son mouchoir et un beau jeune homme l'———— pour elle.

6. Le griot doit venir au village aujourd'hui. Le voilà ———— qui arrive!

7. Avant de prendre une décision, le conseil de vieillards a examiné toute l'évidence pour ———— le problème.

8. Dans certaines tribus africaines, il faut qu'un mois ———— avant qu'un mariage ne soit consommé.

9. Les Goths étaient une tribu barbare qui en 410 ———— l'empire romain.

10. Les babouins [*baboons*] ont ———— nues parce que selon une légende africaine, un vieillard qui s'appelait Medjembe les aurait pelées [*skinned*].

11. En France, la tradition de ———— a disparu à peu près en même temps que les mariages arrangés par la famille.

TOURNURES A REPETER

Dans l'extrait qui suit, il y a plusieurs proverbes sénégalais. Les proverbes sont l'expression de la sagesse pratique et populaire. Ils sont parfois très révélateurs des mœurs d'une société. Voici quelques proverbes français. Essayez de trouver dans la colonne de droite les proverbes anglais qui leur correspondent.

1. Loin des yeux, loin du cœur.

   a. Nothing ventured, nothing gained.

2. Quand le chat n'est pas là, les souris dansent.

   b. Never look a gift horse in the mouth.

3. On ne récolte jamais que ce qu'on a semé.

   c. Out of sight, out of mind.

4. Pierre qui roule n'amasse pas mousse.

   d. Where there's a will, there's a way.

5. Plus on est de fous, plus on rit.

   e. When the cat's away, the mice will play.

6. A cheval donné, on ne regarde pas la bride.
7. Le mieux est parfois l'ennemi du bien.
8. Aide-toi, le ciel t'aidera.
9. Qui ne risque rien, n'a rien.

10. Vouloir, c'est pouvoir.

f. A rolling stone gathers no moss.
g. God helps those who help themselves.
h. The more the merrier.
i. It is better to let well-enough alone.
j. As you sow, thus shall you reap.

Un Jugement

BIRAGO DIOP

certes = certainement /
avait... = était allé trop loin
la pastèque water-melon
le ban... all the ranks (of one's supporters)
à la queue... in single file

la haie hedge

larmoyer to shed tears

un amateur fan, lover

mal élevé ill bred

jadis formerly
un aïeul ancestor

avoir affaire... to have dealings with

Certes,° Golo, le chef de la tribu des singes, avait un peu exagéré° en visitant, cette nuit-là, le champ de pastèques° de Demba. Il avait dû convoquer le ban et l'arrière-ban° de ses sujets, qui ne s'étaient pas contentés d'arriver à la queue leu leu° et de faire la chaîne pour se passer les pastèques une à une. Ils avaient, en bandes, sauté et franchi la haie° d'euphorbes.[1] Les euphorbes sont les plus bêtes des plantes, elles ne savent que larmoyer,° mais pour qu'elles larmoient, il faut qu'on les touche. Golo avait touché aux euphorbes et à autre chose encore. Lui et sa tribu avaient saccagé tout le champ. Ils s'étaient conduits comme de vulgaires chacals; et tout le monde sait que, si les chacals passent pour les plus grands amateurs° de pastèques que la terre ait enfantés, ils demeurent également, jusqu'à nos jours, les êtres les plus mal élevés° qui vivent sous le soleil, ou plutôt sous la lune.

Golo et sa tribu s'étaient comportés comme de vrais fils de chacals parce qu'ils savaient fort bien que ces pastèques n'étaient pas celles du vieux Medjembe qui, lui, avait jadis° administré une si belle correction à l'aïeul° de tous les singes qu'il lui avait pelé les fesses. La marque, ainsi que le souvenir, en étaient restés à jamais à toute sa descendance.

Demba se serait certainement comporté comme le vieux Medjembe, puisque Golo avait agi comme Thile-le-chacal, qui, lui aussi, eut jadis affaire avec° le premier cultivateur de pastèques, mais Golo ni aucun de ses sujets n'avaient attendu l'arrivée de Demba.

---

[1] **un euphorbe,** *euphorbia,* une plante à sève [*sap*] laiteuse

Golo avait exagéré, c'est entendu, et Demba n'avait pas été content, le matin, en découvrant l'étendue° des dégâts° faits dans son champ; mais de là à passer sa colère sur° Koumba sa femme, il y avait un fossé.° Ce fossé, cependant, Demba le franchit en même temps que le seuil de sa demeure.

Il trouva que l'eau que Koumba lui offrait à genoux en le saluant n'était pas assez fraîche. Il trouva que le couscous° était trop chaud et pas assez salé et que la viande était trop dure, il trouva que cela était ceci et que ceci était cela, tant il est bien vrai que l'hyène qui veut manger son petit trouve qu'il sent° la chèvre...°

Las de crier, Demba se mit à rouer Koumba de coups,° et, fatigué de la battre, il lui dit:

Retourne chez ta mère, je te répudie.[2]

Sans mot dire, Koumba se mit à ramasser ses effets et ustensiles, fit sa toilette, revêtit ses plus beaux habits. Ses seins pointaient° sous sa camisole brodée,° sa croupe rebondie° tendait° son pagne° de n'ga-lam.° A chacun de ses gracieux mouvements, tintaient° ses ceintures de perles et son parfum entêtant° agaçait° les narines° de Demba.

Koumba prit ses bagages sur sa tête et franchit le seuil de la porte. Demba fit un mouvement pour la rappeler, mais il s'arrêta et se dit: «Ses parents me la ramèneront.»

_____
[2] Selon la loi musulmane, un mariage est dissolu si le mari répudie sa femme. Il n'a qu'à prononcer les paroles «je te répudie».

une arachide peanut

arroser *here*, to baste / la bouillie de mil millet meal

le balai broom

la poussière dust / la cendre
ash / la coque shell
une épluchure peeling

endosser to put on / le boubou
long garment
le foie liver

la calebasse bowl made of a
gourd / le puits well

piètre wretched

accort charming, vivacious

le cadet younger sibling

à l'étape at the end of each leg
(of a journey)

choyé coddled

se baisser to bend over

le diali = le griot

Deux, trois jours, dix jours passèrent sans que Koumba revînt, sans que les parents de Koumba donnassent signe de vie.

L'on ne connaît l'utilité des fesses que quand vient l'heure de s'asseoir. Demba commençait à savoir ce qu'était une femme dans une maison.

Les arachides° grillées sont de fort bonnes choses, mais tous les gourmets, et même ceux qui ne mangent que parce que ne pas manger c'est mourir, sont d'accord pour reconnaître qu'elles sont meilleures en sauce sucrée pour arroser° la bouillie de mil,° ou salée et pimentée pour accommoder le couscous aux haricots. Demba voyait venir le moment où il serait obligé d'être de cet avis. Son repas du jour ne lui était plus porté aux champs; et, le soir, il allumait lui-même le feu pour griller arachides ou patates douces.

Il est défendu à l'homme fait de toucher à un balai,° et pourtant, comment faire quand la poussière,° les cendres,° les coques° d'arachides et les épluchures° de patates envahissent chaque jour un peu plus le sol de la case?

L'on ne travaille vraiment bien que le torse nu. Mais lorsque la journée finie, on endosse° son boubou,° l'on voudrait bien que ce boubou ne soit pas aussi sale que le foie° d'un chien; et pourtant, est-il digne d'un homme qui mérite le nom d'homme de prendre calebasse,° savon et linge sale et d'aller à la rivière ou au puits° faire la lessive?

Demba commençait à se poser toutes ces questions, et beaucoup d'autres encore. Sa sagesse, peut-être un peu en retard, lui répétait: «L'on ne connaît l'utilité des fesses que quand vient l'heure de s'asseoir.»

La continence est une vertu bien belle, sans aucun doute, mais c'est une bien piètre° compagne. Elle est trop mince pour remplir une couche et Demba trouvait maintenant son lit trop large pour lui seul.

Koumba, par contre, s'apercevait, chaque jour qui passait, que l'état de répudiée pour une femme jeune et accorte,° dans un village rempli de jeunes hommes entreprenants, n'avait absolument rien de désagréable, bien au contraire.

Qui voyage avec son aîné et son cadet° fait le plus agréable des voyages. A l'étape,° l'aîné s'occupe de trouver la case et le cadet fait le feu. Koumba, qui était retournée chez elle, qui y avait retrouvé ses aînées et ses cadettes, et qui, en outre, passait à leurs yeux pour avoir tant souffert dans la case de son mari, était gâtée et choyée° par tout le monde.

Quand il y a trop à ramasser, se baisser° devient malaisé. C'est pourquoi les griots-chanteurs et les dialis-musiciens,° aux sons de leurs

guitares, exhortaient en vain Koumba à choisir parmi les prétendants°
qui, dès le premier soir de son arrivée, avaient envahi sa case. Ce
n'était, après le repas du soir, que chants et louanges° des griots à
l'adresse de Koumba, de ses amies et de ses prétendants, que musique
des dialis rappelant la gloire des ancêtres.

le prétendant suitor

le louange praise

Un grand tam-tam° était projeté pour le dimanche qui venait, tam-
tam au cours duquel Koumba devait enfin choisir entre ses prétendants. Hélas! le samedi soir, quelqu'un vint que personne n'attendait
plus, et Koumba moins que quiconque. C'était Demba, qui entrant
dans la case de ses beaux-parents, leur dit:

le tam-tam celebration accompanied by drum music

— Je viens chercher ma femme.

— Mais, Demba, tu l'as répudiée!

— Je ne l'ai point répudiée.

On alla chercher Koumba dans sa case, que remplissaient amis,
griots, prétendants et musiciens.

— Tu m'as dit de retourner chez ma mère, déclara Koumba, et elle
ne voulut rien savoir pour reprendre le chemin de la case de son
époux.

Il fallut aller trouver les vieux du village. Mais ceux-ci ne surent qui,
de l'époux ou de l'épouse, avait raison; qui des deux croire, ni que
décider: Koumba était revenue toute seule dans la demeure de ses
parents, d'où elle était partie en bruyante° et joyeuse compagnie pour
la case de son mari. Sept jours, puis sept autres jours et encore sept
jours avaient passé et Demba n'était pas venu la réclamer, donc elle
n'avait pas fui, selon toute vraisemblance, la couche de son époux;
une femme est chose trop nécessaire pour qu'on la laisse s'en aller
sans motif grave. Cependant, une lune entière ne s'était pas écoulée
depuis le départ de Koumba de la demeure de son mari et son retour
dans la case familiale; la séparation pouvait, si les époux voulaient
s'entendre,° ne pas être définitive, car Demba n'avait pas réclamé sa
dot ni ses cadeaux. Et pourquoi ne les avait-il pas réclamés?

bruyant noisy, boisterous

s'entendre to come to an understanding

— Parce que, justement, répondit Demba, je n'avais pas répudié
ma femme.

— Parce que, justement, prétendit Koumba, tu m'avais répudiée.

En effet, l'époux qui répudie sa femme perd la dot payée aux beaux-
parents et les cadeaux faits à la fiancée et ne peut plus les réclamer.
Mais qui n'a pas chassé son épouse n'a à réclamer ni dot, ni cadeaux.

La question était trop claire pour la subtilité de ces sages vieillards,
qui les envoyèrent à ceux de M'Boul. De M'Boul, Demba et Koumba
furent à N'Guiss, de N'Guiss à M'Badane, de M'Badane à Thiolor.
Koumba disait toujours: «Tu m'as répudiée», et Demba disait partout:
«Je ne t'ai pas répudiée.»

ruisseler to trickle down / **à la saignée = jusqu'au poignet**
la cour... anxious admirers

le marabout holyman / **musulman** moslem
feuilleter to leaf through
nouer to tie

païen pagan

tamariniers... tropical trees / **la tapate** kind of fence
la palissade fence
ensablé covered with sand

une argile slate

la patte paw
le pan panel, section (of a garment)

la palabre palaver, talk

un ânier mule-driver
le dépotoir refuse dump
ses incongruités *i.e.,* ses excréments

Ils allèrent de village en village et de pays en pays, Demba regrettant sa case et son lit et les calebassées de couscous, le riz si gras que l'huile en ruisselait° des doigts à la saignée° du bras; Koumba, pensant à sa courte liberté, à sa cour empressée,° aux louanges des griots, aux accords des guitares.

Ils furent à Thioye, ils furent à N'Dour. L'un disait toujours: non! l'autre disait parfout: si! Les marabouts,° dans les pays musulmans,° cherchaient dans le Coran, feuilletaient° le Farata et la Souna[3] dont les préceptes nouent° et dénouent les liens du mariage. Chez les Tiédos païens,° les féticheurs[4] interrogeaient les canaris sacrés, les cauris[5] rougis au jus de colas[6] et les poulets sacrifiés. Koumba disait partout: «Tu m'as répudiée.» Demba disait toujours: «Je ne t'ai pas répudiée.»

Ils arrivèrent un soir enfin à Maka-Kouli.

Maka-Kouli était un village qui ne ressemblait à aucun autre village. Dans Maka-Kouli, il n'y avait pas un chien, il n'y avait pas un chat. Dans Maka-Kouli, il y avait des arbres aux ombrages frais et épais, tamariniers, fromagers et baobabs,° il y avait des tapates° encerclant les demeures, des palissades° entourant la mosquée et les cours ensablées° de la mosquée; il y avait des cases en paille et la mosquée en argile.° Or arbres, tapates, paille des cases et murs de la mosquée sont endroits où Khatj-le-chien, malappris jusqu'en ses vieux jours, lève la patte° à tout instant; et l'urine de chien plus que tout autre urine, quelle que soit la partie du corps ou le pan° du boubou qui y touche, réduit à néant la plus fervente des prières.

L'ombre des arbres est faite pour le repos des hommes et pour leurs palabres° et non pour les urines des chiens, pas plus que le sable fin qui tapissait les cours de la mosquée, sable blanc comme du sucre que des âniers° allaient chercher chaque lune sur les dunes qui bordent la mer, ne pouvait servir de dépotoir° à Woundou-le-chat qui y cacherait ses incongruités.° C'est pourquoi, dans Maka-Kouli, il n'y avait ni un chien ni un chat. Seuls s'y roulaient dans la poussière et se disputaient les os, pour s'amuser, les tout petits enfants qui ne savaient pas encore parler; car, à Maka-Kouli, dès qu'un enfant pouvait dire à sa mère: «Maman, porte-moi sur ton dos», on l'envoyait à l'école apprendre le Fatiha et les autres sourates[7] du Coran.

Demba et Koumba arrivèrent donc un soir à Maka-Kouli. Là demeurait, entouré de ses fervents disciples, Madiakaté-Kala, le grand mara-

---

[3] **le Farata et la Souna,** noms des chapitres du Coran
[4] **le féticheur,** *fetichist,* prêtre qui est responsable des objets vénérés
[5] **le cauris,** petite coquille dont les féticheurs se servent
[6] **le cola,** fruit dont le jus rougit
[7] **la sourate,** chapitre du Coran

bout qui avait fait l'on ne savait plus combien de fois le pèlerinage de La Mecque.

Du matin au soir et souvent du soir au matin, ce n'était dans ce village que prières, récitations de litanies, louanges à Allah et à son prophète, lectures du Coran et des Hadits.°

les **Hadits** holy commentaries on the Koran

Demba et Koumba furent reçus dans la demeure de Madiakaté-Kala comme le sont, dans toutes les demeures, les voyageurs venus de très loin. Koumba dîna en compagnie des femmes et Demba partagea le repas des hommes.

Lorsque, tard dans la nuit, il fallut aller se coucher, Koumba refusa d'accompagner Demba dans la case qui leur avait été préparée:

«Mon mari m'a répudiée», expliqua Koumba; et elle raconta le retour des champs de Demba en colère, les cris qu'elle avait subis et les coups qu'elle avait reçus. Demba reconnut° avoir crié, oh! mais pas si fort qu'elle le prétendait; il avoua avoir levé la main sur sa femme, mais ce n'avait été que quelques bourrades° de rien du tout; mais il ne l'avait point répudiée.

reconnaître *here*, to acknowledge

la **bourrade** slight blow

— Si, tu m'as répudiée!

— Non, je ne t'ai point répudiée!

Et la discussion allait renaître lorsque Madiakaté-Kala intervint et dit à Tara, la plus jeune de ses femmes:

— Emmène Koumba avec toi dans ta case, nous éclaircirons leur affaire demain, «inch allah!»°

inch allah (*Arabic*) with the will of Allah

Les deux époux allèrent donc se coucher chacun de son côté, comme chaque soir depuis cette nuit de malheur que Golo et sa tribu d'enfants gâtés, ignorant sans doute les conséquences de leurs actes, ou s'en moquant tout simplement (ce qui était beaucoup plus probable car les singes savaient tout ce qui se passait chez les hommes) avaient employée à saccager le champ de pastèques.

Un jour nouveau se leva et semblable aux autres jours de Maka-Kouli, s'écoula en labeur et en prières; en labeur pour les femmes, en prières pour les hommes.

Madiakaté-Kala avait dit la veille: «Nous éclaircirons leur affaire demain s'il plaît à Dieu.» Cependant la journée passait sans qu'il ait ni appelé ni interrogé les deux époux. Koumba avait aidé les femmes aux soins du ménage et à la cuisine. Demba avait participé aux prières des hommes et écouté les commentaires du savant marabout.

Le soleil, sa journée terminée, avait quitté son champ arrosé d'indigo où déjà, annonçant une belle récolte pour la nuit, poussaient les premières étoiles. Le muezzin, successivement aux quatre coins de la mosquée, avait lancé aux vents du soir l'izan, l'appel des fidèles à la prière du crépuscule.

un iman   leader of prayer / **le**
  talibé   student of the Koran
une embûche   *here,* obstacle,
  ambush

Madiakaté-Kala, l'iman,° guida ses talibés° sur le long et rude chemin du salut si plein d'embûches.°

Les corps se courbèrent, se plièrent, les fronts touchèrent le sable blanc comme du sucre, les têtes se redressèrent, les corps se relevèrent et les génuflexions se succédèrent au rythme des versets sacrés. A la dernière, les têtes se tournèrent à droite, puis à gauche, pour saluer l'ange de droite et l'ange de gauche.

A peine finit-il de dire: «Assaloumou aleykoum», que Madiakaté-Kala se retourna brusquement et demanda:

— Où est l'homme qui a répudié sa femme?

— Me voici, répondit Demba au dernier rang des fidèles.

devancer   to get ahead of

— Homme, ta langue a enfin devancé° ton esprit et ta bouche a consenti à dire la vérité.

«Dites à sa femme de retourner tranquillement chez sa mère, son mari a reconnu devant nous tous qu'il l'avait répudiée.»

Voilà pourquoi, dit Amadou-Koumba, l'on parle encore chez nous du jugement de Madiakaté-Kala.

CONTROLE

1. Pourquoi Demba n'était-il pas content ce matin-là en allant au champ de pastèques?
2. Comment Demba traite-t-il sa femme en rentrant?
3. Pourquoi Demba répudie-t-il sa femme? Qu'est-ce qui suggère qu'il ne veut pas la répudier pour de bon?
4. Pourquoi Demba commence-t-il à regretter Koumba?
5. Quelles tâches les hommes ne doivent-ils pas faire dans la société de Demba?
6. Koumba est-elle malheureuse? Expliquez votre réponse.
7. Que dit Demba en entrant dans la case de ses beaux-parents?
8. Pourquoi les vieux du village ont-ils du mal à régler l'affaire du jeune ménage?
9. Pourquoi Demba et sa femme vont-ils de village en village?
10. Comment Maka-Kouli est-il différent des autres villages?
11. Pourquoi n'y a-t-il ni chats ni chiens à Maka-Kouli?
12. Qui est Madiakaté-Kala? Pourquoi est-il respecté?
13. Décrivez la vie quotidienne du village.
14. Par quelle ruse le marabout Madiakaté-Kala apprend-il la vérité sur l'affaire?

CONVERSATION

1. Essayez de définir le ton de ce conte. En quoi consiste son charme?
2. Quelle est la position de la femme dans la société des contes d'Amadou Koumba?
3. En quoi ce conte confirme-t-il les observations de Lévi-Strauss dans la lecture précédente?
4. Y a-t-il une morale à tirer de cette histoire?

ACTIVITE

Faites des recherches sur les coutumes des Musulmans et présentez un rapport devant la classe. Quels pays musulmans sont francophones?

Vocabulary

This vocabulary contains all the words that occur in the readings, with the exception of: structural words, such as articles, pronouns, and common prepositions; conjugated verb forms; proper nouns; and obvious cognates. If the gender of a noun is not evident from the determiner, it is given in parentheses. Only the meanings of words as they are used in the text are given.

The following abbreviations are used:

m.	masculine
f.	feminine
pl.	plural
part.	participle
fig.	figurative
pej.	pejorative
arg.	argot, slang peculiar to a particular milieu
fam.	familiar, said of colloquial words that are used in everyday speech, but not normally in formal speech or writing
pop.	popular, said of slang words that are used widely, but not at all levels of society
vulg.	vulgar, said of words which are strongly offensive or distasteful

A

aboli abolished, eliminated
aborder to approach, confront
abusé deluded
accablant overwhelming
accéder à to accede to, to reach the position of
accidenté uneven
accort charming, vivacious
accoudé leaning on the elbow
accroupi squatting, crouching
accueillir to welcome
acculé driven
s'acharner à to work hard to
acheminer to transport

achever to complete
l'adepte (*m.*) fan, initiate
l'addition (*f.*) bill
affaiblir to weaken
l'affectivité (*f.*) emotion
affreux awful
l'affrontement (*m.*) confrontation
agacer to tease
s'agir de to be a matter of (a question of)
l'aïeul (*m.*) ancestor
l'ailier (*m.*) wing player
ailleurs elsewhere
d'ailleurs anyway, besides
aîné elder, eldest
ainsi thus

209

ajouter   to add
alimenté   nourished
  sous-alimenté   undernourished
aller   to go
  aller à l'encontre de   to be in contradiction with
  aller jusqu'à   to go as far as
  y aller fort   to go too far
l'**allumeuse** (f.)   tease
l'**allure** (f.)   aspect, look
l'**amant** (m.)   lover
l'**amateur** (m.)   fan, lover
l'**âme** (f.)   soul
l'**amélioration** (f.)   betterment
  s'améliorer   to improve
l'**aménagement** (m.)   development
l'**amende** (f.)   fine, penalty
  s'amenuiser   to lessen, to diminish, to become smaller
  amèrement   bitterly
l'**amour-propre** (m.)   self-love, self-esteem
ancien   former
l'**âne** (m.)   donkey
l'**angoisse** (f.)   anxiety
l'**ânier**   donkey-driver
les **Années folles**   the Roaring Twenties
  s'annuler   to cancel out one another
anoblir   to admit to the rank of aristocracy
  s'apercevoir de   to perceive, to notice
l'**appareil** (m.)   still camera, apparatus
appuyer sur le dramatiseur (*pop.*) to get too dramatic
l'**aquarelle** (f.)   watercolor
l'**arachide** (f.)   peanut
l'**araignée** (f.)   spider
ardu   difficult, hard
l'**armoire** (f.)   wardrobe, closet
l'**arquebusier** (m.)   gunsmith
arracher   to grab
arroser   to baste, to water, to sprinkle
  s'assagir   to sober down
l'**assiégé** (m.)   beseiged person

assourdi   muffled
astucieux   clever
attardé   retarded
l'**atterrissage** (m.)   landing
l'**attrait** (m.)   attraction, allurement, charm
l'**au-delà** (m.)   beyond, state of transcendency
autant que   as far as
l'**autel** (m.)   altar
avaler   to swallow
l'**avarice** (f.)   greed
l'**averse** (f.)   rain, shower
avertir   to warn, to notify, to advise
l'**avidité** (f.)   ardent desire
l'**avis** (m.)   opinion
aviser   to deal with a matter
avoir   to have
  avoir affaire avec   to have dealings with
  avoir l'air d'un joli mufle   to look like a low cad
  avoir beau dire   to try in vain to convince
  avoir beau jeu   to have a triumphant time
  avoir intérêt à   to be in one's interest to
  avoir la manie de   to have a habit of
  en avoir ras-le-bol (*pop.*)   to be fed up
  avoir pour soin de   to take care to
  avoir trois pieds de haut   to be three feet tall
avouer   to avow, to admit

B

la **badine**   switch, light cane (for horses)
bafoué   flouted
la **bagarre**   scuffle
la **bague**   jewelled ring
la **baguette de coudrier**   hazelwood stick

bâiller to yawn
baisser to lower
se baisser to bend over
le **balai** broom
balbutier to mumble, to stammer
le **balisage** ground signals
la **bande illustrée (dessinée)** comic strip
la **barbiche** goatee
barbu bearded
le **bas de soie** silk stocking
la **batiste** a fine linen
béant gaping
la **Belle Epoque** the Gay Nineties
le **berceau** cradle
berner to hoax, make a fool of
bête stupid
beugler to bellow
bigre By Jove!
le **bijou** jewel
la **billevesée** crazy notion
la **blancheur** whiteness, paleness
blasé bored, jaded
la **blessure** wound
le **bois** wood
le **bois flotté** driftwood
la **bonne** maid, housekeeper
le/la **borgne** person blind in one eye
la **bosse** hump
le (la) **bossu(e)** hunchback
le **boubou** loose fitting, full-length Senegalese garment
la **boucle d'oreilles** earring
boucler (*pop.*) to shut up
la **bougie** candle
la **bouillie de mil** oat meal
bouleverser to upset, to overthrow
la **bourrade** slight blow
bourrer le crâne to fill up the head
bref in a word
la **bribe** shred
la **bride** bridle
briser to break
brodé embroidered
le **bronzage** suntan, tanning

se brûler la cervelle to put a bullet through one's head
brumeux foggy
bruyant noisy, loud
le **bûcher** burning at the stake
le **butor** lout

C

le **cache-cache** hide-and-seek
le **cachet** mark, individual character, tablet, pill
le **cachot** cell
le **cadeau** present
le **cadet** younger sibling
le **cadre** frame, setting
caduc null and void
cahotant bumpy, jolting
la **calanque** rockbound inlet
le **cambriolage** burglary
carré square
le **carrefour** crossroad
le **carrelage** tile floor
la **carrière** quarry
la **case** hut, small dwelling
le **cas-limite** extreme case
la **casquette** cap
causer to chat, to talk
causons là-dessus let's talk about that
cautionner to stand behind, to back up
céder to yield
céder à to yield to
celer to hide
la **cendre** ash
certes certainly
le **cerveau** brain
le **chapeau melon** derby
charbonner to blacken
la **chasse** hunting
la **chatte** female cat
ma chatte my darling
la **chaufferette** foot warmer
les **chaussettes** stockings, socks
en chaussettes in stockinged feet
le **chef d'escadron** major

la **cheminée**   mantel
le **chercheur**   researcher
la **chevelure**   (head of) hair
le **chic**   skill, knack
   chic   smart, stylish
la **chicane**   petty argument
le **chien**   hammer in the cock of a
   firearm
le **chiffre**   figure, number
la **chute**   fall
   cisailler net   to cut cleanly,
      sharply
le **clair de lune**   moonlight
la **cloison**   partition
le **clou**   nail
   cocufié   cuckolded
le **coffre-fort**   strongbox, safe
le **coin-fenêtre**   corner window-seat
la **colère**   anger
   collé   stuck, fixed
le **collier**   necklace
   comblé   fulfilled
le **comble**   the height
le **commerçant**   merchant
le **commissaire**   police chief
   le **commissaire-priseur**
      appraiser
   se **complaire**   to take pleasure in
le **comportement**   behavior
   comporter   to involve, to entail
   comprendre   to include, to
      comprise
   y compris   including
   compte non tenu   not taking into
      account
   compter (+ *infinitif*)   to expect to
   condamner à des dommages   to
      sentence to pay damages
la **confiance**   trust
   se **confondre**   to blend together
la **confusion**   embarrassment
le **conjoint**   spouse
   se **consacrer**   to dedicate oneself
la **conscience**   consciousness
   conseiller   to advise
   constater   to establish, to
      ascertain (a fact)
le **conte**   story
le (la) **contrevenant(e)**   offender

la **coque**   shell
le **corsage**   blouse
la **corvée**   chore
   cossu   well-to-do
   coudoyer   to jostle (with the
      elbow)
   coudre   to sew
la **couleur**   color
   coupable   guilty
le **coup de main**   helping hand
la **cour**   court, courtyard
   la cour d'assises   criminal court
   la cour empressée   anxious
      admirers
   au courant   updated
le **cours d'eau**   stream
   court   short
      à court de   short of
   cracher   to spit
   creusé   dug
la **crique**   cove, creek
   croissant   growing
la **croupe**   rump, behind, buttocks
la **cueillette**   picking of fruit and
      wild plant life
le **cuivre**   copper

D

   darder   to dart, flash
le **débarras**   refuse or unwanted
      articles, closet
   se **débarrasser de**   to get rid of
le **débouché**   outlet, job opening
   débusquer   to drive out, to oust
   déceler   to discover
   décevoir   to disappoint
la **déchéance**   decline, decadence
   déchiffré   deciphered
   déchirer   to tear apart
   décidé   resolute
   déclencher   to set off
le **défi**   challenge
le **défilé**   mountain pass
   dégagé   released, freed
   dégeler   to thaw
   dégringoler   to tumble down
les **dehors** (*m.*)   appearances, look

la **démarche**   step (of a procedure)
demeurer   to stay, to remain
   demeure vivace   endures
démissionner   to resign
le **dénouement**   ending
   se dénouer en   to end up in
la **dentelle**   lace
les **dents**   teeth
   sur les dents   overworked
dépaysé   out of one's element
dépensier   extravagant, thriftless
la **dépression nerveuse**   nervous
   breakdown
au dépourvu   off guard
déraciné   uprooted
se dérouler   to take place
dès   as early as
désemparé   in distress
le **dessin**   drawing, sketch
dessous   underneath
le **deuil**   mourning
dévaliser   to rifle through
devancer   to get ahead of
le **devant**   lead, state of being in
   front
déverser   to dump, to spill
deviner   to guess
digne   worthy
le **dire**   statement
dire du mal de   to speak ill of
disposer de   to have (at one's
   disposal)
dissimulé   concealed
divertissant   amusing
à dominante juvénile
   predominated by youth
le **don**   gift, talent
la **donnée**   datum, fact
donner   to give
   donner le démenti   to give the
      lie
   se donner du mal   to take the
      trouble
   donner tort   to fault
dont   of which
le **dos**   back (of the human body)
   sur son dos   at his expense
la **dot**   dowry
la **douairière**   dowager

doué   talented
le **drap**   sheet
dresser   to draw up, to write out
   se dresser   to stand
droit   straight
le **droit**   right
drôle   funny
dûment   duly
durer   to last

E

l'**écart** (*m.*)   divergence, distance
   between two things
l'**écarté** (*m.*)   a card game
l'**échec** (*m.*)   failure
éclaircir   to explain, to enlighten,
   to clear up (a mystery)
éclairer   to illuminate
éclatant   brilliant, splendid
éclater   to explode, to burst
écœurant   sickening
écœuré   disgusted
éconduire   to dismiss, to reject
s'écouler   (of time) to pass, to
   elapse
l'**écran** (*m.*)   movie screen
s'écrouler   to crumble
l'**effarement** (*m.*)   bewilderment
effleurer   to graze, to brush
   against
effréné   unbridled
effroyablement   frightfully
égorgé   with throat slit
s'élancer   to spring forward
l'**électricité** (*f.*)   electricity
élever   to raise, to bring up
   mal élevé   ill-bred
l'**éloge** (*m.*)   praise
éloigné   distant
l'**éloignement** (*m.*)   estrangement,
   distance
l'**embrasure** (*f.*)   window recess
l'**émission** (*f.*)   broadcast
emmener   to take with, to lead
   away (said of people)
empêcher de   to keep from, to
   hinder
s'empresser de   to hurry

l'**emprise** (*f.*)   hold
l'**émule** (*m.*)   emulator, one who does the same thing
enceinte   pregnant
l'**encombrement** (*m.*)   congestion, overcrowding
endiguer   to dam up, to contain
endosser   to put on
l'**endroit** (*m.*)   place, spot
enduire   to smear, coat
s'**enfoncer**   to penetrate
englouti   engulfed
s'**engouffrer**   to rush into
engourdi   sluggish, asleep
énième   umteenth
enivrant   intoxicating
enjoué   lively, gay
ennoblir   to ennoble, to elevate (the mind)
énoncer   to state, to set forth
l'**enquête** (*f.*)   inquiry, investigation
ensablé   covered with sand
entamer   to broach (a subject)
s'**entendre**   to come to an understanding
l'**entente** (*f.*)   understanding, rapport, agreement
l'**enterrement** (*m.*)   burial
l'**entourage** (*m.*)   circle of friends or followers
entourer   to surround
entraîner   to carry away, to sweep along
entretenir   to maintain
l'**entretien**   conversation
l'**envie** (*f.*)   wish, desire
l'**envoûtement** (*m.*)   casting of spells
s'**épancher**   to be effused
épier   to watch for
épouvantable   frightful
épouvante, films d' —   horror films
épouvanté   terror-stricken
l'**épreuve** (*f.*)   proof, test, trial
éprouvé   well-tried, proven
épuiser   to exhaust

l'**équivoque** (*f.*)   ambiguity, misunderstanding
l'**escarmouche** (*f.*)   skirmish
l'**esclave** (*m.*)   slave
l'**escouade** (*f.*)   squad
espiègle   mischievous
l'**esprit** (*m.*)   wit, mind, intelligence
l'**essai** (*m.*)   trial, tryout
l'**essence** (*f.*)   gasoline
l'**essor** (*m.*)   rise
essuyer   to wipe
 essuyer le feu   to come under fire
estimer   to judge, to consider, to be of the opinion that
l'**estivant(e)** (*m.* or *f.*)   summer vacationer
étale   slack, stationary
l'**étalement** (*m.*)   stretching out
l'**état** (*m.*)   state
étendre   to stretch out
étouffer   to stifle, to smother
l'**être** (*m.*)   creature, being
être   to be
 être dans la dèche   to be hard-up, broke
 être aux écoutes   to be listening
 être en passe de   to be in a strong position to
l'**étrier** (*m.*)   stirrup
étroit   straight
s'**évader**   to escape
s'**évanouir**   to vanish, to disappear
éveiller   to awaken
s'**exécuter**   to comply
l'**exigence** (*f.*)   need, requirement
exiger   to require
l'**exutoire** (*m.*)   outlet

F

le **fâcheux**   bothersome person
la **façon**   way, manner, style
 de cette façon-là   in that way
factice   artificial

le **faiblard**   weakling
faillir + *inf.*   to almost do something
faire   to make, to do
   se **faire comprendre**   to make oneself understood
   faire confiance à   to have trust in
   faire un conte   to tell a story (of no truth)
   faire une dépression nerveuse to have a nervous breakdown
   faire éclater   to make (something) explode, to burst
   faire des excuses   to apologize
   faire grâce à quelqu'un de quelque chose   to spare someone from something
   faire le mécène   to play the rich patron
   faire part de   to inform of
   faire de la peine   to hurt
   se **faire pincer**   to get arrested
   faire quelques pas   to take a few steps
   se **faire une tête à la**   to make oneself look like
le **fait divers**   small news item (robbery, murder, rape, etc.)
le **fard**   make-up
farouche   wild
la **fatuité**   conceit, foolish self-satisfaction
fauve   tawny, wild
feindre   to feign, to pretend
la **femme grosse**   pregnant woman
féru de   passionate for, enthused about
les **fesses** (f.)   buttocks
le **feuilleton**   serial story (in a magazine)
se **ficher de** (*pop.*)   to give a darn about
fiévreux   feverish, excited
figé   frozen
se **figurer**   to imagine
fin   clever, tricky
le **fisc**   income tax bureau

flagrant délit   action of being caught in the very act
flairer   to scent, to detect
la **flânerie**   stroll
le **flot**   surge
la **foi**   faith
le **foie**   liver
la **foire**   fair
la **fois**   time, occasion
   plusieurs fois séculaire   several centuries old
follement   madly, in wild excess
foncé   dark
foncier   deep-seated, fundamental
fondre   to melt away
forcément   necessarily, perforce
foudroyant   crushing
la **fourmi**   ant
en fracassant   smashing
le **franchissement**   act of crossing over
le **franc-maçon**   freemason (member of a secret society)
frémir   to shudder
froissant   crumpling
le **front**   forehead
la **frontière**   boundary, borderline
le **frottement**   friction, rubbing
fuir   to flee from, to shun
la **fuite**   escape
la **fumée**   smoke
le **fumier**   manure
la **fusée**   rocket ship
fuyant   fleeting

G

gâcher   to spoil
gagner   to arrive, to reach a point
le **galopin**   scamp
se **garder de**   to keep from
la **gare**   station
le **garou**   werewolf
gâté   spoiled
gênant   bothersome

la **gêne** discomfort, constraint, embarrassment
  sans gêne inconsiderate, without manners
  gêner to bother, to embarrass
génial ingenious
à genoux on one's knees
le (la) **gérant(e)** manager
le **gibier** game (animal)
la **girouette** weathervane
glabre cleanshaven
la **glace** mirror, ice
  glisser to slide
  glisser vers to slide toward
le **goudron** tar
le **goujon** a kind of small fish
la **goutte** drop
grâce à thanks to, by virtue of
la **graine** seed, kernel
le **gré** liking, taste, will, pleasure
  de mauvais gré unwillingly
le **grenier** attic
gronder to scold
le **groom** stableboy
grosse pregnant
guetter to be on the lookout for
guindé stilted

H

l'**habit** (m.) suit
la **haie** hedge
la **haine** hatred
haïr to hate
le **hanap en or massif** solid gold goblet
les **hanches** (f.) hips
hardi bold
au hasard at random
l'**hectare** (m.) about two and one-half acres
se heurter à to run up against
hisser to hoist, to pull up
homologué endorsed
la **honte** shame
honteux shameful, ashamed
l'**horloge** (m.) large clock
l'**huître** (f.) oyster

I

impie impious
impitoyable pitiless
l'**impôt** (m.) tax
l'**imprévu** (m.) the unexpected
impudique immodest
inattendu unexpected
l'**incendie** (m.) fire
l'**indicateur** (m.) (railway) timetable, schedule
l'**indice** (m.) clue
indicible inexpressible
inédit original
ineffable inexpressible
l'**infirmière** (f.) nurse
l'**injure** (f.) insult
innommable unspeakable
inouï unheard of
insouciant uncaring
à l'instar de alike, in the fashion of
l'**instituteur** (m.) elementary school teacher
l'**interdit** (m.) something forbidden, cultural taboo
l'**intermède** (f.) interlude
interpeller to challenge, to call upon
s'interroger sur to ask oneself about, to examine
investir to beleaguer
l'**ivresse** (f.) ecstasy, rapture, drunkenness

J K

jadis formerly
jeûner to fast, to go without food
jouer à to play (a) game)
  jouer un tour to play a trick
jouir to enjoy
la **jouissance** pleasure
le **jour** day
  au grand jour in broad daylight
jurer to swear
jusqu'à as far as, until

juste, je ne sais pas au — I don't know exactly
justement precisely, exactly
la **kinésithérapie** treatment by exercise or massage

L

lâche cowardly
lâcher to let go
lancer to launch
la **larme** tear
larmoyer to weep
lécher to lick
  se lécher les babines to lick one's chops
  lécher sa mine to lick his chops
légué bequeathed
la **lentille** lens
la **lessive** washing
la **lèvre** lip
le **licencié** card-carrying member
le **lien** tie, bond
le **lieu** place
  lieu, avoir — to take place
  au lieu de instead of
la **lieue** league
la **liseuse** bed jacket
livrer to give up
le/la **locataire** tenant
le **loisir** leisure
le **lorgnon** eyeglasses which rest on the bridge of the nose
  dès lors from then on
le **louange** praise
louer to rent
le **louis** gold coin worth twenty francs
lourdement grossly
la **lucidité** clear-sightedness
les **lunettes de théâtre** opera glasses
les **lunettes en écaille** horn-rimmed glasses

M

machinalement instinctively
maigrir to lose weight

le **maire** mayor
le **mal** illness, evil
la **malédiction** curse
malin sly, malicious
le **mandarin** intellectual
le **manège** little game
manquer to be missing
  manquer de (+ *infinitif*) to fail to do something
  manquer de quelque chose to be lacking, deficient in something
le **marabout** holyman
marché, bon — cheap
le **mariage à l'essai** trial marriage
marmonner to mutter
le **marteau** hammer
maussade glum
mauvais bad
le **mécène** rich patron
la **méfiance** distrust
la **mégère** shrew
mêlé de mixed with
le **mémoire** bill
menacer to threaten
le **menton** chin
mentir to lie
méprisant scornful
mépriser to scorn, to despise
le **merveilleux** the supernatural
mettre to put, to place
  se metter à to begin to
  mettre au courant to inform, to update
  mettre à plat to ruin
la **mesquinerie** meanness, pettiness
la **miette** crumb
mince thin
la **mine défaite** with a discomposed expression
la **mise** dress, attire
misogyne woman-hating
la **mode** fashion
  être à la mode to be in fashion
les **mœurs** (*f.*) mores, morals, customs
le **moine** monk
  moitié, à — half

morbleu! Heavens!
mordre to bite
mort dead
mou soft
le **mouchoir** handkerchief
mouillé wet, moist
moyen average
mûrir (une question) to give
careful thought to

l'**oreiller** (*m.*) pillow
d'ores et déjà already, even now
l'**orgueil** (*m.*) pride
l'**orthographe** (*f.*) spelling
oser to dare
ôter to take off
l'**outil** (*m.*) tool
outre-tombe beyond the grave
outré outraged

N

le **nain** dwarf
la **naissance** birth
la **nappe d'eau** underground sheet
of water
narguer to flout
nettement clearly
neurasthénique neurasthenic,
neurotic
nier to deny
le **niveau** level
les **noces** (*f.*) wedding
nouer to tie
se **nouer** to become
established, to develop
la **nourriture** food, cooking
le **nuage** cloud
la **nuance** shade (of difference)
nuancer to explain subtle
differences
nuire à to harm
nullement in no way

O

obtus dull, unintelligent
en l'occurrence under
the circumstances
l'**œil** (*m.*) eye
le **clin d'œil** wink
le **coup d'œil** glimpse,
glance
à vue d'œil visibly
s'offusquer de to be offended by
ombreux dark
l'**or** (*m.*) gold

P Q

le **pain** bread
au pain sec on bread and
water
le **palier** landing
la **palissade** fence
palper to touch, to handle
la **panne** malfunction
panne d'électricité blackout
avoir une panne d'essence
to run out of gas
être en panne to be out of
order
le **paraphe** flourish (following a
signature)
le **paravent** screen
parbleu (*exclamation*) of course!
pareil similar, like, such
paresseux lazy
parier to bet
parmi among
la **paroi** wall
parvenir à to succeed in, at
passer sa colère sur to take out
his anger on
la **pastèque** watermelon
pâteux thick, doughy
le **patron** boss, employer
la **patte** paw
la **peau** skin
le **péché** sin
le **pêcheur à la ligne** fisherman
peindre to paint, to depict
la **peine** pain, penalty, trouble
à peine hardly, just barely
sans peine without difficulty
la **pelisse** fur-lined coat

le **penchant** leaning, liking, inclination
penché bent
se pencher sur to contemplate
la **pendule** clock
la **pente** slope
perdre la boule (*pop.*) to lose one's head
la **persienne** Venetian blind, shade
pesant heavy
pétri de consumed with
le **peuple instituteur** teaching race
le **peuplier** poplar tree
le **phénomène de foire** sideshow stunt
au pied de la lettre literally
le **piéton** pedestrian
piètre wretched
pincer to arrest
le **pionnier** pioneer
au pis at worst
le **placard** poster
le **plafond** ceiling
plaider to plead
se plaindre de to complain about
la **plainte** complaint
la **plaisanterie** joke
la **planche à repasser** ironing board
planer sur to hover over
à plat flat
planter un clou to drive a nail
plusieurs several
le **poids** weight
le **poil** hair, fur (animal)
poinçonner to punch
pointer to stand out
la **poitrine** chest
le **pompier** fireman
le **port** wearing
la **portée** import, scope
à la portée de within reach of
le **portefeuille** wallet
se porter à ravir to be in splendid shape
poser to place
pourtant nonetheless, however, yet

la **portière** door-curtain
pousser to push
la **poussière** dust
précieux affected
se précipiter to rush
la **prédilection** fondness
thème de prédilection favorite theme
le **premier** first
au premier on the second floor
prendre to take
s'en prendre à to blame
prendre au dépourvu to catch off guard
prendre les devants to go ahead
prendre naissance to be born
prendre au pied de la lettre to interpret literally
la **presqu'île** peninsula
se presser to hurry
prêter to attribute, to lend
prévenu informed, warned
le **prévenu** accused person
la **prise de conscience** realization
se priver de to deprive oneself of
le **procédé** technique
le **procès-verbal** (official/legal) report (as for a minor legal infraction)
le **prochain** neighbor, fellow human being
procuration, par — by proxy, vicariously
propre, en — in its own right
protéiforme having all forms
la **publicité** advertising
la **pudeur** modesty
le **puits** well
le **quai** platform
le **quartier** neighborhood
quasi almost
quelconque any whatever, ordinary, commonplace
quiconque anyone at all
quotidien daily

R

rabougri stunted
raccommodé repaired
raccourci shortened
raide steep, stiff
la **raillerie** mockery
à raison de at the rate of
le **ramassage** gathering (food)
ramasser to pick up, to gather together
la **rancune** bitterness, grudge
se ranger parmi to place oneself among, to be considered one of
se rapprocher de to draw closer to
le **rapprochement** comparison, connection
rassasier to satisfy
rattrapé au vol caught on the fly
ravir to delight
le **rayon** radius, ray
se rebattre to fall back on
rebondi well-rounded
la **recette** formula
recevoir to entertain (guests)
rechercher to seek out
réclamer to call for, to demand
récolter to harvest, reap
reconnaître to acknowledge
le **recueil** anthology
recueillir to gather, to collect
redouter to dread
le **réduit** remote corner, nook
le **régal** feast
se régaler de to feast on
régler l'addition to pay the tab
le **relent** aftertaste
relever to make note of
relever de to derive from, to be in a category with
le **remords** remorse, regret
rempli fulfilled
remuant lively
se rendre à to go
rentrer to return home
les **renseignements** (*m.*) information
réparti sur spread out over
repasser to iron

le **répondant** subscriber
reprendre to take up again
respirer to breathe
le **ressort** mainspring
ressortir to be evident
rétif hesitant
le **retraité** retired person
en revanche on the other hand
le **réveil** alarm clock
le **revers** lapel
revêtir to dress, put on
rien nothing
plus rien nothing more
ronger to eat away
ronronner to hum
le **roseau** reed
la **rosée** dew
la **roue** wheel
roué sly
rouer de coups to beat unmercifully
le **roturier** man of low birth
se ruer vers to rush toward
ruisseler to trickle down

S

saccadé jerky, abrupt
saccager to sack, to pillage, to lay waste to
sacré sacred
la **sagesse** wisdom
sain healthful, wholesome
la **salière** salt shaker
le **sang** blood
saugrenu preposterous, absurd
le **saut** bound, leap, jump
sauter to skip over, to jump
sauvage unorganized, rude, timid, shy
le **savant** scientist, scholar
savoureux tasty
scellé sealed
la **scie** saw
sec sharp, dry
secouer to shake
séculaire occurring once a century

le **sein**   breast
semer   to sew
sempiternel   unceasing
le **sentier**   path
sentir   to smell like
le/la **septuagénaire**
    seventy-year-old person
serrer   to press, to squeeze
la **serrure**   lock
servir à   to serve (some purpose)
le **seuil**   threshold
sidéré   thunderstruck
sifflant   whistling
le **sifflement**   whistle
signaler   to point out, to draw
    attention to
sillonner   to streak
le **singe**   monkey
soigner   to care for
la **sommité**   leading person
le **sondage**   public opinion poll
songer à   to think over, to
    imagine, to consider
sonner   to ring (bell, telephone),
    to ring for
le **sort**   fate
la **sorte**   kind, manner
    de la sorte   in that way
sot   silly, foolish
le **sou**   cent (*coin worth five
    centimes; no longer in use*)
le **soubresaut**   sudden leap
la **souche**   trunk, tree stump
le **souci**   care, worry
se soucier de   to care about, to
    be concerned with
souffler   to breathe, to whisper
le **soulagement**   relief
soulever   to raise
soumettre   to submit, undergo
soupirer   to sigh
    soupirer pour quelqu'un   to
    be in love
sournois   sly
le **soutien-gorge**   bra
subir   to undergo
les **suites** (*f.*)   consequences,
    follow-up
suivre   to follow

la **supercherie**   hoax
supplier   to beg
supporter   to tolerate
surgir   to arise, appear suddenly
sur-le-champ   at once
le **surmenage**   overexertion
surveiller   to stand guard, to
    watch over
survenir   to arise, to happen
la **sveltesse**   slenderness

T

la **tâche**   task
tâcher   to attempt
le **tâcheron**   humble workman
la **taille**   waist, size
tailler   to carve, to hew
tantôt ... tantôt   one time ...
    another time
la **tapate**   a kind of fence
tarder à   to delay in
tâter   to feel, attempt
tâtonner   to grope (in the dark),
    to feel one's way
le **taux**   rate
le **taxi-place**   taxi stand
le **teint**   complexion
le **teinturier**   the cleaner
tel que   such as
témoigner de   to prove, to bear
    witness to
le **témoin**   witness
tenace   stubborn, obstinate
tendre   to stretch
tenir à (+ *noun*)   to value
se tenir à l'écart de   to keep
    aloof from
tenté   tempted
le **terme**   last stage
le **terrain d'atterrissage**   landing
    field
la **tête**   head
le **tiers**   one-third, third party
le **timbre**   bell
tinter   to jingle
tirer   to pull out, to lengthen, to
    stretch, to shoot

tirer les verrous to draw the bolt
la **toilette** outfit
tomber raide mort to drop dead stiff
le **ton** tone, sound
   de mauvais ton in bad taste
tordre to twist, to bend
le **tour** trick
   tour à tour each in turn
le **tournant** turnabout
tourner to shoot (a film)
   tourner la serrure to open the lock
tousser to cough
tout à l'heure in a moment
trahir to betray
traîner to pull, drag about
le **train-train** dull routine
le **trajet** trip
traquer to hunt down, dog
trempé soaked
tromper to deceive, to be unfaithful to
   se tromper to make a mistake
le **trottoir** sidewalk
le **trou** hole, recess
le **tuf** bedrock

V

la **valeur** value
valoir to be as good as
vanter to praise, to speak highly of

la **veille** night before
veiller à ce que . . . to see to it that . . .
le **velléitaire** undecided person
velu furry
en venir à to reach the point
le **verrou** bolt
verser des larmes to shed tears
la **veuve** widow
la **vieille fille** spinster
vieillir to grow old
le **vieux garçon** bachelor
viser to aim at
la **vitre** pane of glass
la **vitrine** shop window
la **voie** way means of access, track
voir la vie en rose to see the world through rose-colored glasses, to be optimistic
voire and even
le **voisinage** proximity, vicinity
au vol on the fly
voler à to steal from
volontaire willful
voué à doomed to
vouloir to wish, to want
   vouloir bien to be willing
   en vouloir à to bear a grudge against
voyant loud (of color)
le **voyou** hooligan

X

xénophobe mistrusting of strangers

Illustration Credits

2 3 4 5 6 7 8 9 0